スキルアップ 年金相談

相談員必携！一問一答・事例でわかる

年金マスター研究会 編著

法研

スキルアップ

相談員必携！ 一問一答・事例でわかる

年金相談

相談者一人ひとりの状況に即した、
きめ細かい対応が必要とされる年金相談。
特に注意を要する「難しいケース」を数多く取り上げ、
一問一答形式にて必要知識をコンパクトに収載。
相談業務にたずさわる「専門家としての心構え」も重視。

年金マスター研究会 編著

法研

はじめに

　私たち「年金マスター研究会」は、2010年（平成22）年1月に誕生しました。
　この年は、旧社会保険庁が新たな組織として日本年金機構に替わった年です。そして全国社会保険労務士会連合会（以下連合会という）が日本年金機構より委託を受け、全国で「街角の年金相談センター」の運営を開始した年でもあります。まさに、「新年金相談体制元年」ともいわれる年でした。
　そこで、この期を捉えて、日頃年金相談の実務に携わっている社会保険労務士の仲間同士が集まり、次の視点により本研究会をスタートさせました。

　「年金マスター研究会」設立の意図は、街角の年金相談センターで対面相談にあたる社労士に、相談事例に則した知識を少しでも多く知っていただき、その活用によって、相談業務が円滑になるよう支援を行いたいとの視点に立つものでした。
　一口に年金相談といっても、相談者の置かれている立場や背景、家庭環境などを勘案した状況判断は大変複雑で、相談は困難を極めることが多くあり、端末操作の正確性もさることながら、多様で具体的な事例の紹介は、相談担当者に対し、有効な手助けになり得るヒントを与えるのではないかと判断しました。
　そこで、株式会社法研のご協力を得て、同社発行の『週刊社会保障』誌上に「スキルアップ年金相談」の頁を設けていただき、年金相談の事例をＱ＆Ａ方式で掲載してまいりました。執筆活動は本年3月で5年3か月が経過し、掲載原稿は230編を超え、これまでに大変多くの反響をいただいております。これを機に従来の掲載分を1冊にまとめて集大成し、書籍化を図ることになりました。

　個々の原稿は年金マスター研究会の50数名のメンバーが、実際に相談を受けた事例を毎週執筆したもので、特にテーマを定めていたものではありません。このため、全編を通読するにはやや難点を感じられるかもしれませんが、内容的には相談現場の実用対応書ともいうべきものにまとまっております。年金相談に携わる社労士などには、またとない必携のバイブル的存在として活用いただきたいと存じます。

書籍化にあたっては、読みやすさに心がけ、共通的な内容のものをグループ化し、編集しております。しかし、相談事例集という性格上、区分表示に教科書的・絶対的な統一性を求めにくく、こういった点では多少ラフなものになっています。

　また、個々の原稿は初期の掲載分は、5年前まで遡りますので、途中、法改正で内容変更がなされたり、年金額、保険料等の数値的な変更もございます。そこで、巻末の付録として、年金額、保険料等の変遷一覧や法改正事項の概略を付し、現時点の相談にマッチングさせています。

　本書が年金相談に係る方々の座右の書として、常にスキルアップのために有効活用されることを願ってやみません。

平成27年8月

年金マスター研究会　会長
加藤　利昭（特定社会保険労務士）

推薦の言葉

　私が全国社会保険労務士会連合会の会長在任中の平成19年5月頃から、いわゆる「年金記録問題」が発生し、国民の公的年金制度に対する不安感が広がりました。それによって社会保険庁が廃止され、平成22年1月から業務の運営が日本年金機構に引き継がれました。「公的年金の唯一の国家資格者＝社会保険労務士」——こうした認識が広まったのも、この「年金記録問題」がきっかけです。

　当時会長であった私が率先して、全国一斉の年金相談会の開催など、社会保険労務士としての活動方針を全国社会保険労務士会連合会の理事会に諮り、機関決定を行いました。この機関決定により社会保険労務士にとっては、さらなる活躍の場が提供され、同時に、その真価が問われることとなったのです。

　そこで、私は、平成21年秋に、国民の期待に応え、満足を与える年金専門家＝「年金マスター」のグループを、東京都社会保険労務士会会員の加藤利昭先生に会長をお願いして、発足させました。このグループの当面の活動として、会員により年金相談の事例を執筆してもらい、株式会社法研の『週刊社会保障』編集部のご協力を得て、平成22年1月以降、『週刊社会保障』誌上に「スキルアップ年金相談」と銘打ち、毎週シリーズ物として掲載していくことになりました。

　内容の濃いテーマで毎週執筆を続けることは、年金を専門とする社会保険労務士にとっても至難の業であったと加藤会長から聞いておりますが、読者である現場で年金相談業務にあたる社会保険労務士、日本年金機構、関係行政の担当者や研究者等々から好評を得て、このコーナーが5年以上存続していることに喜ばしい驚異をおぼえています。

　このたび、これまでの5年3か月にわたる掲載原稿を集約し「事例集」として出版されることを、私も大変嬉しく思います。現場で相談業務にあたる社会保険労務士、金融機関の担当者様、研究者の皆様に、ぜひ「必携の書」としてご活用いただきますことを願って、推薦の言葉とさせていただきます。

平成27年8月

全国社会保険労務士会連合会
最高顧問　大槻　哲也

スキルアップ年金相談

執筆者一覧

(氏名50音順)

雨宮真吾	熊谷たか子	戸谷一彦
有田進治	雲出弥生	鳥田竜士
飯島明美	倉本貴行	中尾眞英
池田悦子	小出　眞	中林宏信
上原　智	小林民男	永山悦子
海野正善	小山良夫	西林寛昌
遠藤忠彦	近藤雅幸	濱本絵美
大城恒彦	澤木　明	原田晶子
太田雅美	島　麻衣子	春名智美
大原　寛	関山明子	比留間茂雄
岡部健史	髙山真美子	深澤理香
音川敏枝	田口紘一	又川　強
片岡武和	竹内　修	宮城準子
加藤利昭	竹内潤也	三宅明彦
金井久美子	竹山　文	みやはら　たえ
金子尚道	橘　泰栄	持立美智子
川上建次	丹治和人	山下律子
城戸正幸	土屋和彦	山本臣治
金城由紀子	土屋寿美代	吉開久子

本書の編集委員

委員長：加藤利昭
委　員：片岡武和、近藤雅幸、関山明子、田口紘一
　　　　永山悦子、深澤理香、三宅明彦　(氏名50音順)

■装丁：林健造　■編集協力：島田編集企画事務所　■本文組版：文唱堂印刷(株)

スキルアップ年金相談　目次

- ●はじめに ………………………………………………………………… 3
- ●推薦の言葉 ……………………………………………………………… 5
- ●執筆者一覧 ……………………………………………………………… 6

第1章 老齢給付

❶ 在職、退職、雇用保険との調整

共済と厚年で異なる在職老齢年金の支給停止額 ……………………… 16
旧令共済はなぜ厚年の定額部分にしかつながらないのか …………… 17
在職老齢年金制度の全額支給停止者 …………………………………… 18
年金の支給と雇用保険との給付調整 …………………………………… 19
退職時における年金額の改定 …………………………………………… 20
基本手当の受給と年金支給停止期間 …………………………………… 21
退職時における年金額の改定 …………………………………………… 22
在職老齢年金の本質 ……………………………………………………… 23
在職老齢年金支給停止基準額の仕組み ………………………………… 25
失踪宣告時の「生計同一」の取扱い …………………………………… 26
厚生年金長期加入者の継続雇用の注意点 ……………………………… 27
60歳定年後の再雇用者の収入 …………………………………………… 28
退職時改定の適用と在職者年金 ………………………………………… 29
70歳以上者の在職老齢年金 ……………………………………………… 30
年金受給者の再就職と年金額の動向 …………………………………… 31
被保険者資格喪失と老齢厚生年金 ……………………………………… 32
65歳時における特別支給の老齢厚生年金 ……………………………… 33
65歳前後の年金と失業給付 ……………………………………………… 34
賃金、老齢年金、雇用保険による生活設計 …………………………… 35

❷ 繰上げ、繰下げ

報酬比例部分の支給が61歳以降になる人の繰上げ受給 ……………… 36
在職中の厚生年金の繰下げ受給 ………………………………………… 37
共済・厚生年金の加入期間のある者の一部繰上げ支給 ……………… 38
報酬比例部分の一部繰上げの構造（その１） ………………………… 39
報酬比例部分の一部繰上げの構造（その２） ………………………… 40
全部繰上げ後に発生した障害者特例請求 ……………………………… 41
一般的な受給者の繰上げ請求 …………………………………………… 42

特例該当者（障害者・長期加入者等）の繰上げ請求 …………………………… 43
在職中の老齢厚生年金の繰下げ ……………………………………………………… 44
支給繰下げの損得計算 ………………………………………………………………… 45
70歳を過ぎてからの支給繰下げが可能に …………………………………………… 46
65歳を過ぎて受給権発生した年金の繰下げ ………………………………………… 47
繰下げ支給と遺族厚生年金 …………………………………………………………… 48
支給繰下げと振替加算額 ……………………………………………………………… 49

❸ 振替加算、加給年金
経過的加算の意味とその計算例 ……………………………………………………… 50
配偶者が年上の場合の振替加算 ……………………………………………………… 51
定額部分支給停止に伴う振替加算の先送り ………………………………………… 52
年上女性の再婚と振替加算 …………………………………………………………… 53
加給年金と生計維持の関係 …………………………………………………………… 54

❹ その他
60歳以降の退職時における年金額の改定 …………………………………………… 55
老齢基礎年金に反映しない第2号被保険者期間 …………………………………… 56
受給資格期間10年短縮への準備 ……………………………………………………… 57
在日外国人の年金資格期間 …………………………………………………………… 58

第2章 障害給付

❶ 初診日関連
複数障害がある場合の障害年金の請求 ……………………………………………… 60
1年待たずとも額の改定請求ができる例 …………………………………………… 61
額改定ができる時期と「診査」の対象 ……………………………………………… 62
障害年金の額改定時期の変更 ………………………………………………………… 63
初診日不明の統合失調症の取扱い …………………………………………………… 64
障害年金の請求と統合失調症の初診日 ……………………………………………… 65
障害年金不支給決定後の選択肢 ……………………………………………………… 66
初診日が65歳以降の障害年金 ………………………………………………………… 67
初診日を確定させる「合理的資料」 ………………………………………………… 68
20歳翌月の初診と国年法30条 ………………………………………………………… 69
複数回の脳血管障害と初診日 ………………………………………………………… 70
3号未届け期間中の初診と障害年金請求 …………………………………………… 71
慢性疲労症候群の初診日 ……………………………………………………………… 72

❷ 障害給付と他の年金との関連
労災保険の障害補償年金と公的年金との支給調整 ………………………………… 73

老齢基礎年金の繰上げ請求と障害給付 ･･ 74
障害年金と老齢年金の特例支給 ･･ 75
障害妻の年金、繰上げ受給中に夫が死亡 ･･ 76
遺族厚年受給中に人工透析を開始した者の年金 ･･････････････････････････････････ 77
65歳以上の障害厚年と老齢厚年の関係 ･･ 78
請求漏れ年金と一時金の支給 ･･ 79
老齢基礎年金の繰上げと障害年金 ･･ 80

❸ その他

メンタル不調者の診断書と病歴・就労状況等申立書の効用 ････････････････････････ 81
精神障害の認定基準の一部改正 ･･ 82
特別障害給付金と他の年金との調整 ･･ 83
内科医作成のうつ病診断書の有効性 ･･ 84
障害年金受給者の保障機能強化策 ･･ 85
障害年金請求時の診断書様式 ･･ 86
障害手当金受給後の障害年金請求 ･･ 87
在職者の障害基礎年金と支給制限 ･･ 88
特別障害給付金制度のポイント ･･ 89
障害基礎年金の請求と予備校生 ･･ 90

第3章 遺族給付

❶ 遺族給付全般

子のない30歳未満妻の遺族年金 ･･ 92
近親婚配偶者の年金受給権の判定 ･･ 93
遺族年金における重婚的内縁関係の取扱い ･･････････････････････････････････････ 94
60歳以降の遺族厚生年金の取扱い ･･ 95
父子家庭の遺族年金 ･･ 96
平成26年4月から父子家庭にも遺族年金を支給 ･･････････････････････････････････ 97
父子家庭における遺族年金の受給 ･･ 98
子どもの死亡に伴い親が受け取る遺族年金 ･･････････････････････････････････････ 99
旧厚年法による遺族年金の寡婦加算 ･･ 100
不動産業経営者と遺族年金 ･･ 101
第三者行為災害損害賠償と年金支給停止 ･･ 102
子の加算と中高齢寡婦加算は連動しない ･･ 103
別居中の配偶者に係る遺族年金の受給資格 ･･････････････････････････････････････ 104
重婚的内縁関係の認定 ･･ 105
離婚後の内縁関係の認定と遺族年金 ･･ 106
無年金者と遺族年金 ･･ 107
障害厚年3級受給者の死亡と遺族年金 ･･ 108

年金受給権のない者の遺族年金 ……………………………………… 109
遺族年金受給者の行方不明と額の改定 ………………………………… 110
遺族厚生年金の受給権と支給停止 ……………………………………… 111

❷ 遺族給付と他の年金との関連

合算遺族給付と老齢給付との調整 ……………………………………… 112
老齢年金を受給せずに死亡した者の遺族年金 ………………………… 113
65歳時裁定請求手続の意義 ……………………………………………… 114
年金額は65歳で下がる場合もある ……………………………………… 115
亡夫の老齢基礎年金繰下げと寡婦年金の請求 ………………………… 116
同時に２つの年金がもらえる場合の支給調整 ………………………… 117
高齢任意加入中の死亡 …………………………………………………… 118
在職老齢年金受給者の死亡と遺族年金 ………………………………… 119

❸ その他

失踪宣告と年金(1)—行方不明者の年金 ……………………………… 120
失踪宣告と年金(2)—年金の返納と非返納 …………………………… 121
震災特別法による行方不明者の取扱い ………………………………… 122
失踪宣告を受けた場合の遺族年金 ……………………………………… 123
認知の効力は出生の時まで遡及するか ………………………………… 124
内縁の夫の「子の死後認知」と遺族年金 ……………………………… 125
継子は継母の未支給遺族給付受給権者になれるか …………………… 126
死亡妻の年金記録の確認と未支給年金 ………………………………… 127
未支給年金の遺族の範囲を３親等まで拡大 …………………………… 128
未支給年金と３親等親族の意味 ………………………………………… 129
養父母が死亡した場合の遺族年金 ……………………………………… 130
遺族厚年の経過的寡婦加算と経過的加算 ……………………………… 131
「もらい損ねていた年金」が支給された事例 ………………………… 132
遺族年金の対象拡大と生計維持要件 …………………………………… 133
妻死亡時の夫に対する遺族年金 ………………………………………… 134
受給者死亡に伴う年金の法律関係 ……………………………………… 135
遺族基礎年金と親権・養子縁組 ………………………………………… 136

第４章 関連制度

❶ 共済年金

厚生年金と共済組合のある女性の繰上げ請求 ………………………… 138
民間へ転職した地方公務員の年金 ……………………………………… 139
大学勤務者の在職老齢年金 ……………………………………………… 140
65歳以上の共済年金受給者の再就職 …………………………………… 141

追加費用期間に係る削減の考え方 …………………………………………………142
追加費用期間に係る削減の計算方法 …………………………………………………143
退職共済年金受給者の加給年金と振替加算 …………………………………………144
遺族共済年金の生計維持関係 …………………………………………………………145
新公務員年金「年金払い退職給付」 …………………………………………………146

❷ 制度の新設、変更など
戦前～戦後の厚生年金保険制度 ………………………………………………………147
時効特例給付額に物価スライド分を加算 ……………………………………………148
年金時効特例法と年金遅延加算金法の運用 …………………………………………149
法定免除期間に係る保険料の取扱い …………………………………………………150
年金の特例水準と減額調整 ……………………………………………………………151
被保険者資格の遡及手続と保険料徴収権 ……………………………………………152

❸ その他
傷病手当金の併給調整 …………………………………………………………………153
中国残留邦人等の老齢基礎年金 ………………………………………………………154

第5章 その他

❶ 年金分割
年金分割のための情報通知書 …………………………………………………………156
共働き夫婦の場合の年金分割 …………………………………………………………157
年金分割に合意した際に必要な書類 …………………………………………………158
離婚時みなし被保険者期間の適正な把握 ……………………………………………159
離婚分割と振替加算の関係 ……………………………………………………………160
離婚分割は慎重に！　振替加算部分の損得 …………………………………………161
3号期間を含む離婚年金分割の取扱い ………………………………………………162
専業主婦が、離婚後有利に年金受給するには ………………………………………163
重婚的内縁関係における合意分割 ……………………………………………………164
家裁における離婚分割審判の手続 ……………………………………………………165

❷ 被保険者期間
第3号未届期間に係る特例の効力発生期間 …………………………………………166
第3号被保険者不整合記録対応の動き ………………………………………………167
健全性・信頼性確保法による3号記録不整合の解決 ………………………………168
第3号特例届期間中の障害基礎年金 …………………………………………………169
見落としがちなカラ期間 ………………………………………………………………170
年金が取り消されそうになった事例 …………………………………………………171
記録確認でカラ期間が実期間となった例 ……………………………………………172

任意加入者の保険料未納期間がカラ期間に ……………………………………173
短時間労働者の被保険者資格 ……………………………………………………174
任意加入と満額の老齢基礎年金 …………………………………………………175

❸ 基金
国民年金基金の仕組み ……………………………………………………………176
厚生年金基金の仕組み ……………………………………………………………177
変貌する厚生年金基金制度 ………………………………………………………178
基金の代行割れと代行返上 ………………………………………………………179
「年金」をより明確にした確定給付企業年金 …………………………………180
加入者が自己責任で運用する確定拠出年金 ……………………………………181
年金での受給も可能な中退共 ……………………………………………………182
確定拠出年金のマッチング制度 …………………………………………………183
厚年基金中途脱退者の在職老齢年金 ……………………………………………184

❹ 保険料
失業、無収入の場合の国民年金保険料 …………………………………………185
マクロ経済スライド未実施の理由 ………………………………………………186
初めてのマクロ経済スライド発動 ………………………………………………188
賞与の届出漏れの保険料控除に関わる対策 ……………………………………189
障害2級認定者の国民年金保険料納付 …………………………………………190
後納保険料制度（新設）の仕組み ………………………………………………191
3号被保険者に係る重複期間の取扱い …………………………………………192
国民年金保険料の後納制度 ………………………………………………………193
総報酬制実施前の特別保険料と年金額 …………………………………………194
外国籍の内縁者と任意加入保険料 ………………………………………………195
学生納付特例と若年者納付猶予制度 ……………………………………………196
非正規雇用者の国民年金保険料免除申請 ………………………………………197
3号不整合期間の特定保険料 ……………………………………………………198

❺ 社会保障協定、外国年金
社会保障協定の概要 ………………………………………………………………199
国籍喪失と脱退一時金 ……………………………………………………………200
日米社会保障協定に係る障害年金給付 …………………………………………201
アメリカの遺族年金 ………………………………………………………………202
アメリカの社会保障番号・カード取得の壁 ……………………………………203
短期滞在外国人の脱退一時金の算出 ……………………………………………204

❻ 船員特例、沖縄特例
船員保険に加入したことがある人の特例 ………………………………………205

船員15年特例者の繰上げ支給 …………………………………………………… 206
国民年金法の沖縄特別措置 ………………………………………………………… 207
沖縄厚生年金特例措置のメリット ………………………………………………… 208
米軍関係者に係る脱退一時金の支給 ……………………………………………… 209

❼ 税、特別徴収

確定申告が必要になる年金 ………………………………………………………… 210
未支給の年金に係る税金はどうなる ……………………………………………… 211
未支給年金は相続財産か一時所得か ……………………………………………… 212
年金の所得税について ……………………………………………………………… 213
外国人に係る脱退一時金と所得税の還付 ………………………………………… 214
年金の税金と扶養親族等申告書の取扱い ………………………………………… 215
年金の税金と確定申告の控除額 …………………………………………………… 216
繰下げ予定者の心配ごと …………………………………………………………… 217
年金から特別徴収される保険料・住民税 ………………………………………… 218
20歳前障害年金の相続と支給停止 ………………………………………………… 219
公的年金から特別徴収される介護保険料 ………………………………………… 220

❽ 手続き、ほか

裁定後に判明した第3号被保険者期間と厚生年金期間の重複 ………………… 221
昭和32年10月前の期間の標準報酬月額 …………………………………………… 222
年金の遡及受給と生活保護費 ……………………………………………………… 223
総務担当者の悩み―被扶養者の確認方法 ………………………………………… 224
退職勧奨と年金等社会保障の給付 ………………………………………………… 225
健保と厚年は一方のみの加入は可能か …………………………………………… 226
年金制度の基本理念と無年金者の存在 …………………………………………… 227
成年後見と年金の請求 ……………………………………………………………… 228
年金受給者の資金不足を補う小口融資 …………………………………………… 229
二重加入者の年金調整 ……………………………………………………………… 230

付　録

①年金額、保険料額（率）の変遷 ………………………………………………… 232
②平成23 〜 26年の法改正概略 …………………………………………………… 234
③事項索引 …………………………………………………………………………… 241

老齢給付　第1章

❶ 在職、退職、雇用保険との調整………16

❷ 繰上げ、繰下げ………………………36

❸ 振替加算、加給年金…………………50

❹ その他…………………………………55

第1章 老齢給付

共済と厚年で異なる在職老齢年金の支給停止額

> **Q** Xは、60歳の定年退職後、同じ会社で定年退職後の継続雇用者として働いている。このたび、そこへ公務員を定年退職したYが入ってきた。XとYとの年金の減額の仕方が違うが、なぜか。同一労働条件で働いているのに不公平だとの相談にどう答えればよいか。なお、X、Yとも賞与の支給はない。　　　　　（H県A市　年金相談員H.Y）

A ■制度の異なる年金の仕組みを十分に説明する

　このケースで、Xは60歳で特別支給の老齢厚生年金の受給権を得て、そのまま厚生年金に加入していると思われる。この場合は在職老齢年金の制度が適用される。

　在職老齢年金制度の減額は特別支給の老齢厚生年金の1月当たりの年金額と標準報酬月額を合わせたものから、支給停止額を引いたものの半分が減額されることになっている。在職老齢年金の式は4つあるが、ほとんどこの式に当てはまるので、一応この式で考えてみる。

　Xと公務員を定年退職したYとでは、支給停止額が違うためにこのような疑問点が生じる。Xの場合は28万円だが公務員で定年退職したYの額は47万円である。これは一見、確かに不公平のように見えるが、理論的には必ずしもそうではない。

　現在は会社員の加入する厚生年金と公務員が加入する共済年金とは全く別の制度になっている。そもそも在職老齢年金というのは、定年退職後も同一制度に加入して年金を受給しながらさらに年金額を増やす制度なのである。

　Xは定年退職前も定年退職後も厚生年金制度に加入している。したがって在職老齢年金の制度が適用される。しかし、公務員を退職して厚生年金に新たに加入したYは、現在支給されている共済制度年金には加入していないので、これ以上共済年金が増えるということはあり得ない。つまり、Yには、厚生年金の在職老齢年金制度の適用はない。これは、共済、厚年の両制度が別々に運営されている以上やむを得ない。

　また、全く制限がないこともある。民間の会社に60歳定年まで勤め、その後共済に加入した者の場合である。この場合では、定年前に勤めていたときに加入していた厚生年金から支給される額は全額支給される。

　しかし、現実には同じ会社で働いており、給与やその他の待遇も同じなのにもらう年金が違うということは、理論的にはともかく感情的な不公平感が生じる。そのような感情に配慮して、現在は支給停止額を共済から厚生年金に移った者については47万円としている。

　一方、共済年金制度の適用を受ける者からは、厚生年金から共済に移った場合は全額支給されているためにこのような両制度の比較なしで一方的に非難される点に不満があると思われる。

　結局、この問題は両方が感情的なわだかまりを捨て、現在計画されている共済と厚生年金の統合場面で合理的制度を構築するしかない。

　年金相談のなかで一番厄介なのは、制度の在り方についての疑問が出たときだ。「制度上仕方がない」など紋切的発言は慎み、制度の違いを懇切に説明する。現在の制度についての矛盾点や改正点を気づかせることが大事である。　　　　　　　　　　〔2010年4月12日号掲載〕

① 在職、退職、雇用保険との調整

旧令共済はなぜ厚年の定額部分にしかつながらないのか

Q 私は、昭和17年6月から終戦の20年8月まで陸軍兵器工廠で働いていた。その後民間会社に勤め、現在は厚生年金をもらっている。この間同級生で、昔、陸軍兵器工廠に勤めていた友人と話をしていたら、私の陸軍兵器工廠の期間は一部しか厚生年金につながらないと聞いた。それは確かだろうか。またその理由は。　　　　（N県M市　S.S）

A ■厚生年金の計算基礎にならない旧令共済

　質問のとおり陸軍兵器工廠の分は厚生年金の定額部分のみにしか「年金額の計算の基礎」にならない。したがって、厚生年金期間が420月以上のときには、定額部分の上限なので旧令共済期間は「年金額の計算の基礎」にならない。

　また厚生年金について、40歳以上15年間の特例で厚生年金の受給資格を得た場合には定額部分は240月、「みなし」なので旧令共済期間は「年金額の計算の基礎にならない」ことがある。

　不公平かもしれないが、必ずしもそうとも言い切れないのである。

　陸軍兵器工廠とは、旧陸軍直営の兵器を作る工場である。旧陸軍は軍隊で国防を主たる任務としていた国家機関である。つまり、相談者は国の機関に直接雇われていたので、陸軍兵器工廠に勤めていた期間は、現在風にいうならば、国家公務員ということになり、国家公務員共済の期間となる。ただし、この期間は現在の制度とは異なり、そのことを明瞭にするため、旧令共済期間として区別している。

　ところで、ここまでの説明で、被用者年金ということで共済でも厚生年金でも「通算される」のではないかと考える向きもあろう。しかし「通算される」というのは、受給資格の面で両方の期間を合算して25年以上になれば認めるということを意味する。すなわち、共済年金の期間と厚生年金の期間が合計で25年以上あれば年金が支給されるという意味である。しかし、この際に支給される年金は、共済年金の期間に応じた部分は共済年金から、厚生年金の期間に応じた部分は厚生年金からそれぞれ支給される。

　このことは、共済年金の期間を厚生年金の一部または全部の期間と「みなし」て厚生年金から年金額を支給することを意味するものではない。もし、「みなし」支給が行われるのであれば、それは不合理であり、厚生年金の被保険者の怒りを買うことになる。自分たちが苦労して納めた保険料について「全く保険料を納めていない人々に年金として支払う」ことになるからである。最初に説明した「年金額の計算の基礎とする」というのはこのことを指す。

　以上説明してきたように、旧令共済の期間は、本来、共済年金期間として共済年金についてのみ「年金額の計算の基礎」にされるべきものなのである。

　ではなぜ厚生年金期間として扱われるのだろうか。それは、旧陸軍に雇われていた人は強制的に働かされていたため、一種の戦争被害者とみることができる面があり、その救済として厚生年金制度での救済を政策的に図ったからである。ただ、厚生年金制度の負担も考慮して定額部分のみの救済となっている。

　本相談は、年金制度そのものの不当性についてであり、年金相談員が悩まされる事例である。

〔2010年4月19日号掲載〕

第1章 老齢給付

在職老齢年金制度の全額支給停止者

Q 今年60歳になる会社経営者だが、先日某金融機関の年金相談で、私は65歳までは全く年金はもらえず、65歳以降も厚生年金はもらえないと言われた。厚生年金をもらえる方法はないのか。私の給与は100万円で社長職の後継者はいない。 （T都N区　A.H）

A ■老齢厚生年金は収入制限がある

後継者がいないということで、これからもずっと社長職にあり、給与も変わらないとの前提で考えていく。

60～65歳間は特別支給の老齢厚生年金をもらう資格がある。ただしこの制度には収入制限がある。その算定式は、47万円以上は全額、それに加え47万円に1か月分の年金額を合計してそれから28万円を引いた額の半分が支給停止になる。相談者の場合は全額もらえない。

65～70歳間は、65歳までもらっていた特別支給の厚生年金が老齢基礎年金と老齢厚生年金に分かれる。老齢基礎年金は収入制限がないので全額もらえる。しかし、老齢厚生年金にはやはり収入制限があり、その算式は、1月当たりの総報酬額と年金額を合計したものから47万円を引いてその半分である。相談者の場合は全額もらえない。

70歳以上の場合も70歳前と同じ収入制限があるので、社長職に留まる限りは年金をもらうことはできない。では、年金をもらう方法はあるのか。

その方法の第一は、社長の給与を年金がもらえるまで下げること。しかし、この方法は相談者の生活程度を下げることになり難しい。第二は、社長を退き非常勤の取締役になること。しかし、現在後継者がいない状態ではやはり難しい。

そうだとすると、相談者は厚生年金の保険料は70歳になるまで払い続けるが、年金はその間ももらえないということになる。

この結論は相談者にとって不満だろう。どうしてそういう制度になっているのだろうか。

年金制度は本来、仕事を辞めた人についての収入の保障である。したがって現役で働いている人には支給されないものである。しかし、日本では定年退職後も働きたいという人が多く、また、その人たちの給与が低く抑えられていることもあり、生活保障が必要ということで在職老齢年金制度がある。そこで、この制度は定年前と同じ収入のある人には適用されない。

そうは言っても、相談者のように保険料は納めているのに年金はもらえないという状態には不満があると思われる。それについては以下のように考えてはいただけないだろうか。

相談者は60歳を過ぎても重要な地位にいて、多くの収入を得られるのはもちろん、相談者に能力があり体力があるからであるが、その他に善き家族や友人や従業員に恵まれたからだと思う。相談者の年金は広くこれらの人の年金や、また、もっと広く今後年金制度を支えてくれる若い人たちの生活費用に回る。

仮にこの制度がないとすると、多くの生活に困る人が出て、その人たちのなかには犯罪に走る人も出てこよう。この場合に犯罪の対象になるのは女性や子どもである。相談者は自分の奥さんや娘さんやお孫さんが1人では治安が悪くて外出できず、ガードマンを付けなければならないような社会をお望みだろうか。

〔2010年4月26日号掲載〕

① 在職、退職、雇用保険との調整

年金の支給と雇用保険との給付調整

Q 私は59歳の会社員。会社の再雇用制度を利用して、定年後（60歳以後）も働き続けたいと考えている。定年直前の給与は30万円、賞与は夏冬ともに60万円、再雇用後（60歳以後）フルタイムで働いて給料は20万円の予定。ねんきん定期便によると、60歳からもらえる報酬比例部分の年金額は年額102万円。60歳以後も働き続けた場合に私がもらえる年金額などを教えてほしい。

(M県A市　K.Y)

A ■在職者年金の一部支給停止と高年齢雇用継続給付の支給

相談者が60歳以後も会社で働き続ける場合、報酬比例部分の支給停止額は次のとおりとなる。

・支給停止額＝（総報酬月額相当額＋基本月額－28万円）×1／2＝（300,000円＋85,000円－280,000円）×1／2＝52,500円

したがって相談者の60歳以後の年金は、在職老齢年金として85,000円－52,500円＝32,500円（月額）が支給されることになる。

このように報酬比例部分の年金は一部支給停止されるが、1週間の労働時間が20時間以上あるなどの条件を満たせば雇用保険の被保険者となり、雇用保険から高年齢雇用継続基本給付金が支給される。高年齢雇用継続基本給付金は、低下率が61％未満である場合は、支給対象月の賃金の15％が支給される（低下率は、60歳到達時賃金に対する支給対象月の賃金の割合）。

相談者は、60歳到達時賃金（定年直前の賃金）が30万円、支給対象月（60歳以後65歳まで）の賃金が20万円とのことなので、低下率は66.67％となる。支給対象月の標準報酬月額が、60歳到達時賃金の61％以上75％未満の場合の高年齢雇用継続基本給付金の支給額は、次のように計算され16,340円となる。

〔（－183／280）×（支給対象月の賃金）＋（137.25／280）×（賃金月額）＝16,340円〕

なお60歳到達時賃金とは、原則として60歳に到達する前6か月間の賃金合計額（賞与は含まず、時間外手当、家族手当、通勤手当、住居手当などは含む）を180で除して得た額を指す。

しかし雇用保険から高年齢雇用継続基本給付金が支給されると、報酬比例部分の年金はさらに標準報酬月額に支給停止率を乗じた額が支給停止される。

―――― 支給停止率 ――――
①支給対象月の標準報酬月額が、60歳到達時賃金の61％未満のとき、支給停止率＝6％である。
②支給対象月の標準報酬月額が、60歳到達時賃金の61％以上75％未満のとき
　支給停止率A＝｛（－183B＋13,725）／280｝×（100／B）×（6／15）
　B：標準報酬に対する60歳到達時賃金割合
　相談者の場合、支給停止率＝3.27％
　　　　（小数点以下第3位四捨五入）

これにより本事例による相談者の支給停止額は、標準報酬月額×A＝200,000円×3.27％＝6,540円（小数点以下切り捨て）となり、1か月の収入は、次の計算により242,300円となる。

〔賃金200,000円＋在職老齢年金25,960円（32,500円－6,540円）＋高年齢雇用継続基本給付金16,340円〕

〔2010年6月7日号掲載〕

第 1 章 老齢給付

退職時における年金額の改定

Q 60歳（定年）から老齢厚生年金の支給を受けながら、嘱託として勤務を延長し厚生年金に加入し続けた場合、退職時期との絡みで60歳以降の加入期間はどのような取扱いになるか知りたい。
（A県B市　N.K）

A ■退職の時点で異なる退職時改定

(1)　通常の退職時改定

　在職中の老齢厚生年金の受給権者が退職して被保険者の資格を失い、再就職せずにそのまま1か月が経過すると、在職中による支給調整はなくなり、年金を受けながら在職していた間の被保険者期間と標準報酬（月）額を含めて、年金額が再計算されることになる。しかし、資格を喪失してから1か月以内に再就職し厚生年金の被保険者になると、退職時改定は行われず、もとの被保険者期間に基づいた年金額のままで在職老齢年金の支給停止が計算される。

　また、60歳で報酬比例部分の受給権取得後も厚生年金に加入し続け、定額部分の支給年齢到達前に退職した場合、報酬比例部分は1か月経過すると退職時改定を行うが、定額部分は支給開始年齢に到達したときから60歳以後の期間を含めて計算することになる。

(2)　一部支給繰上げ受給者の退職時改定

①一部繰上げをしている受給者が、その後も厚生年金に加入し定額部分支給開始前に退職すると、報酬比例部分については退職時改定が行われるが、繰上げ調整額はその時点で退職時改定されず、定額部分支給開始年齢到達時点で、増えた期間に相当する定額部分の額（減額しない）を算出し、翌月から繰上げ調整額に加算する。なお、繰上げ調整額の計算対象となる被保険者期間と合わせて生年月日により上限がある。

②定額部分支給開始年齢到達以降の退職では報酬比例部分と繰上げ調整額は同時に退職時改定できる。

(3)　経過的老齢厚生年金を繰上げ受給している場合の退職時改定

　繰上げ受給中も在職し、特例支給（報酬比例部分の本来の支給）開始年齢前に退職すると、年金額の改定は退職時ではなく特例支給開始年齢に達した日以降に行う。特例支給開始年齢前の退職時改定は行わない。なお、特例支給開始年齢到達以降65歳になるまでに退職したときは退職時改定を、退職しないときは65歳で年金額の改定を行う。また、報酬比例部分支給開始年齢の引き上げ完了者で繰上げ受給している場合は、65歳までに退職しても、支給繰上げ受給権取得後の加入期間に対する退職時改定は行わず、65歳到達時に年金額の改定を行う。

(4)　65歳以降の退職時改定

　65歳以降の被保険者期間は、70歳になる前に退職すればその時点で退職時改定が行われ、70歳まで退職しなければ70歳の時点で年金額の改定が行われる。

　次に、老齢厚生年金を繰下げ待機中の被保険者は、年金の請求をしていないので年金額の支分権が発生していない。したがって待機中に退職しても65歳以降の厚生年金加入期間の年金額の改定は、行われないことになる。繰下げ申し出することで支分権が発生するので、その時点で退職改定が行われる。

〔2010年6月28日号掲載〕

① 在職、退職、雇用保険との調整

基本手当の受給と年金支給停止期間

Q 私は60歳から年金を受給できるが、雇用保険の基本手当を受給すると年金が支給停止されると聞いている。基本手当をもらえない日があるときは、年金はどうなるのか。その仕組みを知りたい。　　　　　　　　　　　　　　　（K県C市　W.K）

A ■原則は基本手当を優先支給

（1）年金支給停止の仕組み

　65歳未満の人で老齢厚生年金と雇用保険法の基本手当が同時に受けられる場合、老齢厚生年金が支給停止される。支給停止される期間は、求職の申込みを行った月の翌月から基本手当の受給期間（または所定給付日数）が経過するに至った月までの間（調整対象期間）である。なお、基本手当に代えて受給する傷病手当は年金との調整はない。しかし、基本手当を受給した日が1日しかない月でも、その月分の老齢厚生年金は全額停止となるため、同じ月数分の基本手当を受給した者であっても、年金の支給停止月数が異なるという不合理が発生する。このため、調整期間終了後、年金停止月から実際に基本手当が支給された日数を月数に換算（30で除して1未満の端数は1に切り上げ）して得た数を控除した数が、1以上である場合、直近の年金停止月から支給停止を解除し、溯って順次年金が支給される。これを「事後精算」という。

《事後精算》　支給停止解除月数＝年金停止月数－基本手当支給対象日数÷30

（2）基本手当との調整で留意する点

①待期期間や離職理由などによる給付制限期間は「基本手当の支給を受けた日とみなされる日に準ずる日」となる。したがって、月末近くに求職の申込みをすると待期期間が翌月にずれ込むので、その月の基本手当を受給しない場合でも「基本手当の支給を受けた日とみなされる日に準ずる日」がある月となり、調整対象期間中にその月の年金が支給されることはない。事後精算の結果、支給停止が解除されるまで待たねばならない。

②60歳代後半の老齢厚生年金を繰上げ受給中の人も、65歳未満で基本手当を受けると繰り上げた老齢厚生年金は支給停止となる。

③夫婦とも厚生年金長期加入者で、夫が年金受給中であるときに、妻に老齢厚生年金と基本手当の受給権が発生し、年金を受け取ると、夫の配偶者加給年金額は支給停止となるので、その減額部分を考慮して、妻が基本手当を選択した方が有利な場合もあり得る。

④失業給付は非課税、厚生老齢年金は雑所得として最低年間70万円の控除はあるが課税所得であることを考慮して選択するとよい。

（3）年金が支給停止とならない場合

①調整対象期間中に「基本手当を受けている日とみなされる日及びこれに準ずる日」が1日もない月があったことが分かれば、老齢厚生年金の支給停止が解除され、解除された月の年金は奇数月でも3か月後に支給される。

②在職老齢年金と基本手当は通常同時に受けることはないが、月の末日退職、月の末日求職申込みをした場合、翌月は在職老齢年金による支給停止と基本手当との調整による支給停止とが重複する。このようなときは、在職老齢年金の仕組みによる支給停止が優先し、基本手当との調整による支給停止は行わない。

〔2010年7月5日号掲載〕

第1章 老齢給付

退職時における年金額の改定

Q 現在62歳で厚生年金をもらいながら会社勤めをしている。38年勤めた会社で60歳の定年を迎え、その後2年間継続勤務したが、1月31日で退職をし、2月15日から別会社に再就職し、社会保険にも加入中。相談内容は、一度退職をして再就職をしたのに60歳以降に加入をした分（2年間）の厚生年金が年金額の計算に入っていない気がする。この疑問に答えてほしい。　　　　　　　　　　　　　　　　　　　　（S県N市　A.T）

A ■再就職後も年金加入期間は38年

　質問内容は、60歳以降に在職しながら厚生年金を受給していて、その加入期間は60歳までの38年として計算されていたが、その後2年間継続勤務したので厚生年金の加入期間は40年あるはずなのに、期間を空けて再就職しても38年の加入期間で計算され、どうして40年として計算されないのか、ということだと思われる。

　結論から言うと、再就職後も年金額の計算のもとになる加入期間は38年のままである。その理由は年金額の計算における退職時改定の規定によるもので、次にその仕組みを説明する。

　在職中の厚生年金の受給権者（在職老齢年金受給者）が退職（被保険者資格喪失）をして、再就職せずに1か月（歴月）が経過すると、在職中による減額調整はなくなり、60歳以降の在職していた期間と標準報酬（月）額を含めて、年金額が再計算されることになっている。しかし、退職（被保険者資格喪失）してから1か月以内に再就職をして厚生年金に加入をすると、退職時改定は行われず、60歳時の被保険者期間に基づいた年金額のままで在職老齢年金の支給停止額が計算される。

　本件の場合は、退職後再就職までの間が15日であり、1か月を経過していないので、60歳時の被保険者期間（38年）に基づいた年金額のままで在職老齢年金の支給停止額が計算される。

　今後、どこかの時点で退職をして1か月を経過するか、または65歳になった場合には60歳以降に加入をした期間を含めて年金額が再計算されることになる。

　また、相談者は昭和24年1月生れの男性なので、64歳になったときには定額部分の年金および配偶者がいれば配偶者加給年金が加算されるが、その時点まで在職している場合には、定額部分の計算も60歳時までの38年の加入期間で算出される。

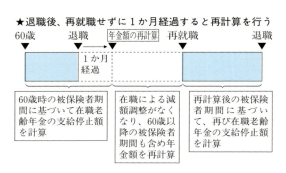

★退職後、再就職せずに1か月経過すると再計算を行う

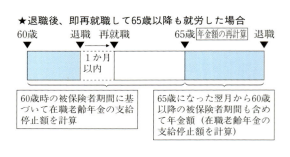

★退職後、即再就職して65歳以降も就労した場合

〔2011年2月7日号掲載〕

① 在職、退職、雇用保険との調整

在職老齢年金の本質

> **Q** 昭和25年5月生まれの男性。厚生年金が30年で年額120万円、私学共済も10年で年額44万円（4万円職域加算）ほどある。今勤めている私立学校は60歳定年。定年後は今の私立学校で働くか、友人の会社で働くか迷っている。定年前の給与は50万円、賞与は7月、12月ともに60万円、定年後の給与はともに20万円で賞与はない。（W県F市　E.N）

A ■在職老齢の理解がカギ

1．考え方の手順―4ケースに区分し検討

　難問である。4つの場合に分けて考えることとなる。まず定年後、現在の私立学校にそのまま勤め私学共済に加入を続けた場合と、友人の会社である厚生年金の会社に勤めた場合に分ける必要がある。その上で、各場合について私学共済年金をもらった場合と厚生年金をもらった場合に分ける。したがって、都合4つのケースになる。

　4つのケースについて考える前に、在職老齢年金の適用になる場合とならない場合に分け、適用がない場合には、さらに所得制限の規定の適用があるかで考える必要がある。

2．在職老齢の本質についての考察

　それには、まず、在職老齢年金の本質を理解することが重要となる。年金制度は、支払う保険料と支給される年金総額が一致すれば財政的には安定する。

　例えば相談者の私学共済に例を取ると、60歳で44万円の年金をもらう人は平均寿命の80歳まで生きると考えて、20年×44万円＝880万円になると予想してあらかじめ10年間の保険料率を決めるものである。

　もし、相談者が同一の私学共済にさらに5年間在籍すると、880万円＋5年分の年金増加額＋在職老齢年金支給分の合算額を予想して15年間の保険料額を決定しておく必要がある。

　この場合、5年分の年金増加分の予想はある程度つくとしても、問題は在職老齢年金支払い分の総額である。60歳までの状態と異なり給与の減少も珍しくなく、その上経営が悪化するとまず減給の対象にされやすい。また自ら健康状態の悪化により勤務時間を減らすことも多い。そしてそのたびに在職老齢年金の支給額は増加する。

　このような不安定な要素が多い在職老齢年金の支払総額の予想は極めて困難で、保険料率の決定はなおさら難しくなる。

　そこで、在職老齢年金制度は歓迎しないというのが制度運営者（国）の本音となる。しかし、社会的に見れば、60歳以上の人の求職は少なく、相談者達の働く場所として従来の職場は不可欠であり、これを廃止することはできない。このように考えていくと在職老齢年金制度が問題になるのは理論上、「年金をもらっている制度に60歳以降もそのまま加入している場合だけである」ということが分かる。そう考えると、私学共済の年金をもらいながら60歳以降厚生年金制度に加入するのは、在職老齢年金ではないことになる。

　これに対して47万円の所得制限がかかるのは共済年金が優遇されていることに対する一般国民の感情に配慮した政策的制限と考えるべきである。したがってこの場合、44年特例や障害特例の適用がある。具体的なケースにあてはめた場合の年金額は次ページ参照。

〔2011年2月28日号掲載〕

第1章 老齢給付

A ■私学共済に引き続き加入が有利

1．定年後も私学共済に加入し、勤めた場合

(1) 私学共済年金をもらって、同じ私学共済に加入している状態である。

①この場合、私学共済年金は在職老齢年金になる。職域加算は全額支給停止で、1月当たりの年金額、直前1年分の賞与合計の1月分、給与を合算した額から28万円を引いて、その半額が減額される。

【総額】5月～6月が1月6,667円、7月～11月31,666円、12月～3月支給停止額がなくなるので33,333円。

②その他、雇用保険の雇用継続給付金が30,000円出るが、私学共済年金から12,000円（20万円×6％）減額される（5～6月は支給額6,667円なので6,667円の減額、減額は在職に限る）。

(2) 特別支給の老齢厚生年金について

厚生年金をもらいながら私学共済に勤めている状態である。

①この場合は制限する条文がないので厚生年金は月額10万円支給される。

【総額】5月～6月分130,000円、7月～11月分149,666円、12月～3月151,333円。

②この場合受給者が3級以上の障害厚生年金の受給者に相当する状態であれば、厚生年金について障害特例が適用される。減額なしで、定額部分月額49,526円が支給される。

【総額】5月～6月179,526円、7月～11月199,192円、12月～3月200,859円。

2．友人の会社に勤めた場合

(1) 特別支給の老齢厚生年金について

①厚生年金をもらいつつ厚生年金に加入している状態で、厚生年金は在職老齢年金になる。

【総額】5月～6月40,000円、7月～11月65,000円、12月～3月90,000円。

②雇用保険の雇用継続給付金が30,000円出るが、厚生年金は12,000円減額される。

(2) 私学共済年金について

私学共済年金をもらって、厚生年金に加入している状態である。

①この場合は共済年金をもらって厚生年金に加入しているので、所得制限の規定の適用になる。上記と同じ算出式だが基準額は47万円の全部を合算しても47万円に達しないので減額はなく、私学共済年金が月額33,333円そのまま支給される。これに職域加算3,333円がつく。

【総額】5月～6月94,666円、7月～11月119,666円、12月～3月144,666円。

②もし障害状態にあれば、私学共済年金について障害特例が適用される。定額部分を加えても47万円に達せず月額16,509円支給される。

【総額】5月～6月111,175円、7月～11月136,175円、12月～3月161,175円。

〔2011年3月7日号掲載〕

① 在職、退職、雇用保険との調整

在職老齢年金支給停止基準額の仕組み

Q 在職老齢年金の支給停止額の計算に従来使われていた「48万円」と「28万円」について、「48万円」は平成22年度と23年度にそれぞれ「47万円」「46万円」に改定されたが、「28万円」は改定がされていない。どうしてか。　　　　（F県O市　T.A）

A ■各額の算定ベースの違いによる

　在職老齢年金とは、在職中の年金の全部または一部を支給停止する制度であり、停止額の計算に使われる数字が46万円と28万円である。

　「46万円」は、元々現役男子被保険者の平均標準報酬月額を基に設定されていることから「名目賃金の変動」に応じて改定されるが、「28万円」は、標準的な年金給付水準を基に設定されているため「年金額改定」と同様の方式により改定されていることによる違いである。

　詳しく見ていくと、46万円は65歳未満の在職老齢年金の計算においては「支給停止調整変更額」、65歳以上の在職老齢年金の計算においては「支給停止調整額」といわれ、「48万円に、平成17年度以後の各年度の物価変動率に、厚年法第43条の2第1項第2号に掲げる率（下表B欄の率）を乗じて得た率（下表C欄の率）をそれぞれ乗じて得た額に改定すると規定（厚年法第46条第3項、同法附則第11条第3項）されており、具体的には次の計算となる（下表のC欄の率を使用）。

48万円×1.003×0.996×1.002×0.998×1.011×0.976×0.980＝463,689円≒46万円（1万円単位で四捨五入）

　一方、28万円は、65歳未満の在職老齢年金の計算において「支給停止調整開始額」といわれ、28万円に平成17年度以後の各年度の再評価率の改定の基準となる率であって政令で定める率（名目手取賃金変動率のこと）をそれぞれ乗じて得た額に改定すると規定（厚年法附則第11条第2項。ただし、23年3月31日公布の政令第81号第10条の規定による改正後の厚年法施行令16年附則第3条により、物価スライド特例措置期間中の率は1（総務省において作成する物価指数が平成17年の物価指数を下回る場合はその低下した比率）とする）とされており、具体的には次の計算となる（左表のF欄の率を使用）。

28万円×1×0.997×1×1×1×1×0.996＝278,043円≒28万円（1万円単位で四捨五入）

　「46万円」、「28万円」とも在職老齢年金の支給停止に関しての金額なのでつい同基準で判断しがちであるが、それぞれ成り立ちは異なる。

〔2011年6月6日号掲載〕

【表】

年度	A	B	C	D	E	F
17	1	1.003	1.003	1	1.003	1
18	0.997	0.999	0.996	1	0.996	0.997
19	1.003	0.999	1.002	0.998	1	1
20	1	0.998	0.998	0.998	0.996	1
21	1.014	0.997	1.011	0.998	1.009	1
22	0.986	0.990	0.976	0.998	0.974	1
23	0.993	0.987	0.980	0.998	0.978	0.996

A：物価変動率
B：実質賃金変動率
C：名目賃金変動率
D：可処分所得割合変化率
E：名目手取賃金変動率
F：改正後の16年附則第3条

第 1 章 老齢給付

失踪宣告時の「生計同一」の取扱い

Q 昭和17年 2 月生まれの夫は、平成24年 3 月22日の裁判において「死亡とみなされる日：平成21年 8 月31日」とする失踪宣告が確定した。夫の年金記録は国民年金のみで、納付が215月、全額免除が72月なので年金は何も受けていない。しかし最近、87月の厚生年金の記録がみつかった。私はどのような年金がもらえるのか。　　　　（K県A市　S.H）

A ■失踪期間中はもらえない

まず失踪日を確認する必要があるため、裁判で確定した年月日より逆算すると、行方不明となったのは、死亡みなし日の 7 年前の平成14年 9 月 1 日となる（民法30条 1 項・同31条）。本件相談者の場合は、まず一般的な失踪者として、「未支給年金」と「遺族厚生年金」が考えられる。

⑴　未支給の保険（年金）給付について

未支給の保険（年金）給付は、保険給付の受給権者が死亡したときに、①その死亡した者に支給すべき保険給付でまだ支給しなかったものがあるときに、②その者の配偶者、子、父母、孫、祖父母または兄弟姉妹であって、③その者の死亡当時、その者と生計を同じくしていた者の請求により支給することとされている（厚生年金保険法第37条）。

本件の場合、未支給の保険（年金）給付については、上記①～③の支給要件すべてについて満たしているわけではないため支給されない。つまり、①と②は満たしているが、③の要件である「その者の死亡当時」とは、失踪宣告により法的に死亡と認められたときのことであるから、平成21年 8 月31日当時、その遺族と生計を同じくしていたとは考えられないため、③の要件に該当しないこととなる。

⑵　遺族厚生年金について

遺族厚生年金の支給要件の 1 つである生計維持関係については、上記「死亡の当時」を、「行方不明となった当時」と読み替えることとされているため（厚生年金保険法第59条）、これにより、本件も死亡みなしの翌月、平成21年 9 月分から遺族厚生年金が支給される。この読み替え規定は、遺族厚生年金の支給の場合に限られているため、死亡の推定や失踪宣告により死亡とみなされた者にかかる未支給保険給付については適用されない。

⑶　老齢厚生年金について

今回、87月の厚生年金保険期間がみつからなければ、寡婦年金の要件には該当しないため、死亡一時金が支給されるのみであった。しかし、新たに未統合の記録がみつかったので、失踪する前の60歳時に特別支給の老齢厚生年金の受給権が発生していたことになる。この老齢厚生年金についての未支給分はどうか。これはいわゆる「年金の時効特例」に該当するため、 5 年の時効にかかわらず夫が60歳になった平成14年 2 月から受給できるはずであったので、平成14年 8 月31日までは生計同一として、老齢厚生年金を受けることができる。失踪していた期間（平成14年 9 月 1 日から平成21年 8 月31日）の 7 年間については生計同一ではないため、未支給給付は受けられない。そして平成21年 9 月からは遺族厚生年金を受けることになる。

〔2012年 7 月16日号掲載〕

① 在職、退職、雇用保険との調整

厚生年金長期加入者の継続雇用の注意点

Q 私は昭和30年生まれの男性。中学を卒業してすぐに就職し、以後継続して厚生年金の被保険者である。このたび会社から60歳以降の雇用について、週40時間、給与額を8割に減額した上での嘱託雇用を提示された。なお、4歳下の妻は厚生年金保険に8年加入した後、ずっと専業主婦である。私の年金はどうなるか。　　（S県U市　A.A）

A ■62歳時点の雇用形態による

1．厚生年金保険の加入期間

　国民年金は、20歳から60歳までの40年間という加入期間の上限がある。しかし、厚生年金保険は事業所に勤務する70歳未満の人は被保険者となる。そのため、当面、所定労働時間が週に40時間での雇用の提示を受けている相談者は、引き続き厚生年金保険の被保険者となる。中学卒業後15歳で厚生年金保険の被保険者資格を得て、70歳まで被保険者であった場合は、最長で54年数か月の被保険者資格を有することになる。

2．60歳代前半の老齢厚生年金

　老齢厚生年金は支給開始年齢が順次引き上げられ、誕生日が昭和24年4月2日以降の男性は定額部分の支給が完全になくなる。報酬比例部分についても支給開始年齢が引き上げられ、相談者の生年月日では、62歳の時点でようやく老齢厚生年金の報酬比例部分の受給権が発生する（女性は5年遅れ）。

3．厚生年金保険の長期加入の特例

　ところで、相談者は中学を卒業してすぐに就職している。以後、継続して厚生年金の被保険者となっており、60歳時点で、厚生年金被保険者期間が44年を上回る可能性が高い。厚生年金保険には、長期加入者（44年以上）の特例制度があり、被保険者期間が44年以上で退職（資格喪失）した長期加入者は、特例により報酬比例部分の支給開始とともに、定額部分、加給年金額についても支給開始となる［厚生年金法附則第9条の3］。長期加入者の特例を受ける要件は、①被保険者でないこと、②44年以上の加入期間を有することであるから、相談者は62歳時点で厚生年金保険の被保険者資格を喪失すれば、定額部分、報酬比例部分、加給年金額を含めた老齢厚生年金を受給することができることになる。

4．高年齢者雇用安定法と継続雇用制度

　平成25年4月から施行の高年齢者雇用安定法の一部改正により、希望者全員を継続雇用制度の対象とすることが必要となる。相談者については、62歳で特別支給の老齢厚生年金の受給資格を得るまでの雇用維持が期待される。62歳以降については、特例として定額部分を含めた老齢厚生年金の受給権を得ることから、相談者自身の体力、就労意欲を考えながら、厚生年金被保険者資格を有して雇用されるのか否かの労働条件を決定すればよいだろう。今後、60歳以降の雇用継続が図られると、相談者のような長期加入者の特例に該当する者も増えてくると思われる。年金受給額だけを計算して雇用形態を決めるのではなく、賃金や本人の就労意欲、生きがいなども考えながら、総合的に考える必要がある。　　〔2012年11月26日号掲載〕

第1章 老齢給付

60歳定年後の再雇用者の収入

Q 私（昭28.5.16生）はこの5月15日に定年退職となる。その後1年間の再雇用は決まっており、65歳までの雇用も希望すれば可能なようである。定年時の賃金は40万円、再雇用での賃金は20万円（賞与はない）で65歳まで変わらない。60歳で退職した場合、61歳からの老齢厚生年金は120万円である。今後の生活設計を立てるため、収入額を知りたい。
妻（昭33.4.10生）は、10年ほどの会社勤務があるがその後は厚生年金の加入はなく、10年位前から6時間パート（年収100万円ほど）で働いている。　　　　（X県Y市　F.Z）

A ■繰上げ受給の有無・内容で収入変動

相談者の収入は、賃金、高年齢雇用継続給付金、年金、雇用保険の失業給付が考えられる。収入額は年金の繰上げ受給の有無・内容で変わる。失業給付は65歳前に退職したとき基本手当日額4,536円を受給できるが、受給期間中は老齢厚生年金が支給停止となる。65歳以後退職したときは一時金（基本手当日額の50日分）が支給され、年金の支給停止はない。それぞれの額（いずれも年額）は次のとおりである。

1．賃金　雇用継続中240万円（＝20万円×12月）である。
2．高年齢雇用継続基本給付金　雇用継続中36万円（＝20万円×15％×12月）が支給される。
3．年金（平成25年4月価格）

①受給繰上げしないとき、老齢厚生年金（報酬比例部分120万円）が61歳から支給され、65歳に達すると老齢基礎年金（786,500円）、経過的加算（281円）、加給年金（393,200円）が支給される。加給年金は妻が65歳になると妻の老齢基礎年金に振替加算（33,300円）される（以下同じ）。

②老齢厚生年金を60歳で繰上げ受給すると報酬比例部分（6％減額）と同時に経過的加算、老齢基礎年金とも60か月繰上げ（30％減額）となり、老齢厚生年金は1,128,200円、老齢基礎年金は550,600円となる。

③老齢基礎年金のみの繰上げ受給ができるため、61歳で繰上げ（24％減額）受給した場合は、597,700円となる。

④上記①から③のいずれの場合でも60歳からの雇用で報酬比例部分が増額（12か月分で13,081円）され、61歳と65歳（61歳以後の雇用分）で増額改定される。

⑤老齢厚生年金受給中に雇用されると在職老齢年金（②による繰上げ受給の場合でも60歳台前半の在職老齢年金が適用される）および高年齢雇用継続給付金調整（調整額144,000円＝20万円×6％×12月）のそれぞれの停止額により老齢厚生年金が一部支給停止となる。

Ⅳ　収入額合計

（単位万円、1万円未満四捨五入）

雇用1年のとき	60歳	61歳	65歳
繰上げなし	276	121	239
厚年繰上げ	421	169	209
基礎年61歳繰上げ	276	181	220
雇用5年のとき	60歳	61歳	65歳
繰上げなし	276	370	245
厚年繰上げ	421	422	214
基礎年61歳繰上げ	276	430	226

〔2013年5月27日号掲載〕

① 在職、退職、雇用保険との調整

退職時改定の適用と在職者年金

Q 私は現在63歳。60歳定年まで勤めていた会社に定年後も毎年6月30日で終了の1年契約で3年間再雇用されていた。今回、別会社に2月遅れて9月1日付で入社することになった。これにより、現在の年金額はどのように変わるか。雇用保険をもらうと影響があるか。誕生日が6月15日なので65歳直前の5月29日に退職してはどうか。

（A県O市　S.B）

A ■喪失日起算で年金額を再計算

(1) 7月分の年金額

7月は6月と同じ金額になる。年金額の計算は月単位で行う（厚生年金保険法（以下略）19条1項）。したがって、その月に1日でも被保険者となる日があれば、その月は在職月となる。6月30日に契約終了した人は翌7月1日に被保険者資格を喪失する（14条2号）。喪失日は被保険者ではないので、7月は被保険者となる日がない。

ただし喪失日を含むので、在職支給停止規定の適用がある（46条第1項の政令で定める日、施行令3条の6）。その計算の基礎となる年金額は60歳になる前月までの期間の計算となる。

(2) 8月分の年金額

8月分は63歳までの期間の計算になる。43条第3項は「資格喪失日から起算して、被保険者となることなく1月を経過した時は、被保険者資格を喪失した月前の期間を年金額の計算の基礎とする」と定めている。これを「退職時改定」という。7月1日より1月は翌月の応当日で8月1日となる（民法143条2項）。これを含んだ8月は退職時改定月となり、63歳までの期間が計算の基礎となる。8月には1日も被保険者、喪失日となっている日がない。したがって、8月は在職支給停止規定の適用されない月となる。7月中に求職申し込みをしていれば8月分は支給停止になる（附則7条の4第1項）。

(3) 9月分の年金額

資格取得月なので在職支給停止の適用はない（46条第1項括弧書き）。

(4) 退職時改定の否定説・肯定説

誕生日が6月15日として65歳直前の5月29日に退職したらどうなるか。この場合、退職時改定が行われるのだろうか。退職時改定に関する43条3項の条文を見ると「被保険者である受給権者が、…被保険者となることなくして…1月経過したとき」となっている。本ケースの場合、5月29日の退職で5月30日が資格喪失日になる。このときの適用法令は特別支給の厚生年金法である。その後1月経った6月30日に退職時改定が行われることになる。

しかし、6月14日で相談者は65歳の到達日（誕生日の前日）になる。この場合の適用法令は厚生年金保険法ということになる。したがって、否定説は、「条文上適用法令が異なる場合には退職時改定の適用は制限される」とする。肯定説は、「特別支給の厚生年金保険法と厚生年金保険法は実質上同質の法であるから、1月経過後の厚生年金保険法にも類推適用すべし」とし、さらに「65歳時改定と退職時改定が並立し、受給権者の保護のために退職時改定すべし」とする。社会保険庁は適用肯定説だったが、その後の年金機構は否定説に転じた（社会保険審査会、判例同旨）。

〔2013年7月1日号掲載〕

第 1 章 老齢給付

70歳以上者の在職老齢年金

Q このたび、わが社は技術部門を強化することになった。そこで適当な技術者を探したが、若い人でなかなか優秀な方が見つからず、70歳の人を採用することになった。給与は40万円、賞与なしで、受給可能な厚生年金は月額12万円である。この人は年金の減額に非常に抵抗感を持っている。いかに対処すべきか。　　　　（Ⅰ県K市　S.N）

A　■年金減額分を退職金で穴埋め

(1)　70歳以上は厚生年金の被保険者になることはない。厚生年金の被保険者は70歳未満と規定されている（厚生年金保険法9条）。したがって、70歳以上の人を採用する場合には「該当届」を年金事務所に提出する。この人については年金保険料の支払い義務はない。一方において、健康保険は70歳の人も被保険者となる。

(2)　在職老齢年金の規定は70歳以上の人にも65歳以上の在職老齢年金の規定が適用される。厚生年金保険法46条第1項は、70歳以上の人にも65歳以上の人と同様な在職支給停止の規定を適用している。本ケースの場合は、給与40万円なので標準報酬額は41万円になり、これに厚生年金月額の12万円を加えた53万円から支給停止調整変更額の46万円（平成25年度額）を引いてその半分の3万5千円が在職停止額になる。この場合の1月当たりの総収入は48万5千円となる。

(3)　次に年金の減額をなくす方法を考えてみる。給与を34万円にまで下げると標準報酬額も34万円に下がるので、これに厚生年金月額の12万円を加えても46万円にしかならず、年金に対する減額はゼロになる。そして6万円下がった給与は1月当たり6万円の退職金として保障してもらえば解決する。この場合の全収入は1月当たり52万円になる。

(4)　給与はその人の客観的労働能力に応じて決定されるのが本来の在り方である。であるからこそ労働者は自己の給与額についてこだわり、また誇りを持つ。それを労働能力と関係のない理由で本来の給与から15％も引き下げてしまうと弊害が予想される。例えば、この人が友人知人と給与の話をしたとき、本来この人のもらうべき給与に比べてかなり低い額について不審に思うであろう。そのたびに説明をする必要に対する煩雑さと、それによる誇りが傷つく感情の問題が生じる。

(5)　次に具体的な解決に当たり考えてみると、結局この問題は、(イ)1月当たり収入の額。その必要とする程度。70歳を超えて在職減額されることに対する感情的反発。それに対して(ロ)給与額面額に対する社会的および友人知人たちの評価。これらに関連して本人の誇りについての傷つき度合。さらに(ハ)見掛けの給与額を低くすることによる社会的悪影響。これらの事項の総合判断をすることになる。

(6)　結論は、以上を踏まえ、抵抗感の少ない給与・年金の減額を次のように示し納得を得た。
　給与を友人等から不審に思われない程度の5％減額の38万円にして、これにより生じる2万円の年金の減額は、1月当たり2万円の退職金で保障してもらうことにした。

〔2013年7月15日号掲載〕

① 在職、退職、雇用保険との調整

年金受給者の再就職と年金額の動向

Q 昭和25年12月生まれの女性。60歳以後求職していて、厚生年金保険期間30年で月8万円受給していた。このたび、63歳から月給20万円、賞与なしという条件で勤務する。65歳まで勤めて年金はいくらぐらい増えるのか。　　　　　　（S県S市　I.T）

A ■年額約6万5千円増が見込まれる

1．年金額算出の手順

年金相談でよく将来の年金予想増加額を聞かれる。このような場合、将来設計のための概数であると断り、大体の額を提示する。

具体的には、最初に報酬比例部分の増加額を算出し、それに経過的加算額の増加額を加えることで、将来の年金額の増加額を算出する。

算出式は年金額計算式に準拠する。年金額算出式には現在のところ、平成6年、平成12年、平成16年、以上3改正法に準拠したものがある。以上の算式の中から最も金額の高いものを選ぶことになっている（平成16年改正法附則27条）。現在、平成6年の改正法に準拠したものが一番高額になることが多いので、この相談においても平成6年の改正法に準拠したもので考える。

2．報酬比例部分増加額計算式の意味

20万円×0.937×5.769／1000×24月×1.031×0.978＝26,162円

①20万円は平均標準報酬の予想額である。60歳を過ぎた人の場合、昇給する可能性はあまりないので現在の20万円をそのまま予想平均標準報酬額にした。②0.937は標準報酬の再評価率である（平成25年4月現在）。再評価率とは、現在に比べ、著しく賃金が低かった昭和32年9月以前の期間を除いて、各月の標準報酬を再評価し、そのうえで平均値を求めるために使用する読替率であり一定期間ごとに定められている。基準は平成6年である。③5.769／1000は平成15年4月以降の総報酬制施行後の乗率である。④24月は勤務月数である。⑤1.031は従前額改定率である。平成15年4月に総報酬制を施行したことにより率が7.5／1000から5.769／1000に下がった。このことにより年金額が下がった場合に対する補償として規定されたものである（平成12年改正法附則21条第1項、および平成16年改正法27条）。1.031という数字は固定ではなく物価スライドにより変動するものであるが、本来水準2.5％が特例水準として考慮されているので、現在のところ動いていない。なお、特例水準2.5％は、平成25年10月から平成27年4月にかけ解消される。⑥0.978は物価スライド率である（平成25年4月現在）。年金額の実質上の価値が物価の上下によって変動しないように定められている。基準年は平成12年である。

3．経過的加算増加額計算式の意味

相談者は厚生年金期間が30年なので、65歳までの2年間で次により経過的加算が行われる。

1,676円×24月×0.978＝39,339円

①1,676円は1月当たりの基本になる数字である。法が定める基本の数字は1,628円に改定率を掛け合わせて決定されたものである（厚生年金法本法附則9条の2第2項1号、国民年金法27条の5）。②24月は勤務月数である。③0.978は2．⑥で説明したスライド率である。

以上から増加額は年額で65,501円となり、1月当たり5,458円となる。

〔2013年8月26日号掲載〕

第 1 章 老齢給付

被保険者資格喪失と老齢厚生年金

Q 私は昭和25年生まれの女性。現在、嘱託社員として働いており、これまで48歳から63歳の現在まで15年間厚生年金に入り保険料を支払っている。その前は国民年金に全期間、1号および3号として加入していた。このところ体力が減退し、フルタイムの勤務が負担になってきた。会社に勤務日数および時間の削減（週40時間から24時間へ）を申し出るにあたり、賃金が低下することから、支給停止されている私の年金がどうなるのか知りたい。

（F県F市　S.O）

A ■資格喪失すると在職調整なし

(1) **社会保険の被保険者資格の喪失**　相談者が勤務する事業所の就業規則によると、定年は60歳であるが、希望すれば65歳まで嘱託雇用されることになっている。相談者は、60歳以降も週40時間の勤務を続けていた。給与については、昇給停止されてはいるが、60歳時の基本給が維持されている。

所定労働時間が週に24時間になると、事業所の正規職員の所定労働時間の4分の3を下回ることになり、社会保険の被保険者資格は喪失する（30時間以上の勤務がある場合は、資格喪失せず、引き続き年金の在職調整あり）。

(2) **特別支給の老齢厚生年金**　相談者が被保険者資格を喪失した場合は、現在「在職老齢年金制度」の規定により一部支給停止されている特別支給の老齢厚生年金の支給停止が解除される。

なお、相談者はすでに63歳に達しているため、報酬比例部分と定額部分を合計した額の特別支給老齢厚生年金を受給できる。

(3) **65歳以降の老齢厚生年金**　また、相談者の国民年金の納付記録を確認したところ、1号被保険者と3号被保険者期間が長いことがわかった。現在、夫は配偶者加給年金を合わせた老齢厚生年金を受給しているが、相談者が65歳に達した以降は、老齢基礎年金と振替加算額に老齢厚生年金を合計した金額が相談者の年金額となり、夫の加給年金はなくなる。

相談者は、厚生年金被保険者だった期間よりも1号と3号の期間の方が長いため、特別支給定額部分より老齢基礎年金の金額の方が大きい。

したがって、63歳時点での年金額と65歳以降の年金額が大きく異なることになる。

(4) **雇用保険の高年齢雇用継続給付**　相談者は、60歳以降も基本給の額が維持されていたため、雇用保険の高年齢雇用継続基本給付金の支給対象者ではなかった。そこで所定労働時間を週24時間に変更した場合の高年齢雇用継続給付の受給の可能性の有無を検討してみる。高年齢雇用継続給付を受給するには、次の3つの要件を満たすことが必要である。

①60歳以上65歳未満の雇用保険の被保険者
②雇用保険の被保険者期間が5年以上
③賃金が60歳到達時点に比べ、75％未満に低下すること。

相談者は、すでに①と②の要件は満たしており、所定労働時間を週24時間に変更した場合に、1か月の賃金は現在の6割程度が見込まれ、③の要件も充足し得る。よって高年齢雇用継続給付の手続きも失念しないようにしたい。

〔2014年3月24日号掲載〕

① 在職、退職、雇用保険との調整

65歳時における特別支給の老齢厚生年金

> **Q** 60歳から少額だが、厚生年金をもらっている。65歳になると年金が増えると聞いて楽しみにしていたが、増えるどころか払われなくなってしまった。一体これはどういうことだろうか。
> （K県U市　R.T）

A ■特別支給の老齢厚生年金は65歳時で失権、その後は再度請求が必要

年金振込みがされなくなる理由はいくつかあるが、特別支給の老齢厚生年金の受給権を得ている人が65歳になり、本来の老齢厚生年金と老齢基礎年金の請求となるハガキを日本年金機構へ返送することを忘れている場合は、支給が一時保留される。

特別支給の厚生年金はその名のとおり特別なもので、65歳になると自動的に失権してしまう。そこで65歳からの本来の老齢基礎・厚生年金の請求行為がなければ年金は支給されない。ハガキの名称は「年金請求書（国民年金・厚生年金保険老齢給付）」で、年金機構からの発送のタイミングは65歳の誕生月の初旬（1日が誕生日の場合は前月の初旬）で、返送は誕生月の末日まで（1日生れの場合は前月末日まで）である。

ここまでは年金機構のホームページにも記載されているので多くの人が知っていると思われるが、今回の相談者は、65歳時の請求ハガキは確実に出しているとのことだった。

年金が全額停止となる事例としては雇用保険の基本手当の調整と在職老齢年金が考えられるが、基本手当の支給による調整は65歳以降には対象にならないし、在職老齢年金も特別支給の老齢厚生年金が支給されていた人が急に65歳になって給与が上がって全額停止になることも考え難い。そこで支給停止の理由をよく調べてみると、繰下げ受給の希望欄に誤って基礎年金・厚生年金ともに○を付けてしまっていた。

65歳時の請求ハガキには繰下げの意思を確認するという意味もあり、繰下げの意思を表明した場合には66歳以降70歳までの間で希望するときから繰下げの年金を受給する手続きを再度とる必要がある。

ただし、今回のように誤って繰下げ希望欄に○を付けてしまう人が実際には少なからずいるようで、そのような場合は、訂正願いの申出書を出せば、繰下げはなかったものとして取り扱われ、支給はほどなく再開される。繰下げ希望欄に○印を記入してしまったミスなのでその訂正を依頼する旨の申出書である。

また反対に、繰下げ希望であるのに繰下げ希望欄に○を付けずに、ハガキを送り返してしまった場合はどうかというと、こちらは65歳以降の本来の老齢基礎・厚生年金の初回の振り込みが開始される前であれば、同様に誤って繰下げ希望欄に○を付けなかった旨の申出書を出せば繰下げの扱いに訂正してもらえる。

その際には初回の年金は銀行等への振込みが開始されてしまっている可能性が大きく、年金を返す必要が出てくる。そのため、返納の方法を明記する「返納方法申出書」という書類も合わせて提出する必要がある。

受給者のうっかりミスではあるが、生活を支える年金金額にかかわることゆえ、丁寧な対応を心掛けていきたい事例である。

〔2014年9月1日号掲載〕

第1章 老齢給付

65歳前後の年金と失業給付

Q 私は間もなく65歳になる、正社員として20年以上働いている年金受給者である。そろそろ現在勤めているタクシー会社を退職するか、もう少し仕事を続けるかどうかで悩んでいる。また、すでに退職した先輩から65歳になる前に会社を辞めると失業保険ももらえて得だと聞いているが、本当か。また年金はどうなるのか。　　　　　　　　　　　　　　　　　　　　　　　　　　　　　　　　　（A県T町　H.U）

A ■64歳と11か月での退職が有利

　結論から先にいうと、雇用保険から基本手当を受給するという観点からは、64歳と11か月での退職が有利である。

　なぜなら、65歳前に基本手当を受給すると年金を受け取ることができないからである。65歳前に受給する年金（特別支給の老齢厚生年金）と基本手当は併給できないことになっている。しかし、65歳以後に受給する老齢厚生年金（本来支給の老齢厚生年金）と基本手当は、調整されないため、両方受け取ることができるのである。基本手当の受給資格を得るためには65歳到達までに退職し、年金との併給の調整がない65歳以降に基本手当を受け取ることができる。

(1)　65歳前に離職する理由

　基本手当は65歳到達日前に離職すれば受給資格が得られる。65歳到達日は誕生日の前日になるので、誕生日の前々日までに離職すればよいということになり、例えば12月22日が誕生日の人は、12月20日までに離職すればよいことになる。なお、65歳すぎに離職すると、高年齢求職者給付金の一時金になる。

(2)　65歳を過ぎ求職の申込みの手続き

　求職の申込みは、65歳以後になって行っても問題はない。求職の申込みをして、7日間の待機期間の後に指定された日にハローワークに出向き、失業の認定を受ければ基本手当の受給が始まる。実際の受給期間が65歳以後になっても構わない。つまり、65歳到達前に離職し、65歳到達以後に求職の申込みを行って基本手当を受け取ることとすれば、年金との調整は全く行われない。

　ただし、ここで注意することは求職の申込みをして所定給付日数分の基本手当の受給を完了するまでの期間は、離職日の翌日から1年と決められている点である。例えば基本手当を150日受けられる人が、120日受給した時点で離職日の翌日から1年を経過してしまったら、残りの30日分は受給できないまま終了となる。

(3)　65歳以後退職は高年齢求職者給付金

　離職日が65歳到達日以後になると、基本手当を受け取ることができなくなる。代わりに受給できるのが高年齢求職者給付金である。これは一時金で年金と併給される。

　金額は、基本手当日額の30日（雇用保険の被保険者期間が1年未満）または50日（雇用保険の被保険者期間が1年以上）となるので、基本手当を受け取るほうが有利である。

　本ケースは、年金と基本手当の関係に着目しての相談である。雇用契約が65歳時点で満了し、期間満了まで在職すれば、賞与や退職金が支給されるときには、基本手当にこだわらない方がよい場合もあり得るので注意が必要になる。

〔2014年12月8日号掲載〕

① 在職、退職、雇用保険との調整

賃金、老齢年金、雇用保険による生活設計

Q 60歳定年で退職後継続雇用され、賃金、老齢年金、雇用保険の高年齢雇用継続基本給付金により生活設計を検討している。高年齢雇用継続基本給付金を受給する場合、同給付金の受給額に応じて老齢年金も調整されると聞くが、その仕組みを知りたい。

（F県K市　A.W）

A ■在職老齢年金による年金支給停止に加え、年金の支給調整が行われる

(1) 高年齢雇用継続基本給付金の仕組み

　高年齢雇用継続基本給付金は雇用保険の被保険者期間が5年以上あり、退職後1年以内に基本手当等を受給しないで再就職をし、雇用保険に加入して働き、賃金が75％未満に低下した場合に支給される。支給額は、再就職後の各月に支払われた賃金の60歳到達時賃金等（一定の限度額がある）に対する比率（以下、低下率という）が61％未満の場合に再就職後の賃金の15％、75％以上の場合にゼロ、61％以上75％未満の場合には所定の計算式により計算された数値を再就職後の賃金に乗じたものとなる。一般的に、再就職時の賃金が定年時の賃金に比べ大きくダウンするので、受給請求する者が多い。

(2) 同給付金を受給した場合の年金停止

　60歳から65歳までの間、特別支給の老齢厚生年金を受給している者が、高年齢雇用継続基本給付金を受給すると、在職老齢年金の仕組みによる支給停止に加え、年金の調整が行われる。その調整額は、60歳以後の標準報酬月額の60歳到達時賃金月額に対する比率が、①61％未満の場合は標準報酬月額の6％、②75％以上の場合はゼロ、③61％以上75％未満の場合は、所定の計算式による比率に標準報酬月額を乗じた値、となっている。次に、事例による試算を示す。

(3) 事例による試算検証

【前提】老齢厚生年金の月額：100,000円、60歳到達時賃金月額：400,000円、再雇用時の賃金月額：235,000円（賞与なし）とする。

【算定】低下率は、235,000／400,000＝0.5875（＜0.61）。再雇用時の標準報酬月額は240,000円。在職老齢年金は100,000－(100,000＋240,000－280,000)／2＝70,000円。高年齢雇用継続基本給付金は235,000×0.15＝35,250円。

　よって、同給付金受給による年金停止額は、240,000×0.06＝14,400円となり、収入合計は、70,000＋235,000＋35,250－14,400＝325,850円となる。

(4) 年金支給停止の留意点

　高年齢雇用継続基本給付金は実賃金に対し支給されるが、同給付金受給による年金の支給停止は、標準報酬月額の低下に対して行われるので注意する必要がある。

　前記の事例で、年度途中で残業の増加があり、賃金が300,000円にアップしたとする。このとき、低下率は300,000／400,000＝0.75となり、同給付金は支給されない。

　一方、年度の途中での固定的賃金の変動がない場合は、標準報酬月額は当初の240,000円のままである。したがってその低下率は240,000／400,000＝0.6であり、前記①となるため、年金停止額は標準報酬月額の6％（＝14,400円）となる。

〔2015年1月12日号掲載〕

第1章 老齢給付

報酬比例部分の支給が61歳以降になる人の繰上げ受給

Q 男子は昭和28年4月2日以降生まれから、女子は昭和33年4月2日以降生まれから報酬比例部分の支給開始年齢が61歳以降になるが、この人たちが繰上げ請求する場合にはどのようになるのか。　　　　　　　　　　　　　　　（N県C市　年金相談員）

A ■経過的加算を考慮すること

　昭和28年4月2日から昭和30年4月1日生まれの男子の場合（女子は昭和33年4月2日から昭和35年4月1日生まれの場合）でいうと、60歳から61歳になるまでは老齢厚生年金・老齢基礎年金を同時に繰り上げることになり、61歳から65歳になるまでは老齢基礎年金を繰り上げることになる。全部繰上げの年金額は次式に示すとおりとなる。なお、長期加入者特例および障害者特例該当者は一部繰上げとなるが、図解のみ掲載した。

* 繰上げ支給の老齢基礎年金額＝老齢基礎年金額×（1－0.5％×②）
* 繰上げ支給の老齢厚生年金額＝報酬比例部分－｛（報酬比例部分×0.5％×①）
　＋（経過的加算×0.5％×②）｝＋経過的加算
　①繰上げ請求月から報酬比例部分支給開始年齢到達の前月までの月数
　②繰上げ請求月から65歳到達の前月までの月数

〔1〕　通常受給の図解

〔2〕　全部繰上げ（60歳0か月の場合）の図解

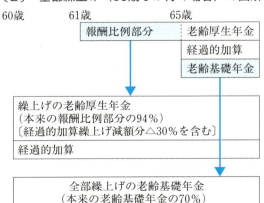

〔3〕　一部繰上げ（60歳0か月の場合）の図解

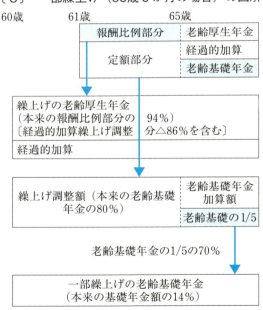

〔2010年2月15日号掲載〕

② 繰上げ、繰下げ

在職中の厚生年金の繰下げ受給

Q 平成19年4月から、65歳以降は老齢厚生年金と老齢基礎年金の繰下げ受給がそれぞれ別個に行えるが、65歳以降も在職し、老齢厚生年金が在職により一部支給停止になっている場合に老齢厚生年金を繰り下げた場合の増加額はどうなるか。　　（A県A市　K.S）

A ■支給される部分について繰下げができる

　65歳をすぎて在職（厚生年金に加入）をしている場合には、老齢厚生年金は総報酬月額相当額（月給＋その月以前1年間の賞与÷12）により、全額または一部が支給停止される。そこで、一部支給停止になっている場合の老齢厚生年金の繰下げについては、一部支給停止を除いた部分、つまり支給される部分についての繰下げが可能となる。繰下げによる加算額は、次式で表せるが、事例も参考にしてほしい。

> 老齢厚生年金の繰下げ加算額＝（繰下げ対象額＋経過的加算額）×増額率
> ・増額率＝0.7％×繰下げ月数
> ・繰下げ対象額＝65歳（受給権発生）時点での老齢厚生年金額×平均支給率
> ・平均支給率＝65歳（受給権発生月）の翌月から繰下げ申出を行った月までの各月の支給率を計算し、平均をとったもの
> ・支給率＝1－（在職停止額／65歳〔受給権発生〕時点での老齢厚生年金額）
> 　なお、厚生年金基金がある場合は、基金の代行給付（報酬比例部分）も繰下げ支給になるので、基金に支給繰下げ申出書の提出が必要となる。

★事例
〔前提条件〕
①65歳時の年金額が合計220万円で、その内訳は以下のとおりとする。
　老齢厚生年金（報酬比例部分）…144万円、経過的加算…6万円、老齢基礎年金…70万円
②標準報酬月額50万円（総報酬月額相当額も同じ〔賞与なし〕とする）で70歳まで在職して、老齢厚生年金を70歳で繰下げする場合とする。
③65歳～70歳の間および70歳以降の老齢基礎年金額は70万円（繰下げはしない）ものとする。
〔年金額の計算〕
在職停止額＝｛(1,440,000÷12)＋500,000－480,000｝÷2＝70,000円×12月＝840,000円
支給率＝1－(840,000÷1,500,000)＝0.44
繰下げ加算額＝1,500,000×0.44×42％＝277,200円
退職改定増額分は、160,000円（65歳から70歳までの5年間の加入期間の増額分として設定）である。
　したがって受給できる年金額は次式
　1,500,000円＋277,200円＋160,000円により、1,937,200円となる。
　よって、この事例で受給できる年金額は、1,937,200円＋700,000円＝2,637,200円となる。

〔2010年2月22日号掲載〕

第1章 老齢給付

共済・厚生年金の加入期間のある者の一部繰上げ支給

Q 昭和25年4月1日生まれの女性。地方公務員として共済組合に10年、その後会社勤めをして厚生年金に15年加入し、退社後は15年間国民年金第3号被保険者として今日に至っている。

60歳から老齢基礎年金の一部繰上げをしたとき、私の年金はどのようになるのか。厚生年金の報酬比例部分は44万円、定額部分は30万円、共済年金の報酬比例部分は25万円（職域加算含む）である。

（M県S市　N.S）

A ■老齢基礎年金の繰上げ率は厚年と共済の加入期間に応じて調整

特別支給の老齢厚生年金は、定額部分の支給開始年齢が生年月日に応じて引き上げられている。この相談者の場合は、厚生年金の定額部分は62歳から支給され、退職共済年金の定額部分の支給はない。退職共済年金の定額部分の支給は昭和24年4月1日生まれまでとなっている。

このような場合に、60歳から老齢基礎年金を一部繰上げすると次のようになる。

(1) 定額部分の支給開始年齢に基づく繰上げ率
　①厚生年金の場合　24月／60月＝0.4…A
　②共済年金の場合　60月／60月＝1…B

(2) 厚生年金と共済年金の加入期間の割合
　①厚生年金の割合　厚年加入期間／厚年加入期間＋共済加入期間　180月／300月＝0.6…C
　②共済年金の割合　共済加入時間／厚年加入期間＋共済加入期間　120月／300月＝0.4…D

(3) 老齢基礎年金全体に占める繰上げ対象となる厚生年金と共済年金の割合
　①厚生年金の割合（A×C）
　0.4×0.6＝0.24…E
　②共済年金の割合（B×D）
　1×0.4＝0.4…F
　③繰上げ率の合計（E＋F）
　0.24＋0.4＝0.64…G

(4) 老齢基礎年金の繰上げ対象となる額
　792,100円×0.64≒506,900円

(5) 60歳誕生月で繰上げ請求した場合の60歳から支給される老齢基礎年金の額
　506,900円－（506,900円×5／1000×60月）
　＝354,800円

(6) 厚生年金の繰上げ調整額
　300,000円－（300,000円×24月／60月）
　＝180,000円

＊〔図解〕

60歳		65歳
報酬比例（共）　25万円		退職共済
報酬比例（厚）　44万円		老齢厚生
定額（厚）　30万円		老齢基礎 792,100円
▲62歳		

↓

60歳		65歳
報酬比例（共）　25万円		退職共済
報酬比例（厚）　44万円		老齢厚生
繰上げ調整（厚）　18万円		老齢基礎 640,000円
一部繰上げ　354,800円		

〔2010年3月1日号掲載〕

② 繰上げ、繰下げ

報酬比例部分の一部繰上げの構造（その1）

Q 昭和28年5月生まれの男性。厚生年金に60歳まで加入、35年で120万円。障害3級相当と診断されている。60歳定年後に働くのは無理と考え、60歳で61歳からの厚生年金の一部繰上げ希望。国民年金は全部納付済み。一部繰上げの式が複雑なのでその構造を知りたい。
（S県S市　M.M）

A ■2つの請求権の発生を理解

1．請求権が2つ発生
　①厚生年金を一部繰上げ請求すると、厚生年金の一部繰上げ請求と特別支給の2つの年金請求権が生じる。そして1人1年金原則で、この場合は特別支給の年金が優先される。60～65歳という特定な期間に限定された法律（特別法）だからである（法律の一般論においては、一般法、特別法の関係では特別法が優先される）。
　②理論的には、大きく分けて特別支給｛報酬比例部分および調整額（定額部分）｝の式（60～65歳前）と繰上げ請求に伴う厚生年金支給の式（65歳以降）がある。この2つを分けて考えないと理論的な理解が困難になる。一部繰上げの計算式は、報酬比例部分と経過的加算と調整額（定額部分）と老齢基礎年金部分の合計である。すなわち、次の2と3で示す合計額である。

2．報酬比例部分と経過的加算部分（厚生年金部分）の計算
㈠まず優先適用される特別支給の報酬比例部分の4年部分が支給される。
　65歳前の報酬比例部分と65歳以降報酬比例部分は全く同じ計算式によるもので、実質上同一と考えられる。そこで65歳以降支給される厚生年金の報酬比例部分は、実質上61歳から支給と考えてよい。したがって繰上げ減額率は1月当たり0.5%×12月となる。
㈡経過的加算について考える前に、②の式の優先適用される特別支給の調整額の支給について考える。この部分は繰り上げると4年分が5年分に平均して支給される。したがって、この繰上げ調整額の1年分は4／5×定額部分となる。調整額（定額部分）の中には、4／5の老齢基礎年金額と経過的加算が含まれているので重複する経過的加算部分4／5が引かれる。
㈢調整額（定額部分）と重複しない経過的加算額の1／5は65歳からの支給なので60歳から繰り上げると60月（5年）の繰上げになる。
　そこで、この分の1月当たり0.5%×60＝30%が引かれる。よって以下の式になる。
　支給額＝報酬比例部分(1－0.5%×12)＋経過的加算(1－4／5－1／5×0.5%×60)

3．調整額（定額部分）と基礎年金の計算
㈠まず優先適用される特別支給の調整額が支給される。
㈡調整額（定額部分）の中には、4／5の老齢基礎年金額と経過的加算が含まれているので重複する老齢基礎年金部分4／5が引かれる。
㈢調整額（定額部分）と重複しない老齢基礎年金額の1／5は65歳からの支給なので60歳から繰り上げると60月（5年）の繰上げになるので、この分の1月当たり0.5%×60＝30%が引かれる。よって以下の式になる。
　支給額＝調整額(定額部分×4／5)＋老齢基礎年金額×(1－4／5－1／5×0.5%×60)

〔2011年3月14日号掲載〕

第1章 老齢給付

報酬比例部分の一部繰上げの構造（その2）

> **Q** 昭和28年5月生まれの男性。厚生年金に60歳まで加入、35年で120万円。障害3級相当と診断されている。60歳定年後に働くのは無理と考え、60歳で61歳からの厚生年金の一部繰上げ希望。国民年金は全部納付済み。一部繰上げの式が複雑なのでその構造を知りたい。
> （S県S市　M.M）

1．2つの計算式を使用〔（その1）の回答〕

　計算式は、①報酬比例部分と経過的加算部分の合計したものと、②定額部分と老齢基礎年金部分の合計したものを合わせたものになる。

　上記①は65歳からの厚生年金（報酬比例＋経過的加算）の繰上げに、障害特例による調整額の中に含まれる経過的加算部分を差し引いたものである。条文上の式は、「報酬比例部分－報酬比例部分×0.5％×12－4／5×経過的加算－1／5×経過的加算×0.5％×60＋経過的加算」だが、構造を分析すると、支給額＝報酬比例部分（1－0.5％×12）＋経過的加算（1－4／5－1／5×0.5％×60）とした方が理解しやすいと思われるのでこれを使う（この式の構造についての説明は前ページを参照）。

　同様に②の定額部分と老齢基礎年金の部分についても、支給額＝調整額＋老齢基礎年金額（1－4／5－1／5×0.5％×60）を使う。

2．上記の式を使う理由

①条文上の式は分数計算が何項目も出てきて、端数処理をする必要が何回も生じ、計算が複雑になる。上記の式は一見複雑そうだが実際は簡単な引き算と一定比率の掛け算のみで構成されている。また、経過的加算と基礎年金には同じ比率を掛けるので、この点でも計算が簡単になる。
②一部請求の構造理解と結びついているので理解しやすいし説明もしやすい。
③条文の式は60～65歳間については特別支給の厚生年金規定が優先適用されるという理論に基づいたものと思われるが、実務では計算しやすいものを使用する方がよいと思う。

　ただし、説明の際は条文と違うことの理由は必要である。

3．計算に必要な数字

①以上の式に必要な数字として、経過的加算の額と調整額および老齢基礎年金額が必要になる。
　1,676×420（35年）×0.985－792,100×420／480＝274円
②調整額
　1,676×420×0.985×4／5＝554,689円
③老齢基礎年金は全額納付なので792,100円となる。

4．一部繰上げ額の算出

①報酬比例部分と経過的加算の合計を計算
　120万×（1－0.06）＋274×（1－0.8－0.06）＝1,200,000×0.94＋274×0.14＝1,128,000＋38＝1,128,038円
②調整額と老齢基礎年金の部分の合計
　554,689＋792,100×（1－4／5－1／5×0.5％×60）＝554,689＋792,100×0.14＝554,689＋110,894＝665,583円
　両者の合計　1,128,038＋665,583＝1,793,621円
　以上により、60歳からの一部繰上げ額は1,793,621円を端数処理して1,793,600円となる。

〔2011年3月21日号掲載〕

② 繰上げ、繰下げ

全部繰上げ後に発生した障害者特例請求

Q 昭和27年2月生まれの男性。20歳から40年間勤めた会社を60歳で定年退職した。体調が悪いので再就職はせず、老齢基礎年金の繰上げ請求をし、特別支給の老齢厚生年金をもらった。さらに6か月後体調が悪化し、医者から厚年障害等級3級相当と診断された。障害者特例を請求できるか。　　　　　　　　　　　　（T県I市　A.H）

A ■特例でも基礎年金部分は支給停止に

1.「疑義照会回答」の内容

この相談に対応するには、二つの問題をクリアしなければならない。一つは、老齢基礎年金を繰上げすることが、特別支給老齢厚生年金の障害者特例申請に影響があるかという点である。厚年法平成6年附則27条8項で、一部繰上げについて障害者特例は適用しない旨を定めているが、全部繰上げについては規定がない。老齢基礎年金は別制度で影響なしとも考えられるが、国年法本法附則9条の2の3は繰上げ後の障害については原則考慮しないとしているので、類推し否定すべきとも考えられるところであったが、日本年金機構の「全部繰上げ後に障害者特例に該当した場合は、同特例は適用される」（平成23年2月8日回答）により適用が明らかになった。

もう一つは、障害者特例が適用された場合に、定額部分が支給されることになるが、受給中の繰上げ老齢基礎年金との関係がどうなるかという点である。これについて日本年金機構は上記の回答に、その後ただし書きを付け、「定額部分の基礎年金相当部分は支給停止となり、経過的加算額と加給年金額は支給される」ということになった。

2. 障害者特例申請をした相談者の支給金額

障害者特例を適用されれば、60歳6月から定額部分が支給される。定額部分は「1,676円×480×0.981＝789,195円」が1年間に支給されることになる。しかし、これは経過的加算分を除いて支給停止になる（厚年法本法附則11条の4）。したがって、定額部分の789,195円から老齢基礎年金部分の788,900円を差し引いた295円が経過的加算部分の支給額になる。この経過的加算部分は報酬比例部分と合算して端数処理され、特別支給の老齢厚生年金として支給される。したがって、実質的に増える部分は端数処理の関係で300円のみということになる。なお、支給停止された定額部分の代わりに、従来どおり30％減額された繰上げ老齢基礎年金が支給される。額としては788,900円×0.7＝552,230円となる。もしこの相談者に配偶者である妻がいた場合には、配偶者加給として394,500円が加算支給される。

3. 実務への影響（受給申請に伴う損得の勘案）

この回答によって実益を受けるのは、①配偶者加給を受け得る配偶者がいる場合、②20歳前に厚生年金期間があり、しかもその期間と20歳から60歳までの厚生年金期間を合算して40年以内の期間になる場合に限られる。この場合は20歳前の厚生年金期間が1年で19,730円となり加算額が多くなるため実益があると思われる。

本ケースのように厚生年金期間がすべて老齢基礎年金の期間と重なっている場合は加算額が少額なので、障害者特例の申請に要する時間と医師に支払う手数料を考慮すると実質的な手取り額はマイナスになってしまうであろう。　　　　　　　　〔2012年4月23日号掲載〕

第 1 章 老齢給付

一般的な受給者の繰上げ請求

Q 私は、60歳定年を間近に控えている昭和28年4月20日生まれの男性。報酬比例部分は61歳から受給開始できると聞いているが、収入がなくなるため60歳で報酬比例部分を繰上げ請求した場合、年金額はどのようになるのか。　　　　　（H県M市　S.C）

A ■老齢基礎年金も同時に繰上げ

　本件相談者の場合、「老齢厚生年金の繰上げ」と「老齢基礎年金の繰上げ」を同時に行うことになり、一方のみの繰上げ請求はできない。しかし61歳前に老齢厚生年金（報酬比例部分）の繰上げ受給をせず、61歳から受給を開始した後に、老齢基礎年金を繰上げすることは可能である。なお、国民年金に任意加入している場合は、老齢厚生年金・老齢基礎年金ともに繰上げ請求はできない（厚年法附則13条の4第2項）。

　さて、質問の60歳で老齢厚生年金の繰上げ請求をする場合の年金額は、「報酬比例部分の額」から政令で定める額を減額したものになる（厚年法附則第13条の4第4項）。

　つぎに、具体的な数字で算出方法を説明する。
・報酬比例部分　　　：120万円／年　・経過的加算額　　：10万円／年
・老齢基礎年金額：60万円／年　・加給年金額：39.3万円／年（配偶者）

①報酬比例部分の減額部分　「繰上げ月数」は、支給開始年齢（61歳）を基準として計算するので、繰上げ月数は1年（12か月）になる。

　0.5％×12か月＝6％　120万円（報酬比例部分）×6％＝7.2万円

②経過的加算の減額部分　「経過的加算額」は65歳から支給されるので繰上げ月数は5年（60か月）となる。

　0.5％×60か月＝30％　10万円（経過的加算額）×30％＝3万円

③繰上げ減額の合計

　7.2万円（①）＋3万円（②）＝10.2万円

④減額後の報酬比例部分

　120万円（報酬比例部分）－10.2万円（③）＝109.8万円

⑤厚生年金総額(60歳から受給)　経過的加算額に係る減額部分（上記②）は、「報酬比例部分」から減額するが、老齢厚生年金には、当分の間、経過的加算額を加算した額とするという規定があるので、「経過的加算額」は、60歳の繰上げ請求時から全額支給される（厚年法附則13条の4第4項、S60法附則第59条第2項）。

　109.8万円（④）＋10万円（経過的加算額）＝119.8万円

⑥老齢基礎年金(60歳から受給)　老齢基礎年金（60万円）は、「全部繰上げ」となる。65歳から5年繰上げした場合の減額：60万円×（0.5％×60月）＝18万円

　繰上げ支給の老齢基礎年金：60万円－18万円＝42万円

⑦60歳からの総受給額

　119.8万円（⑤）＋42万円（⑥）＝161.8万円

　65歳以降配偶者が65歳到達までの受給額　161.8万円（⑦）＋39.3万円（加給年金額）＝201.1万円

〔2012年8月27日号掲載〕

特例該当者（障害者・長期加入者等）の繰上げ請求

Q 私は昭和28年4月20日生まれの男性で、間もなく60歳定年を迎える障害者特例該当者である。60歳で老齢厚生年金を繰上げ請求した場合は、どのようになるのか。

（O県O市　Y.H）

A ■経過的加算の取扱いに留意

　長期加入者や障害者等は、特例該当者として、61歳から報酬比例部分と定額部分を合わせた特別支給の老齢厚生年金が支給される。この特例該当者が繰上げ請求する場合は、経過的加算も「一部繰上げ」の対象となるので留意のこと（厚附13の5、国附9の2①、同9の2の2①）。

　60歳で繰上げ請求した場合を、つぎのケースで説明する。
- ・報酬比例部分：120万円　・定額部分：60万円
- ・経過的加算額：6万円　・老齢基礎年金：70万円

①「報酬比例部分」の減額

　支給開始年齢（61歳）を基準に12か月繰上げした場合の減額。　120万円×（0.5％×12月）＝7.2万円

②「繰上げ調整額」　60万円×（48月／60月）＝48万円

③「経過的加算額」の減額　一部繰上げの減額計算となる。

(イ)　経過的加算額×（支給開始年齢月〜65歳前月までの月数／繰上げ請求月〜65歳前月までの月数）　6万円×（48月／60月）＝4.8万円

　この部分は繰上げの対象とならない。また65歳までは支給はないが、65歳からは支給される。

(ロ)　経過的加算額×（繰上げ請求月〜支給開始年齢前月までの月数／繰上げ請求月〜65歳前月までの月数）×繰上げ減額率　6万円×（12月／60月）×（0.5％×60月）＝0.36万円

　この部分は「一部繰上げ」減額の対象となる。また、この減額部分は生涯続く。

④60歳から65歳になるまでの報酬比例部分
- ・「報酬比例部分」から(イ)＋(ロ)＝4.8＋0.36＝5.16万円を減額する。
- ・「報酬比例部分」からはさらに、報酬比例部分の繰上げに伴う減額分7.2万円（①）も減額され、「繰上げ調整額」48万円が加算される。
- ・経過的加算額：6万円は全額支給される。
- ・合計金額（万円）：120－（4.8＋0.36＋7.2）＋48＋6＝161.64

⑤65歳以降の老齢厚生年金
- ・「報酬比例部分」からは、0.36万円(ロ)と報酬比例部分の繰上げに伴う減額分7.2万円（①）が減額される。
- ・経過的加算額：6万円は全額支給される。
- ・合計金額（万円）：120－（0.36＋7.2）＋6＝118.44

⑥老齢基礎年金の一部繰上げ　老齢基礎年金は老齢厚生年金と同時繰上げで、60歳からの一部繰上げとなり、65歳から老齢基礎年金の加算額が加わるが、ここでは説明を省略する。

〔2012年9月3日号掲載〕

第1章 老齢給付

在職中の老齢厚生年金の繰下げ

Q 64歳男性。現在、在職中（厚生年金被保険者）で特別支給の老齢厚生年金は在職老齢年金の仕組みにより支給が停止されている。会社は70歳までの継続雇用を認めているので、このまま働き続けるつもりだが、65歳からの年金も大部分が支給停止されてしまうのであれば、繰下げして増やしたほうが得なのではないか。また、どのくらいの割合で増えるのか。　　　　　　　　　　　　　　　　　　　　　　　　（T都M区　K.M）

A ■「支給停止額」が多いほど、年金の増額率は少ない

　在職中（厚生年金被保険者）の繰下げの場合は、65歳時の本来請求による老齢厚生年金額から在職老齢年金の仕組みによる「支給停止額」を差し引いた額が、繰下げによる増額の対象となる。したがって、在職老齢年金によって支給停止になっている部分は「繰下げ対象外」なので、増額することはないということになる。

　平成12年の年金制度改正において、60歳台後半の老齢厚生年金の受給権者に対し、在職老齢年金の仕組みによる支給停止が導入された。これに伴い、老齢厚生年金の繰下げも廃止されたが、実際には65歳以降も働き続ける人が多く、退職後からの受給を希望する声を受けて、平成19年4月から繰下げ制度が再開された。

　この制度では、在職中で厚生年金の被保険者である場合、繰下げ待機をしている期間に得た収入によって、受給できる年金額を調整する仕組みが導入されている。

　繰下げしたほうが得だと安易に考えるのは危険で、先に述べた仕組みをよく理解したうえで、自身の収入を把握し、増額率等を比較・検討すべきであると思われる。

　以下に増額率の具体例を示す。

≪68歳で年金の繰下げを選択した場合の例≫
⑴　在職老齢年金の対象にならない（老齢厚生年金が全額支給される場合）ケース
　　1月0.7％の増額になるので、0.7％×36月＝25.2％　　➡25.2％の増額
⑵　在職老齢（年金）の対象になるケース
　　1月0.7％の増額には変わりないが、増額の対象が支給停止以外の部分になるので、注意が必要である。
　　①老齢厚生年金の2分の1が支給停止の場合　25.2％×1／2＝12.6％　➡12.6％の増額
　　②老齢厚生年金の4分の3が支給停止の場合　25.2％×1／4＝6.3％　➡6.3％の増額

　単純な計算例ではあるが、同じ36月繰下げをした場合の増額率を比較してみると、25.2％、12.6％、6.3％とだいぶ大きな違いが出ることがわかる。

　このように、在職中の老齢厚生年金の繰下げにおいては、在職老齢年金の仕組みによる「支給停止額」が多ければ多いほど、年金の増額率は小さくなるので注意が必要である。

　支給停止されている場合に、繰下げして増やそうと考えているときは、まずは「支給停止額」を把握したうえで、実際に増額率を計算してみることをお勧めする。

〔2013年6月3日号掲載〕

② 繰上げ、繰下げ

支給繰下げの損得計算

Q もうすぐ69歳になる女性。年金を繰り下げてもらおうと思っているが、繰り下げるといくら増えるか。請求時期はいつがよいか。 （W県K市　I.T）

A ■誕生日の前日を含む月に請求し、70歳で最大142％に増加

　年金を繰り下げてもらい始めるタイミングはいくつかのパターンがある。まず始めに、「今もらい始める場合」である。69歳の到達月になっていれば69歳0月の割増となるため、0.7％×4年×12月＝33.6％増加する。

　相談者の場合、1号納付159月、3号期間144月、厚生年金0月という状況であったので、
786,500円×(159+144)÷480≒496,478円
496,478円×33.6％≒166,800円　　496,478円+166,800円≒663,300円　となる。
　次に「70歳まで繰り下げる場合」においては、割増率は、0.7％×5年×12月＝42％となり、
496,478円×42％≒208,500円　　496,478円+208,500円≒705,000円となる。

　さてここで、69歳0月とは、いつのことであろうか。誕生日の前日である69歳に到達する日になっていなくてもよいのである。69歳到達月にさえなっていれば、69歳と0月の割増率が適用される。これは、「請求は月ごとのため」と考えればスッキリする。例えば、69歳と0月を具体的に考えると、7月14日の誕生日の人は、69歳到達日である誕生日の前日の7月13日になっていなければ69歳と0月にならないわけではなく、誕生月である7月になっていれば69歳0月とカウントする。つまり、誕生日が7月14日の場合は、69歳の年の7月1日〜7月31日の間に請求すれば33.6％の繰下げによる割増年金が受給できる。

　次に問題は70歳まで繰下げしたときの請求のタイミングである。誕生日が7月14日の場合は70歳の年の7月1日〜7月31日で問題ないが、7月1日誕生日の者が42％で割増された繰下げの年金を受給する際には70歳に到達した日を含む月である6月中（6月1日〜6月30日）に請求する。

　なぜならば、年金は月ごとに請求するためである。誕生日まで待って、7月に請求をすると翌月分からの支給となり、8月分からしか受け取ることができない。繰下げ支給率は42％だが、1か月分もらい損ねてしまう。この部分については、平成26年4月から改正が予定されており、70歳を過ぎて請求しても、70歳から繰下げ請求するまでの期間も減額なしで支給される。

　振替加算がある場合も注意を要する。繰下げするということは老齢基礎年金の請求はしないことになるため、振替加算の受給ができなくなる。70歳までの5年間なので5倍の金額がもらえないというデメリットが生じてしまう。

　5年分の振替加算をもらいたいのであれば、65歳からの分をまとめて年数分受給する方法がある。この場合は繰下げにならないため割増はないが、振替加算を加算した各年度の額の5年分の合計を初回に受け取ることになる。

　今回ケースでは夫婦で来所し、妻の相談を受けたが、夫婦でしばし相談した後に、夫の年金で生活はできるので振替加算はあきらめて70歳まで繰下げしてみるとのことだった。

〔2013年7月29日号掲載〕

第1章 老齢給付

70歳を過ぎてからの支給繰下げが可能に

Q 平成26年4月からは70歳を過ぎて請求（繰下げ支給の申出）をした場合でも70歳の翌月分からの年金が支給されると聞いたが、何歳で請求しても70歳に遡って支給されるのだろうか。
（G県T市　D.F）

A ■75歳過ぎの繰下げ申出、遡り支給は5年を限度

　老齢基礎年金、老齢厚生年金の支給開始年齢は、要件を満たせば、受給権者の申出によりその時期を繰り下げて支給できる。

　支給繰下げの申出は66歳に達した日以降でもできるが、昭和17年4月2日以降生まれ者の場合は老齢基礎年金、老齢厚年年金のいずれか一方または両方とも繰下げ可能で、別々に繰下げすることもできる。繰下げ請求による増額率は70歳の場合が上限で42％である。

　平成26年4月からは、70歳以後の繰下げ増額率は42％で一定のこともあり、70歳を過ぎて請求（繰下げ支給の申出）をした場合でも70歳時点に遡って請求があったものとみなして、70歳の翌月分からの年金が支給される。なお、施行日前に70歳になった人については、遡って支給されるのは施行日までである。

　本改正も平成24年8月に成立した「年金機能強化法」の内容の一つである。

【老齢基礎年金の繰下げ】

　老齢基礎年金の支給は原則65歳からであるが、本人の希望により66歳以降から受け取ることを申し出ることができる。繰下げ支給の申出をした場合は、支給開始年齢に応じて本来の年金額が一定の率で増額される。

【老齢厚生年金の繰下げ】

　老齢厚生年金については、平成11年法改正により繰下げ制度は廃止されたが、経過措置として、平成14年4月1日前において老齢厚生年金の受給権を有する者は、繰下げ支給の申出をすることができる。なお、老齢基礎年金と老齢厚生年金の両方とも、支給の繰下げの申出をすることができる者は、両方同時に申出をしなければならない。

　平成16年の法改正では、65歳からの老齢厚生年金について、支給開始年齢を繰り下げることができるように新たな繰下げ制度が導入され、平成19年4月1日より施行されている。繰下げ支給の年金額は繰下げ加算額を加算した額となる。

　現在は、70歳を過ぎて老齢基礎年金・老齢厚生年金の繰下げ請求をした場合は、請求した翌月分以降の年金からしか受給できない。

　しかし、今回の改正では繰下げ支給の申出を、70歳を過ぎてからした場合でも70歳時点で請求があったものとみなして、70歳の翌月分からの年金が支給されることになるが、「70歳時点で請求があったものとみなす」というのは、実際には請求をしていないが70歳時点で請求があったものとする取扱いをすることなので、時効の規定は適用されることになる。

　よって、仮に75歳を過ぎてから繰下げ支給の申出をした場合には、遡って年金が支給される期間は5年までとなる。5年を過ぎた分の年金は時効となり、受給できないので注意が必要。

〔2013年9月16日号掲載〕

② 繰上げ、繰下げ

65歳を過ぎて受給権発生した年金の繰下げ

Q 68歳。国民年金の特例任意加入を続けてきた結果、ようやく今月、受給資格期間の保険料納付済み期間300か月を満たすことができた。ただし、年金額の見込みを聞いたところ、あまりにも金額が少ないので繰下げをして額を増やしたいと思う。最長でいつまで繰下げができるのだろうか。

（T県C市　M.A）

A ■相談者は73歳まで繰下げ請求可能

　相談者は現在68歳。未納の期間が長く、60歳を過ぎてから任意加入で国民年金保険料を納めていた。今月でやっと年金保険料納付済み期間が300か月に達し、老齢年金の受給権が発生した。そこで見込み額を試算してもらったところ、受給できる老齢基礎年金は483,000円である。本人が思っていたより受給できる年金の額が少ない。以前、老齢年金の受給権が発生してから1年以上年金を受給しなければ繰下げという制度で年金額を増やすことができ、受給しない期間が長ければ長いほどその額が増えると聞いたことがあったので、いつまで繰下げができるのだろうかと尋ねてきたものである。

　基礎年金の繰下げは国民年金法第28条に「老齢基礎年金の受給権を有する者であって66歳に達する前に当該基礎年金を受給していなかった者は、厚生労働大臣に当該基礎年金の支給繰下げの申出をすることができる」とあり、これが根拠になっている。さらに施行令第4条の5の増額率についての定めのなかでは、「月数が60を超えるときは60」という表現で、最大60か月まで繰下げができると定めている。これだけをみると、一見65歳に達してから60か月後までしか繰下げができないようにもみえるが、実は国民年金法附則第18条5項に次の定めがある。

　「老齢基礎年金の受給権者に対する国民年金法第28条の規定の適用については、同条第1項中「66歳に達する」とあるのは「その受給権を取得した日から1年を経過した日」（中略）とする。」

　相談者が受給権を取得したのは68歳である。これを附則第18条5項に当てはめると68歳の受給権発生から1年を経過すれば繰下げの申出ができる。さらに施行令をこれに当てはめれば、68歳の受給権発生から60か月後の73歳時まで繰下げができるのである。

　平成27年10月1日に消費税率が10％に上がることを前提に、いわゆる「10年年金」が施行されると、65歳を超えてから老齢年金の受給権を取得する受給権者がかなり増えると予想される。当然そのなかには繰下げ希望者もいるだろう。今はまだ非常にレアなケースだが、27年10月以降にこのような人が増えることは容易に想像できる。もちろん、「10年年金」に合わせて関係法令にも大きな改定が加えられると見込まれ、確実にそうなると決まったわけではない。しかし、今の時点では繰下げが老齢基礎年金の受給権発生から60か月後までできることは押さえておきたい。

　この事例は基礎年金の場合だが、(65歳からの)厚生年金についても同じ運用が行われている。なお、相談者は結局、69歳で繰下げの申し出を行うことに決め、納得したようである。

〔2014年9月8日号掲載〕

第1章 老齢給付

繰下げ支給と遺族厚生年金

Q 私の夫は昭和24年生まれ。今月65歳で退職したのだが、老齢厚生年金(43年加入)を70歳から受け取るつもりで、日本年金機構から届いた年金請求書（ハガキ）の所定欄に○印をつけて提出した。繰下げすると夫の年金はどうなるのか。万一、夫が70歳になるまでに亡くなるようなことがあれば、どのような遺族厚生年金を受けることができるのか。私も来月は65歳に達し老齢基礎年金を受けることになるが、振替加算はあるのか。

（N県M市　K.K）

A ■遺族厚年は65歳時老齢厚年を基準

(1) 老齢厚生年金の受給権者は、その受給権取得日から1年を経過した日前に老齢厚生年金を請求していないときは、老齢厚生年金の繰下げ支給の申出をすることができる（厚年法第44条の3第1項）。老齢厚生年金と経過的加算の額は、受給権を取得した日から繰下げの申出をした日までの期間に応じ増額される。増額率は月単位で1か月につき0.7％の割合である。「増額率＝［65歳到達月または受給権取得月から繰下げ申出月の前月までの月数（60月を超えるときは60月とする）］×0.7％」。ちなみに増額率は、最高で42.0％、最低で8.4％となっている。

次に、遺族厚生年金の年金額の計算については、厚生年金法60条に「遺族厚生年金の額は、厚生年金法第43条の規定の例により計算した老齢厚生年金の額の4分の3に相当する額とする」と規定されていて、厚生年金法第44条の3第4項の規定の「繰下げした場合に政令で定める額を加算した額を含む老齢厚生年金額」を計算基準とすることにはなっていない。なぜなら遺族厚生年金の年金額の計算については、厚生年金法第60条以外に定めがないからである。

したがって、老齢厚生年金を繰下げ待機中に死亡した場合でも、あるいは、老齢厚生年金を繰下げ受給中の人が死亡した場合でも、繰下げ加算する前の、65歳時点における老齢厚生年金の報酬比例部分の額を基準として遺族厚生年金を計算することになる。相談者の夫が70歳で老齢厚生年金を繰下げ請求し、42％の加算額が老齢厚生年金に加算されても、相談者が受け取る遺族厚生年金の額には加算額は反映されないので、遺族厚生年金額が多くなることはない。なお、65歳から死亡日の属する月分までの老齢厚生年金は、未支給の保険給付として請求することができる。未支給の老齢厚生年金には繰下げ加算額はつかない。

(2) 老齢基礎年金の受給権者となる相談者には振替加算がつく予定である。その条件は、①65歳に達した日に、老齢厚生年金の受給権者である夫によって生計を維持していたとき、②65歳に達した日の前日において、夫が受給権を有する老齢厚生年金の加給年金額の計算の基礎（加給年金額対象者）となっているとき、③夫・妻ともに新法の年金受給者であるとき（昭和60年改正法附則第14条1項）である。ただし、相談者が65歳に達する前に、老齢厚生年金繰下げ待機中の夫が亡くなった場合、また、相談者が65歳に達した日に年収850万円（所得655.5万円）を将来にわたって有すると認められる場合には生計維持していたと認められないため、振替加算は行われない。

〔2014年11月10日号掲載〕

② 繰上げ、繰下げ

支給繰下げと振替加算額

Q 夫は厚生年金保険料を長く掛けており今年65歳、私は63歳。現在23か月分の特別支給の厚生年金を受けている。夫も私も66歳以降の繰下げ受給を考えている。
　今年から夫の年金に加算される加給年金は、私だけが繰下げをすれば、妻65歳以降も加算されるのか。繰下げをすると振替加算は増えるのか。また、夫が繰下げをすると遺族厚生年金も増えるのか。
　　　　　　　　　　　　　　　　　　　　　　　　　　　　　（Y県H市　S.Y）

A ■夫が老齢厚生年金を繰下げ受給しても、遺族厚生年金の額は不変

(1)　支給繰下げは66歳以降70歳まで受給を遅らせて年金額を増やすことができる制度である。増額率は月を単位として0.7％、最高70歳で42％増となる。
　繰下げは国民年金・厚生年金両方とも、または一方だけを繰下げすること、国民年金・厚生年金のそれぞれ繰下げの時期を変えることもできる。途中で繰下げするのを止めて65歳に遡及して本来受給をすることも可能である（国年法28条　厚年法44条の3）。

(2)　加給年金は、厚生年金の被保険者期間が20年以上（中高齢の特例含む）ある場合、権利を取得した当時、その者によって生計を維持されていた65歳未満の配偶者または子（18歳到達年度の末日までもしくは20歳未満で1・2級の障害のある子）があるとき加算するとある。また、配偶者が65歳に達したとき、年金額を改定するとあるので、夫の年金に加算されていた加給年金は、妻が繰下げをしたら、妻が65歳になっても加算されなくなる（厚年法44条1項）。

(3)　振替加算は、老齢厚生年金または退職共済年金の配偶者加給年金額の対象となっていた者のうちS41.4.1以前に生まれた者が受ける老齢基礎年金に加算される（国年法附(60)14条）。振替加算は28条（繰下げ）の規定にかかわらず計算するとあるので、繰下げ受給の増額の対象とはならない。また、繰下げをしている間の分の振替加算は受給できないため、振替加算なしの場合と比較して、「繰下げ累積年金額」が、「本来累積年金額」を上回る時期はさらに先になる。

(4)　遺族厚生年金は、老齢厚生年金の額の規定により計算した額の4分の3に相当する額である（厚年法60条1項1）。また、同45条（失権）により老齢厚生年金の受給権は、受給権者が死亡したときは消滅するとあるので、繰下げ増の老齢厚生年金は夫の死亡により失権し、遺族厚生年金は新たに43条1項（老齢厚生年金の額）の規定により裁定されることになる。

(5)　よって、夫が老齢厚生年金を繰り下げて受給していても、妻が受け取る遺族厚生年金は増えない。相談者の場合、自身の厚生年金より遺族厚生年金の方が多いので、繰下げをしてもしなくても遺族厚生年金と自身の厚生年金の合計額は変わらないということにもなる。
　年金事務所の窓口で試算をしてもらうと、本来額、繰下げ額の累計、受給額の逆転年月も確認できる。具体的な金額と65歳以降の必要生活費、健康状態などを考慮し、繰下げについて決めてもらうのがよいと思われる。

〔2015年3月2日号掲載〕

第1章 老齢給付

経過的加算の意味とその計算例

Q 私は59歳の男性。30年間勤めた会社を50歳で早期退職し、その後は自営業を営んでいる。昨年送られてきた「ねんきん定期便」に「経過的加算部分」という文字の下に235円と記入されている。この計算の根拠を教えてほしい。なお65歳からの老齢基礎年金は、792,100円と記載されている。

（S県M市　J.K）

A ■経過的加算は定額部分と老齢基礎年金の差額

　昭和60年の法改正後は、旧厚生年金保険の定額部分の年金を老齢基礎年金として支給し、報酬比例部分の年金を老齢厚生年金として支給することになった。しかし旧厚生年金保険の定額部分の年金は、当分の間、老齢基礎年金より高額となるため、年金水準の円滑な移行が図られるようにするため、定額部分の年金に相当する年金額と老齢基礎年金の年金額との差額を経過的に加算することとしている。これが「経過的加算」である。これにより、受給権者が65歳に達し、定額部分の年金が老齢基礎年金に代わっても年金額は低下しないことになる。

　このような背景から、昭和21年4月2日以後に生まれた人の定額部分の年金額を計算する基礎になる定額単価1,676円は、老齢基礎年金の満額792,100円を480月で除して得た額をさらにスライド率0.985で除して得た額から得られる。

　相談者の場合は、昭和24年4月2日以後生まれなので、定額部分の年金は支給されないが、その差額である経過的加算は支給される。

《経過的加算の算出》

・A＝1,676円×生年月日による率（イ）×厚年被保険者期間の月数（ロ）×スライド率（ハ）
　イ：昭和21年4月2日以後生まれの人は1.000。
　ロ：被保険者期間には上限がある。昭和21年4月2日以後生まれの人の上限は480月。中高齢の特例措置などに該当する人は、被保険者期間が240月未満のときは、240月とする。
　ハ：平成22年度スライド率は、0.985
・B＝792,100円×（昭和36年4月以後の20歳以上60歳未満の厚生年金保険の被保険者期間の月数）／480月（下記注意点参照）

　相談者の場合、「第1号被保険者期間：120月、厚生年金保険の被保険者期間：360月」なので、次により経過的加算は235円と算出される。

・〈定額部分〉1,676円×1.000×360月×0.985＝594,310円（A）
・〈老齢基礎年金〉792,100円×360月／480月＝594,075円（B）
・〈経過的加算〉（A）－（B）＝235円

B式を計算する場合の注意点

①被保険者期間は、20歳以上60歳未満の期間に限定されることである。高卒で会社に入社した場合でも、あくまでも20歳以後の期間であること。
②本例の老齢基礎年金を計算する場合の保険料納付済み期間は480月であるが、B式を計算する場合は、あくまでも厚生年金保険の被保険者期間なので、第1号被保険者として国民年金保険料を納付した120月は計算の基礎に入れない。

〔2010年6月14日号掲載〕

配偶者が年上の場合の振替加算

Q 私は62歳の男性。40年間勤めた会社を60歳で定年退職した。私の妻は2歳年上の64歳（昭和20年10月生まれ）であり、子どもは25歳と22歳。私に加給年金は支給されるか。妻は結婚前働いていたが、勤続年数は18年だった。

（K府K市　E.S）

A ■本件振替加算支給開始は66歳

　厚生年金保険の被保険者期間が240月以上ある老齢厚生年金の受給権者が、その権利を取得した当時生計を維持されている配偶者や子がある場合、老齢厚生年金に加給年金額が加算される。ただし厚生年金保険の被保険者期間が240月未満であっても、中高齢の受給資格期間を満たす場合は、加給年金額が加算される。

　加給年金額の支給開始時期は、定額部分の年金が支給される人は定額部分の年金が支給される年齢に達したとき、定額部分の年金が支給されない人は本来の老齢厚生年金が支給される65歳に達したときである。

　また長期加入者特例に該当する人は該当するに至ったとき、障害者特例に該当する人は障害者特例を請求したときである。

　加給年金額の加算対象者である配偶者が65歳に達したときなどは、加給年金額は加算されなくなる。

　また加給年金額は、対象となる配偶者の厚生年金保険の被保険者期間が240月以上ある老齢厚生年金が支給されるときは支給停止になる。対象となる配偶者が中高齢の受給資格期間を満たす場合も、加給年金額は支給停止になる。

　仮に相談者も配偶者もともに240月以上の厚生年金被保険者期間を有すると仮定した場合でかつ18歳の年度末到達前の子どもがいる場合は、相談者も配偶者もともに加給年金額が加算されることになる。

　相談者の配偶者は被保険者期間が18年であり240月に満たないので、相談者の特例支給開始年齢（定額部分の支給開始年齢）の64歳になると加給年金額は加算されるはずだが、相談者が64歳のときに配偶者はすでに65歳に達しているので、加給年金額は加算されない。ただし相談者の特例支給開始年齢の64歳になると、振替加算が配偶者の老齢基礎年金に加算される。

加給年金額や振替加算についての留意点
①繰下げの申出をした場合でも、加給年金額も振替加算も増額されない。
②離婚時みなし被保険者期間を含めて20年以上ある配偶者には振替加算の支給はない。
③配偶者は、内縁関係（事実婚）でも対象になる。

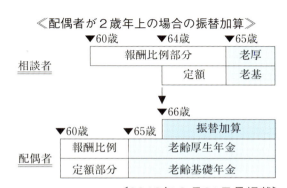

〔2010年6月21日号掲載〕

第 1 章 老齢給付

定額部分支給停止に伴う振替加算の先送り

Q 私は昭和21年5月生まれの女性。この間同級生の女性と話をして知ったが、私が現在もらっている国民年金は、その人と比べて約10万円も少ない。二人共にずっと専業主婦で保険料は完納しており、共に夫は会社員で40年近く勤めている。なぜ、このような差がつくのか。
（T県U市　T.M）

A　■支給額の差は振替加算の有無

(1)　振替加算とは、夫の厚生年金に配偶者加給という扶養家族手当に相当する加算額がついているときに、妻が65歳になり、妻自身の老齢基礎年金をもらうようになった場合に支給される。この時点で夫の年金の配偶者加給はなくなり、それに代わって妻の老齢基礎年金に振り替えて加算支給されるので、これを振替加算という。したがって、妻が65歳になった時点で夫の年金に配偶者加給がついていない場合は、妻の年金に振替加算が行われることはない。

(2)　65歳前の男性に配偶者加給がつくのは、定額部分がもらえるときからである。定額部分というのは65歳からの老齢基礎年金に代わる部分なので、年金制度の主要部分がもらえることを意味する。したがってここから配偶者加給もつく。

　ところで、この定額部分がもらえる制度は、昭和16年4月2日以降生まれの男性から8年間かけて、2年刻みで順次65歳まで繰り下がっていく制度になっている。

　通常法律は、改正法施行時に年齢に関係なく一斉に適用される。年金制度が長い時間をかけて変えていくには理由がある。年金は受給者にとっては給料のようなものである。59歳のサラリーマンが、「来年から法律改正で60歳からの定額部分は出ない。来年から年金の月額が5～6万円減る」といわれたら、将来の生活設計がすっかり狂ってしまう。また、減る部分の金額をどこかで補う必要もある。企業がすぐに雇用を5年延長する、失業給付をすぐに5年間にするということは、実際上無理であり、国民の意識も60歳からもらえる年金が月5～6万円減となるからその分用意しようと、すぐに行動を起こすのも無理である。年金制度の改革は、様々な社会制度と一体に考え、諸々の社会制度を社会が混乱しないように少しずつ変えていき、国民の意識も少しずつ変えていくしかない。

　年金制度の改正に時間がかかるのはこのためである。現在年金制度の改正案が出ているが、長期にわたる変化であることを忘れるべきでない。とは言え、改正になるとすれば国民側にも意識改革をする必要はある。

(3)　相談者の夫は、昭和24年5月生まれであるので、定額部分は65歳まで支給されないことになる。夫の年金に配偶者加給がつくのは3年後の65歳になってからである。したがって、相談者の場合、振替加算がつくのも3年後の68歳になってからとなる。

　本ケースにおいて、相談者の同級生がもらっているのは、その夫が昭和22年5月生まれだからである。この場合は64歳から配偶者加給がつく。これにより、昭和21年6月生まれの同級生には65歳になると同時に振替加算がつく。納得するには多少難しいかもしれないが、このようにわずかな生年月日の違いで振替加算がついたり、つかなかったりすることが生じる。

〔2012年2月27日号掲載〕

③ 振替加算、加給年金

年上女性の再婚と振替加算

Q 私は昭和22年3月生まれの現在67歳の女性。訳あって昨年離婚した。年金分割の手続きはとっていない（今後もとる予定なし）。前夫は、私より3歳年上で厚生年金に40歳以降15年加入していた。私が65歳に到達した際、自分の年金が減額されたことをひどく憤っていた。

私はこのたび縁があって、再婚することになった。婚約者は昭和25年生まれで現在64歳在職中。厚生年金には40年加入している。年金相談会で65歳前に入籍すれば、65歳に到達した際に加給年金が付くと言われたそうだ。その際、再婚した年上妻である私にも、また振替加算が二重に付くのだろうか。

（C県K市　U.K）

A ■再婚による振替加算の増額はない

相談者の前夫は、厚生年金加入期間が15年と加給年金の対象であっても短く、平均標準報酬（月）額も高くはない。したがって、本来の老齢厚生年金額に上乗せされる配偶者加給年金額と特別加算額は、全体の大きな比重を占めていた。

配偶者加給（特別加給含む）は、夫婦（家族）中心で構築されてきたわが国の年金制度の特長で、一般的には長年サラリーマンだった夫と専業主婦をモデルとした世帯の扶養手当の要素を持つ。その額は、夫婦の生年月日と、厚生年金加入の月数により決まり、一律・定額である。

配偶者加給（特別加給含む）は、老齢厚生年金受給権者（一般的に年上夫）が、65歳到達の老齢基礎年金支給時か、特別支給の老齢厚生年金の定額部分が支給された際に、65歳未満の配偶者（年収850万円未満等条件あり）がいる場合に加算される。

しかし、配偶者（一般的に年下妻）が65歳に到達した月の翌月から支給停止となる。配偶者自身も老齢基礎年金を受給できるため、家計全般に影響はないものと勘案されてのことである。支給停止とはいえ、復活することは原則としてない。しかしながら、年金加入期間（保険料納付月数）の少ない受給者からは、年金減額に不満の声も聞かれるのも事実である。

相談者の女性は65歳到達の翌月から、自身の老齢基礎年金に、前夫の加給年金から振り替えた加算が付いた。振替加算額は、振替加算対象者の生年月日により一律に定められており、夫婦ともに、大正14年4月2日以降、昭和41年4月1日以前に生まれた（現法施行日前に20歳に達した）者が対象となる。

相談者の女性は、離婚した際に厚生年金の分割の手続きをとらなかったのも、ひとつの選択といえる。離婚をしても、基礎年金から振替加算（平成26年度104,600円）が減額されることはない。しかし、年金分割により、「みなし被保険者期間」を含めた厚生年金の被保険者期間が20年以上（相談者の場合は35歳以上15年）になった場合は、老齢厚生年金額の多寡によらず、振替加算額は支給停止になる。

振替加算は一身専属である。ゆえに相談者の女性が再婚し、年下夫が65歳に到達しても加給は付かず、自身の老齢基礎年金に、振替加算が二重に加算されることはない。

また仮に前夫が、65歳未満の女性と再婚しても、前夫に配偶者加給（特別加算含む）が復活支給されることもない。

〔2014年10月6日号掲載〕

第1章 老齢給付

加給年金と生計維持の関係

Q 私は、昭和24年4月1日生まれである。妻（昭和29年4月1日生まれ）は不動産を所有しており、私が60歳から64歳までの間は、妻の不動産所得が約1,000万円あったが、建物が老朽化したために入居者が減ってしまい、平成26年の私が65歳時点では妻の不動産収入が800万円になる予定。私の年金には、加給年金がつくだろうか。つくとしたら、いつの時点でつくのか。さらに、これから妻が65歳時に、振替加算をつける方法があったら教えてほしい。

（S県T市　O.N）

A ■定額部分が支給年齢に達したとき加算対象者がいる場合に支給

　加給年金額は、厚生年金の被保険者期間が20年（中高年齢の期間短縮該当者はその期間）以上ある場合に定額部分が支給年齢に達した時点で、生計維持（年収850万円未満）要件を満たす配偶者・所定の子等がいるときに支給される。

　加給年金額の加算の有無を判断するのは、被保険者期間については受給権発生当時または、退職改定時もしくは、65歳時の改定により年金額が改定された時点になる。加給年金対象者の要件については加算が開始される時点である。

　本ケースの場合は定額部分の発生が64歳なので、64歳時点で判断することになり、加給年金はつかない。加給年金がつかないので、妻が65歳になったときは、残念ながら当然、振替加算はつかない。

　加給年金額の加算については、加算対象者の認定が必要である。老齢年金の裁定時にあらかじめ生計維持の認定を行う。

① 定額部分の支給開始年齢になったときは、「老齢厚生年金額加算開始事由該当届」（裁定時にあらかじめ認定を受けている人は日本年金機構より送付される）により、裁定時より引き続き生計維持関係があるかどうかについての審査が行われる。定額部分がない場合は、65歳時に日本年金機構から届く「年金請求書（国民年金・厚生年金保険老齢給付）」等により確認される。

② 60歳時点において加給年金額対象者の前年の年収が850万円以上等で加算が行われないことになっていた場合でも、定額部分の支給開始時（定額部分がない場合は65歳）で加給年金対象者に年収の減少があり、加算の対象となる場合には「老齢厚生年金・退職共済年金加給年金額加算開始事由該当届」に戸籍謄本・住民票・加給年金対象者の所得証明の3点を揃えて提出することにより生計維持関係の認定が行われる。

③ 反対に60歳時点（もしくは支給開始年齢時点）において一度は加給年金額対象者と認定されていた場合でも、定額部分の支給開始年齢到達時（定額部分がない場合は65歳）で対象者に該当しなくなった場合には「加給年金額対象者不該当届」を提出する。

④ 結論として、60歳時点（支給開始年齢時点）では、いったん加給年金額の対象者の登録が行われるが、最終的には定額部分の支給開始年齢到達時（定額部分がない場合は65歳）の状況によって、加算の有無が決定されることになる。

〔2014年11月17日号掲載〕

④ その他

60歳以降の退職時における年金額の改定

Q 私は会社で人事部に所属しており、社会保険を担当中。昨年から60歳以上の人を再雇用する場合の社会保険資格の取扱いが変わったと聞く。どのように変わったのか。業務上関係があるので、詳しく知りたい。　　　　　　　　（T都S区　T.Y）

A ■標準報酬改定の遅れを是正

　60歳から65歳になるまでの在職をしながら年金を受給する者（在職老齢年金受給者）について、平成22年9月から社会保険の被保険者資格の取扱いが変わった。というより、適用範囲が拡大されることになった。

　これまでの取扱いは平成8年の通知で「定年退職後、継続して再雇用される者については、使用関係がいったん中断したものと見なし、事業主から被保険者資格喪失届及び被保険者資格取得届を提出させる取扱いとして差し支えない」と規定し、就業規則の定年および再雇用制度が規定されている部分等を添付することにより、従来の月額変更届による随時改定ではなく、定年時に退職し、さらにその日に入社をしたという扱いができるようになっていた。つまり、給与変更と同時に標準報酬月額が変更できるようになっており、社会保険の資格を喪失した日に再度取得をするので、一度健康保険被保険者証を返納し、再度新たな健康保険被保険者証が交付されていた。こうしたみなし取扱いの対象が「定年」に限定して行われていたのである。

　今回改正では、定年を理由とせずに退職をした年金受給者が継続雇用された場合にも、みなし取扱いができるようになった。

〔例〕60歳から65歳になるまでの年金受給者が定年以外の理由で3月31日に退職し、4月1日に再雇用され、給与が40万円から20万円になった場合

★平成22年8月までの取扱い〔月額変更届による随時改定になる。単位：万円〕

	3月	4月	5月	6月	7月
給　与	40	20	20	20	20
標準報酬	41	41	41	41	20

（給与が変更になった4か月目に標準報酬月額が変更されていた）

★平成22年9月以降の取扱い〔資格喪失届・取得届の同時提出による。単位：万円〕

	3月	4月	5月	6月	7月
給　与	40	20	20	20	20
標準報酬	41	20	20	20	20

　すなわち、定年による退職後継続して再雇用された場合に加え、「特別支給の老齢厚生年金の受給権者である被保険者が、定年制の定めのある事業所において定年によらずに退職した後、継続して再雇用された場合および定年制の定めのない事業所において退職した後、再雇用された場合についても使用関係がいったん中断したものとみなし、事業主から被保険者資格喪失届および被保険者資格取得届を提出させる取扱いとして差し支えないこととする」扱いになった。なお、この場合は退職をした後、新たな雇用契約を結んだことを明らかにできる書類（事業主の証明書等、退職したことが分かる書類・嘱託契約書等）を添付する。　　〔2011年1月31日号掲載〕

第1章 老齢給付

老齢基礎年金に反映しない第2号被保険者期間

Q 当社社員が近々65歳で退職予定である。65歳時に年金額が再計算される際、老齢厚生年金は増額するものの、老齢基礎年金は増額しないようだ。厚生年金の保険料は国民年金分も含むと聞いているがどうしてか。

（F県H市　M.K）

A ■経過的加算額として反映

　国民年金の被保険者は、任意加入しない限り、原則として60歳に達したときに資格を喪失するが、厚生年金の被保険者として勤務をすれば、60歳以降も資格が継続し、厚生年金の被保険者期間だけでなく、国民年金の第2号被保険者（国民年金法附則第3条、厚生年金保険法附則第4条の3）としての被保険者期間も増えていく。しかし、当該被保険者期間は、老齢基礎年金額を計算する上で保険料納付済期間には算入されず、合算対象期間となるので（昭和60年改正法附則第8条第4号）、60歳以降の第2号被保険者期間が増加しても、老齢基礎年金が増えることはない。

　ただし、65歳以後に支給する老齢厚生年金の額については、当分の間、定額単価に被保険者期間の月数（生年月日・昭和21年4月2日以降・480月上限）を乗じて得た額（定額部分の額）から、昭和36年4月1日以後の20歳から60歳到達時までの期間に係る厚生年金保険被保険者期間のみを保険料納付済み期間として計算した老齢基礎年金に相当する額を控除した額を加算することとしている（経過的加算額）。これは、60歳以後の期間に係る定額部分に相当する額が加算されることを意味するものであり、この結果、65歳到達により定額部分が老齢基礎年金に代わった場合においても、年金の総支給額が低下しないこととなっている（昭和60年改正法附則第59条第2項）。

　質問の社員が、60歳時点で厚生年金の被保険者期間が480月に満たないときは、480月に達するまで60歳以降の厚生年金被保険者期間（すなわち国民年金の第2号被保険者期間）が増加する。その結果、65歳まで勤務を続けることで、定額単価×480月（40年フル加入）で計算した額は満額の老齢基礎年金の金額に近づいていくこととなる。

　一方、昭和36年4月以後で20歳〜60歳未満の厚生年金被保険者期間に対応する額は一定で変わらないことから、60歳以降の厚生年金の被保険者期間が延びれば、480か月を限度として、その期間分の経過的加算額が増えていくこととなる。

　老齢基礎年金には反映せず経過的加算額に反映する被用者年金加入期間として、次のような期間がある。

①昭和36年4月以降の20歳前の被用者年金加入期間
②昭和36年3月以前の被用者年金加入期間

　なお、昭和24年4月2日以降生まれの男性および昭和29年4月2日以降生まれの女性で、60歳代の前半に老齢厚生年金の定額部分相当額が支給されない年代の人についても経過的加算が発生する。今後、20歳前または60歳以降の被用者年金加入期間の老齢基礎年金への反映が行われるときには見直されるものと思われる。

〔2012年11月19日号掲載〕

④ その他

受給資格期間10年短縮への準備

Q 66歳の男性。年金加入歴は厚生年金が5年と国民年金が3年の合計8年なので、現在は年金はもらえない。受給資格期間の25年が今後10年になると聞いたがいつから変更になるのか、また、私も年金がもらえるようにならないか。ご教授願いたい。

（H道H市　T.E）

A ■後納保険料納付制度等を活用し受給資格短縮開始を待つ

　平成24年8月に「年金機能強化法」が成立し、平成27年10月から老齢基礎年金の受給資格期間が10年になる予定。ただし、消費税率が10％になっていることが条件。よって、消費税率引上げが延期された場合には、年金受給資格期間10年への短縮も延期されることになる。

　この年金受給資格期間には、保険料を納めた期間、保険料を免除された期間、サラリーマン（厚生年金）や公務員等（共済組合）であった期間、カラ期間を含めてよいことになっている。

　この相談者の場合、カラ期間はないので現在の受給資格期間（25年）では17年足らないことになる。現在66歳なので、今からこの不足期間を満たすのは難しい。

　そこで、受給資格期間が10年になった場合のことを考えてみる。そうなれば受給資格期間に2年足らないことになり、これから年金制度に2年以上加入して保険料を納付すれば、受給資格期間を満たすことになる。

　まずは、会社勤めをして厚生年金に加入する方法がある。会社勤めをしている場合は70歳までは厚生年金に加入をしなければならないので、就職することを考える。

　次に、厚生年金に加入できない場合は国民年金に加入する方法になるが、今からでは加入できない。国民年金には70歳まで加入できる任意加入制度があるが、65歳を超えて加入する場合には70歳までに年金受給資格ができることが条件になっているので、条件に合わないことになる。今後65歳以降の特例任意加入制度も年金受給資格が10年になると見直されることにはなるだろうが、現在では残念ながら加入できないことになる。

　続いて、国民年金の後納保険料納付制度の利用が考えられる。

　この制度は、10年前までの国民年金の未納保険料が納付できる平成27年9月まで実施されている特例納付制度。この期間が過ぎてしまうと未納保険料は2年前までの納付しかできないことになる。よって、すぐにでも後納保険料納付制度の申込みをすれば強制加入期間の未納期間である56歳から60歳になるまでの4年間分を納めることが可能。まとまったお金を払うことにはなるが、最低でも2年分を納めれば何とか10年を超えられる。また、納付については、期限内であれば分割納付も可能。

　なお、後納保険料を納付した場合は、年金受給資格がない等の理由があっても払った保険料は戻されないので注意が必要。平成27年10月から年金受給資格期間が10年になるのはあくまで予定であることを考慮すべきである。

　そして、年金受給資格期間が10年になった場合には、平成27年10月以降に年金請求手続きをして、年金が受給できるようになる。

〔2013年10月14日号掲載〕

第1章 老齢給付

在日外国人の年金資格期間

Q 生まれたときから日本に住んでいる在日韓国人。昭和55年頃に外国人は年金の被保険者になれないと聞いていたので、それから全く国民年金保険料を納付していない。最近になって外国籍でも年金の被保険者になり、受給資格期間も短縮されると聞く。有利な受給方法はあるのか。

（T県F市　Y.R）

A　■10年年金の施行で受給権を確保

　相談者は現在64歳。これまで年金保険料を納付していたのは昭和51年から58年まで、厚生年金の被保険者だった7年間だけである。外国籍でも日本国内に居住していれば国民年金の強制被保険者になるのだが、昭和56年までは外国籍だと年金の被保険者になることができなかった。実際この相談者は昭和55年頃、当時の社会保険事務所で年金の被保険者になれるかどうかを確認したのだが、外国人はなれないとの回答があったため、そのまま年金保険料を納めていなかったとのこと。ただ、制度の変更を知らなかったとしても相談者の責任ではない。

　このような人たちが年金を受給できるようになる方法は二つ考えられる。一つは合算対象期間を利用したうえで年金保険料を払うことによって、25年の受給資格期間を得る方法である。

　まず、在日韓国人なので、20歳になった昭和44年から年金法が改正されて外国籍でも強制加入となる昭和57年の前までの期間のうち、厚生年金の被保険者期間を除いた期間が合算対象期間となる。その結果、合算対象期間となるのは昭和44年から昭和51年までの7年間になる。

　納付済み期間と合算対象期間とを合計すると14年である。まだ年金受給に必要とされる25年には11年足りないが、そこは年金保険料を納付することで対応する。

　過去10年間のうち、60歳に達するまで6年間の未納期間があるのでそこは後納制度が利用できる。5年間は国民年金に任意加入（特例を含む）するか、厚生年金適用事業所に就職することになる。年齢が年齢だけに、この場合は任意加入を考えるのが現実的だろう。

　後納制度の利用と任意加入を行った場合、一体いくらの国民年金保険料を納付しなければならないか。概算だが今後年金保険料が上がっていくことを加味すると、200万円以上と想定される。その結果、受給できる年金は基礎年金が350,300円（平成25年12月ベース）、厚生年金が180,500円、合わせて530,800円である。俗な言い方だが元を取るまでに4年近くかかる。

　後納と任意加入を利用しても年金が受給できるのは69歳。年齢相応の収入しかないこの相談者に年間53万円を受給させるため、大きな経済的、時間的な犠牲を払うように勧めるのは年金相談の対応としていかがなものか。

　消費税が10％になる予定に合わせて、10年の資格期間で老齢基礎年金が受給できるようになる。10年なら相談者は合算対象期間を合わせて、すでに受給資格期間を満たしている。年金額は基礎年金・厚生年金を合わせて31万円程度にしかならないが、今後相談者が少しでも経済的に幸せに暮らしていくためには、経済的なストレスのない方法として、10年年金が施行されるのを待つことを勧めたが、先送りになっている。

〔2014年3月10日号掲載〕

障害給付　第2章

❶ 初診日関連 …………………………………60

❷ 障害給付と他の年金との関連 ………73

❸ その他 …………………………………………81

第2章 障害給付

複数障害がある場合の障害年金の請求

> **Q** 2年前、交通事故に遭い、右足に障害が残った。会社も辞め、今は障害年金の請求を考えている。これとは別に、私には腎臓の持病があり、現在は障害の状態にないものの、いずれは人工透析が必要と医師から言われている。2つの障害は、年金においてどうなるのか教えてほしい。なお、腎臓の異常は大学の定期健康診断（国民年金加入中）で分かり、交通事故に遭ったのは在職中（厚生年金加入中）である。　　（S県H市　M.N）

A ■基準障害での対応が得策

障害年金を請求するにあたり、2以上（複数）の傷病がある場合、2つの傷病の因果関係の存在を確認しなければならないが、このケースでは因果関係なしとして取り扱われる。次に、それぞれの初診日を確認する。初診日が先でも障害に該当した時期が後になることがあるからだ。

障害年金は、原則として初診日に加入していた制度から支給されるため、2つ以上の障害が「併合」される場合と、どちらか一方の障害年金を「選択」しなければならない場合がある。

①併合認定

1級または2級の障害年金の受給権者が、新たに1級または2級の障害年金を支給すべき事由に該当したときは併合され、従前の受給権は消滅する。この場合、初診日が前か後かは関係ない。

②基準障害

3級以下の障害の状態にある者に新たな傷病（基準傷病）が発生し、併合して初めて2級以上になるとき、併合された障害年金が支給される。ただし、この規定が適用されるためには、後発傷病の初診日における保険料納付済み要件が必要で、後発傷病の定義は、初診日が前発傷病の初診日よりも後のものに限られる。前発傷病が3級以下であることとは、3級の受給権者であることを求めるものでない。

本ケースの場合では、肢体の障害は、初診日が厚生年金加入中であり、1～3級のいずれになるかは請求してみないとわからない。一方、腎臓病の初診日は国民年金加入中なので1級か2級しかなく、しかも基礎年金のみとなってしまう（人工透析は原則として2級に該当）。

仮に、肢体の障害のみで請求し、2級と認定されれば、将来、腎臓病が悪化して障害等級2級に該当したとき、2級と2級同士で併合認定されるが、肢体の障害が3級となった場合は、障害厚生年金3級と障害基礎年金2級は併合認定されず、どちらか一方を「選択」する。

そこで「基準障害」の規定を利用して、腎臓の病気を前発傷病、肢体の障害を後発傷病として請求する。2つの傷病を併せて2級と認定されれば、前発の加入制度にかかわらず、後発の加入制度である障害厚生年金を受けられる。そして将来、どちらの障害が悪化しても額の改定が行われる。これが今、でき得る最善の選択と思われる。

	障害基礎年金	障害厚生年金
A	併合認定 （前発失権）	同一支給事由の場合は併給※
B	同一支給事由の場合は併給※	共に2級以上の場合は併合認定※

〔A　障害基礎年金、B　障害厚生年金
※　当該事由以外の場合は、「選択」支給となる〕

〔2010年10月11日号掲載〕

① 初診日関連

1年待たずとも額の改定請求ができる例

Q 障害年金受給者の症状増進による額改定請求について、一般的には1年経過後でないと請求できないとされているが、1年を待たずに請求できるケースがあるとのことなので具体的な事例を教えてほしい。　　　　　　　（F県S市　年金相談員T.N）

A ■認定日と現症の関係で1年未経過でも額の改定請求が可能

(1) 年金額の額改定、2つのパターン

　指を切断などの欠損障害は、症状が変化することはないので、一度決定された等級が変わることはなく永久認定となる。しかし精神障害などの症状に変化があるものは有期認定となり、1～5年の範囲で診断書を添えた現況届を提出する必要がある。通常障害の程度の変化による年金額の改定は現況届に添付の診断書を基に職権で行われる（職権改定）。ところが、本人の請求によっても行うことができ（請求改定）、これを年金額の改定請求といい、その手続きは「障害給付額改定請求書」に診断書などを添えて住所地の年金事務所に提出して行う。

　障害年金の額改定請求の提出時期は、法律上次のように規定されている。

> 障害年金の受給権を取得した日又は厚生労働大臣の診査を受けた日から起算して1年を経過した日後でなければ行うことができない（厚年法52条3項）（国年法34条3項）

　では、診査を受けた日とはいつか。これは「給付に関する処分を受けた日」のことであり、「給付に関する処分」とは等級決定のことであるので、新たな額改定請求は1年待たなければならないことになる。

(2) 額改定請求の具体例

　精神疾患により平成18年1月を認定日とする認定日請求を22年1月に行い、現在3級の障害厚生年金を受給中で最近症状が増進したとする。このようなケースの場合、当初からずっと3級で変更がないのであれば認定日も現症もともに3級であるので、1年を待たずに診断書等を添付して額改定請求をすることができ、その程度が厚年令別表により2級以上に該当したときには障害厚生年金の額が改定されることになる。

　仮に認定日が2級で現症が3級とされた場合にはすでに改定が行われているので1年を経過した日後でなければ額改定請求を行えない。また今回額改定請求を行い、結果が同じ3級とされた場合にも、今後1年を経過した日後でなければ再度額改定請求を行えない。

　なお、受給権を取得したときから障害厚生年金3級の受給者が、症状が増進し障害厚生年金2級以上に該当した場合には障害厚生年金の改定と同時に事後重症として障害基礎年金も発生する。ただし、この場合の3級から2級、1級への額改定請求は受給権者が65歳以上に達した日以後は行えないので注意が必要である。

　額改定請求はこのほかにも現況届による診査の結果、従前の障害等級と変わらないと認定されたものに関しては1年を経過した日後でなくても請求できる。

　今回の相談とは異なるが、一度裁定請求を行い不支給とされた場合には、症状増進による再請求は1年経過をしていなくても可能である。　　　　　　　　〔2010年10月18日号掲載〕

第2章 障害給付

額改定ができる時期と「診査」の対象

Q 障害厚生年金（認定日請求）の支給が今月決定された。しかし、等級は現症・認定日とも3級であり審査請求を予定している。同時に額改定手続きは可能か。

（H県F市　E.T）

A ■「受給権を取得した日から1年を経過した日後」に改定の請求が可能

　本件相談者は、平成23年4月に障害厚生年金を認定日（平成19年10月）請求し、平成23年11月に、認定日・現症とも3級と裁定された。障害等級については2級相当と感じているため、直ちに審査請求を行いたい、また同時に額改定手続きも可能かどうかとの相談であった。

　「裁定請求時に提出した資料」に基づき判断がなされる審査請求に対し、額改定は新たな資料（診断書）提出が可能である。

　額改定手続きについては、①受給権を取得した日、または②「診査を受けた日」、から起算して1年を経過した日後でなければ手続きはできないとされる（国年法第34条）（厚年法第52条）。この「1年」の起点を相談者は「裁定年月日から1年」と解釈していたが、これは誤り。新規裁定の場合、受給権発生以後1年を経過していれば額改定請求は可能である。このケースでは、①の受給権発生は平成19年10月であり、裁定年月日の平成23年11月時点では当然「1年を経過」している。このことから、審査請求と同時に額改定請求も十分可能である。

　新規裁定で等級に不服の場合、審査請求と同時に額改定請求を行うことでより早い結果が得られるケースは案外多い。「1年経過」を正しく理解する必要がある。このケースでは、審査請求は棄却となったが、額改定請求は平成24年2月に認められた。現在、再審査請求中である。

　それでは、②の「診査」とは具体的にどのような内容であるか。別の相談者からの事例を検証する。「更新時期に診断書を提出したが、これまでと同じ3級であった。ただし、診断書提出時期が2年から3年に変更となった。この変更は診査に当たるのか。診査になるのであれば、額改定請求は1年待たないとできないのか」という相談があった。このケースでも速やかな額改定請求が可能である。

　「診査」とはあくまでも「等級」に関する処分であり、「提出時期」の変更は「診査」があったとはみなされない。つまり、従前の等級と同一であれば「審査請求」は不可、「額改定」は直ちに可能である。この額改定請求が認められなければ、審査請求となり、新たな額改定請求は「1年を経過した日」でなければならない。

　また、従前の等級が変更された（例　2級⇒3級）場合は、審査請求しかできない。額改定ができるのは、「1年を経過した日後」である。ただし、障害基礎年金受給者が1・2級から非該当になった場合は、「支給停止事由消滅届」を提出することになる（審査請求は当然可能）。この請求は、1年を待たずに可能である。

　「審査請求」「額改定」「支給停止事由消滅届」いずれの手続きが適切であるかは、ケースによって判断せざるをえない。判断基準は、①新規裁定かどうか、②更新時期での診断書提出か、③決定された障害等級が年金支給の対象となり得る等級か、という観点からすることになろう。

〔2012年7月2日号掲載〕

① 初診日関連

障害年金の額改定時期の変更

Q E（57歳男性）は、原発性肺がんのため、就労不能（休職中）である。昨年、がんも障害年金の対象であると知り、請求を行ったところ、年末に3級の障害年金の支給決定通知が届いた。
　ところが、受給が始まった年初より急激に病状が悪化し、人工呼吸器を装着するまでになった。すぐに妻が年金事務所に相談に行ったが、「障害年金を受ける権利が発生した日から1年を経過しないと、額改定の請求はできない」との回答。医師は、1年もつかどうかと言うのだが、障害年金の等級の変更を認めてもらえないだろうか。（K県Y市　N.E）

A ■26年4月改正で1年待たず額改定可

　相談者Eは、障害年金を請求する前、傷病手当金を受給していた。会社の就業規則により、病気休職の期間が決まっているため、もうすぐ退職しなくてはならない。幸い、E夫妻の子どもはすでに独立しているが、退職後の生活費および治療費は年金のみに頼ることとなる。3級の支給額では厳しいので、どうにか2級以上に認めてもらいたいと思っている。
　実は、2年前にがんが見つかったとき、すでにステージⅣで脳やリンパ節にも転移しており、手術は不可能な状態であった。当時は平衡感覚もなく、家族に支えられながらほぼベッド上での生活を強いられていたが、初診日より1年半経過した障害認定日の頃は、いろいろ試した新薬が効き、奇跡的に体調が安定していた。つまり、障害年金の請求時に提出した診断書は、初診日と比較しても、現在の状況と比較しても、かなり軽度の状態で記されている。そのことは、主治医も認めており、現在の状況の診断書を記入することについては了承している。
　障害の程度が重くなったときには、現在受けている障害年金の額（障害等級）の改定を請求することができる制度がある。以前は、障害年金を受ける権利が発生した日、または障害の程度の診査を受けた日から1年を経過しないと、この請求ができなかったが、平成26年4月1日からは、一定の要件に該当すれば、1年を経過しなくても請求できるようになった（下図参照）。
　一定の要件とは、「眼・聴覚・言語機能の障害」、「肢体の障害」、「内部障害」、「その他の障害」に分類される22項目のことを指し、これらのいずれかに該当すれば、1年を経過しなくても額の改定を請求できる。

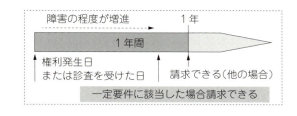

　相談者は、障害年金を受ける権利が発生した日から明らかに状態が悪化しており、さらに肺炎の悪化による呼吸不全により人工呼吸器を装着して数か月が経過している（要件項目の一つである）ことから、額改定の請求は可能と思われる。
　法改正に基づくことでもあるので、障害年金に詳しい社会保険労務士を活用し、早急に手続きを行うことをおすすめしたい。

〔2014年5月26日号掲載〕

第2章 障害給付

初診日不明の統合失調症の取扱い

> **Q** 30歳女性。統合失調症で障害年金を申請したが、納付要件を満たさず不支給となった。中学時代受診した病院からは、カルテがなく初診証明を書けないと言われた。初診証明が取れない場合はどうしたらよいか。
> （Y県T市　T.S）

A ■傍証で客観的事実を裏付け

　本ケースでは、3年前自分で障害年金を申請。しかし、納付要件がないということで不支給となる。24歳まで納付履歴なし。前回提出の診断書を確認すると、初診日は23歳時との記載。しかし、これは現在のA病院での初診。実際には、中学時代に抜毛症によりB病院精神科を受診しているが、相談者が問い合わせたところ、カルテがなく証明は書けないと言われていた。

　ここで、B病院での受診の有無が大きなポイントとなるため、相談者に当時の診察券等を再度探してもらった。その結果、奇跡的に診察券が見つかり、さっそくB病院に「受診状況等証明書」の記入を依頼。予想どおり「受診の履歴のみで、その他は一切不明」とのこと。どうにか「氏名・受診日・受診科」のみ記載された受診状況等証明書を作成してもらった。

　B病院の証明書だけでは、20歳前受診を主張する根拠としては弱いと判断し、傍証で固めることを決意。中学・高校時代の担任を探し出し、「当時、すでに抜毛症が発症しており精神的にも不安定であった」「ウィッグ着用のため体育は見学していた」との申立書を記入してもらう。この目的は、「子どもがこのような状態であれば、両親は当然受診をさせただろう」という心証を担当官に持ってもらうことが狙いであった。

　もう一つの問題は、短大卒業後から23歳に至るまで受診が中断していることであった。これは、近隣の目を気にして相談者が精神科に通院することを拒否し始めたことによる。もし、この中断を「社会的治癒」とみなされると、A病院が初診となり納付要件を満たさない。そのため、この間の状況を詳細に尋ねたところ、B病院のカウンセラーの異動先である職場（行政機関）を個人的に訪問し、カウンセリングを受けていたことが分かった。

　しかし、相談者は次第に電車に乗ることも困難になり、カウンセラーとも接触を断つ。この直後、自殺未遂を起こし、A病院に救急搬送となった。このことは、受診中断とは言え「社会的治癒」ではなく、「症状が重く、通院すらできる状態ではなかった」と捉えることができよう。このため、「病歴・就労状況申立書」に受診中断期間の状態を詳細に申し立てた。

　このようにして、A病院を23歳で受診するまでの経過を整理し、現在の主治医（A病院）に説明。初診を中学時代とすることに理解を示してもらった。その結果、前回とは初診日が違う診断書ができあがり、7月初めに請求、8月中旬に障害2級のスピード裁定となる。

　本申請にあたっては、60・6・4庁業発19の通達を拠り所にした。通達には、＜初診日等が明確でない場合には、「病歴就労状況等申立書」が重要な判断材料となる＞と明記されている。つまり、何らかの理由により証明が取れない場合は、それを裏付ける客観的事実があれば十分証明に替えることができるのである。

〔2010年10月25日号掲載〕

① 初診日関連

障害年金の請求と統合失調症の初診日

Q 学生時代に初診がある統合失調症の40代の男性。初診証明が不十分で障害年金請求手続きが膠着状態となっている。打開策はあるか。　　　　（Y県D市　R.T）

A ■初診日の絞込みが最大ポイント

　相談者は、大学2年の昭和63年に、友人関係から精神的に不安定になり、A病院に2週間入院。統合失調症と診断される。その後、復学し卒業後は大手企業に就職。しかし、平成10年7月に仕事の重圧から錯乱状態になり自殺未遂を起こし、再度A病院に救急搬送された。

⑴　特別障害給付金と年金の分かれ道

　相談者がA病院から取った初診証明は、63年の受診履歴のみが記され、その他は一切不明。相談者は当時任意加入もしていなかったため、63年を初診と認められても年金ではなく特別障害給付金となってしまう。しかし、平成10年までの治療中断期間を社会的治癒として捉えれば、初診は厚生年金加入中となり年金額に大きな差が発生する。そこでA病院に対し再度カルテの確認を依頼したが、63年の受診歴のみでその他は一切不明であることに変わりはなかった。

　相談者は、平成10年7月の救急搬送後間もなく会社を退職。自宅療養をしていたが、同年12月に再度錯乱状態に陥り、B病院を受診。そこでB病院カルテに、平成10年7月A病院受診の記録がないかを確認したが「A病院に2回入院」との記載のみで具体的な日時は特定できず、やむなくB病院からも初診証明を取り寄せた。

⑵　主治医の移籍に伴い転院

　A病院からB病院に転院した理由は主治医の移籍による。相談者は、平成10年7月の救急搬送時に担当したT医師を非常に慕い、T医師の移籍に合わせ、B病院に転院している。さらに、平成11年にT医師が個人病院を開業するとそのCクリニックで通院を継続していた。

　このため初診日が平成10年7月と認められれば、認定日の平成12年1月はT医師のクリニックで受診をしており、認定日診断書の取得は可能である。そこで、T医師に「本人は間違いなく平成10年7月に救急搬送された」ことを主治医申立書という形で記入してもらう。また、救急搬送記録開示を管轄消防署に請求したが、保存期限の5年を超えて記録なし。消防署担当官との交渉経過を記載した確認文書を作成した。

　これらの資料を添付して「平成10年7月厚生年金加入中初診日とする認定日請求」を行った。その結果は、「平成10年7月のA病院受診については診療情報提供書等の文書の証明がなければ、初診とは認められない」とするものだった。

　結局、この件は平成10年12月のB病院受診を初診とする障害基礎2級（約79万円）で認定日請求（初回振込額400万円強）が認められた。もし、障害厚生年金として裁定されていれば年額約120万円、遡及600万円の年金が受給できたであろう。最高の結果ではなかったが、当初は特別障害給付金（約48万円・遡及なし）の可能性もあった事案。相談者は給付金と年金の区別もつかず、社会的治癒等の認識ももちろんなし。自力請求では、給付金受給が精一杯と思われる。初診日の絞り込みは、障害年金請求の最重要事項であることを再認識させられた事案である。

〔2011年4月18日号掲載〕

第2章 障害給付

障害年金不支給決定後の選択肢

Q 脳腫瘍で記憶障害になった40代男性。家族が障害年金を請求したが、障害程度不該当という理由で不支給になった。その後症状も悪化している。何か方法はないのか。
（T都M区　M.I）

A ■不支給には再裁定請求も道

(1) 相談者は、営業職として第一線で活躍していた。しかし、平成19年末頃から不穏となり、得意先とたびたびトラブルを起こす。本来温厚な人物、その変化を不思議に思った同僚の勧めで、平成20年2月にA病院神経内科を受診、「物忘れ」と診断。その後、症状が急激に悪化し結局3月末で退職せざるを得なくなった。しかし、退職の事実を相談者は理解できず、出勤を続けた。

　これは単なる「物忘れ」ではないと家族が心配、6月にB病院脳神経外科を受診。検査の結果、脳腫瘍が判明し、その大きさから、腫瘍は1年前からあったはずと説明され、直ちに手術し、一時軽快するも、平成21年春に再発。その後記憶力は急激に低下し、入退院を繰り返す。

(2) 平成21年12月に相談者の妻が自力請求したが、平成22年6月に「障害程度不該当」により不支給となる。当初、その妻は「障害厚生年金を請求し不支給となった」と認識していた。しかし、年金事務所から取り寄せた請求資料を確認すると、請求書は障害基礎年金用であり、請求先も区役所であった。

　「障害厚生年金か障害基礎年金か」どちらになるかは、初診日に加入していた制度による。このケースでは初診日を退職後受診のB病院として請求していたために、明らかに国民年金としての請求として扱われる。また、添付された診断書は、2級不該当と判断されてもやむを得ない内容であった。

(3) 以上の経過から審査請求ではなく、すべてを白紙に戻し、再裁定を行う方向で妻と相談。まず、A病院から初診証明を取得し、B病院の主治医と面談。「正確な診断名がつかなくても初診と認められる」ケースについて資料を添付して説明。初診をA病院とすることに理解を得、新たな認定日である平成21年8月時点での診断書（精神）を依頼した。相談者は年金請求後の平成22年3月にC病院に転院。不支給決定が出た平成22年6月の時点では、肢体障害も発症しており車イスを使用。そこで、C病院には精神および肢体の現症診断書を依頼した。これらの書類を添付して「在職中受診のA病院を初診とする障害厚生年金（認定日請求）」として再裁定請求を行った。その結果、平成23年1月に障害厚生年金（認定日3級現症1級・年金額240万円）として裁定された。

(4) 不支給となり、その結果に不服がある場合は審査請求ができる。しかし、審査請求は「提出された資料に基づいてなされた判断について」不服を申し立てるのが本来である。また、請求後に症状が悪化していても、審査請求の対象にはなりえない。このケースの場合も、もし審査請求が認められたとしてもあくまでも障害基礎年金としての裁定になる。年金額（2級）は子の加給を含めて100万円。妻の加給はなし。収入を断たれた家族のことを考えると、「障害厚生年金を再裁定請求」という判断は適切だったと思う。不支給になった場合、審査請求にかかわらず、あらゆる選択肢を検討することが必要。

〔2011年4月25日号掲載〕

① 初診日関連

初診日が65歳以降の障害年金

Q 夫は、20歳代に米国に留学の期間があり、国民年金保険料は10年しか納めていない。42歳のときからＡ社に勤務し、65歳以降も引き続き厚生年金に加入しているが、66歳になって間もなく脳梗塞で倒れ、1年経過したとき主治医から障害の程度は2級に該当するといわれている。しかし、65歳以降の障害厚生年金は2級に該当しても、障害基礎年金は出ないと聞いたのだが、どうしてか。　　　　　　　　　　　（Ａ県Ｇ市　Ｓ.Ｈ）

A ■初診日が65歳を過ぎた場合は障害厚生年金だけが支給

(1)　65歳以降に初診日がある障害厚生年金の支給3要件
　①初診日が65歳以降の被保険者期間にあること。
　②障害認定日に障害等級1～3級に該当する程度の障害の状態にあること。なお、65歳以降に初診日のある傷病には「事後重症」はなく、「認定日請求」と「遡及請求」のみである。
　③初診日の前日に、初診日の属する月の前々月までに国民年金の被保険者期間があり、その被保険者期間のうち保険料納付済み期間と保険料免除期間とを合算した期間が当該被保険者期間の3分の2以上あることを要する。受給要件を緩和する経過措置、すなわち初診日の属する月の前々月までの直近の1年間の国民年金の被保険者期間中に保険料の滞納がなければよいという特例は適用されない。

(2)　3分の2要件の対象期間
　対象となる被保険者期間には、「国民年金の保険料を納付した期間・免除を受けた期間」以外に「学生納付特例期間」、「若年者納付猶予期間」がある。「20歳前の厚生年金被保険者期間」や「60～65歳の厚生年金被保険者期間」も障害年金に関しては国民年金の納付済み期間となる。
　なお、3分の2要件をみる場合、65歳以降の厚生年金期間は含めずに計算する。また、「平成3年3月以前の学生であった期間」、「国外に在住中の期間」、「昭和61年3月以前の任意加入できたのに加入しなかった期間」、「脱退手当金を受けた期間」は加入すべき国民年金の期間から除外する。

(3)　65歳以降に初診日のある障害に障害基礎年金が支給されない理由
　本件の場合、厚生年金加入中に初診日がある傷病であり、3分の2納付要件も充たしているので、障害認定日に障害等級2級に該当すれば、障害厚生年金の受給権は発生する。しかし、65歳の時点で老齢厚生年金の受給権を有するので、65歳以後の厚生年金被保険者期間は国民年金の2号被保険者とはならない。
　したがって、65歳以降に初診日のある傷病で障害等級2級に該当しても、障害厚生年金は支給されるが、併せて障害基礎年金が支給されることはない。初診日が65歳前であれば、国民年金2号被保険者期間中なので、障害基礎年金と障害厚生年金の支給がある。
　なお、障害基礎年金が支給されない障害等級1級・2級・3級には最低保障額（障害基礎年金2級の4分の3）の保障がある。ちなみに平成23年4月以降は年額591,700円となっている。

〔2011年8月8日号掲載〕

第2章 障害給付

初診日を確定させる「合理的資料」

Q 統合失調症の50代男性。40年近く前の初診日（19歳時）が証明できない。「合理的な資料」を提出するよう言われたが、何を示したらよいのか分からない。
（S県S市　G.W）

A ■合理的資料にメモや日記を活用

　本件、相談者は高校卒業後（18歳）、大学留学予定で渡欧。現地到着直後にトラブルに巻き込まれ、外出が不可能になり下宿先に引きこもる。入学手続きもできず拒食症となり、3か月後に帰国。数か月後、錯乱状態に陥りA内科を受診。それ以降現在まで7か所の病院に入退院を繰り返す。

　相談者の受診歴は、当時の家庭医であったA内科から始まり、B精神科、D大学病院等複数箇所に及ぶ。初診であるA内科は院長死亡のため10年前に閉院。B精神科はA内科からの紹介で受診し、20歳をまたぎ2年間入院したが、カルテの保存なし。現在のD大学病院精神科は昭和60年初診、しかし途中当時の主治医（死亡）の個人病院であるC病院に10年間入院したため、D大学病院のカルテもC病院退院後の平成10年以降しか保管がない。通常は、初診のA内科から証明がなくても、次のBあるいはC・D病院のカルテに「A内科受診」の記載があれば補強証拠となる。しかし、すべての病院に問い合わせたがA内科の記録はまったくなかった。閉院を承知でA内科（自宅）を訪問し、院長の奥様に記憶を探っていただいたが、「受診された覚えはあるが、証明としては出せない」との対応であった。

　「初診日」が特定できなければ障害年金の請求は不可能である。しかし、A内科を20歳前に受診したこと、B病院に20歳をまたぎ入院したことは事実。単に「カルテの保存がない」という理由で請求ができないのはあまりにも不条理。それでは、どのような資料で初診日を証明するか。パスポート・診察券等は相談者が庭で焼却してしまい、何も残っていない。

　まず、家族が「渡航記録の開示請求」を行い「渡航記録」を入手。さらにB病院入院当日に親が記載した「メモ」が見つかった。「メモ」には子どもが精神科病棟に入ることの苦渋が切々と書かれ、日時および天候も記載されていた。当初、家族は「海外でのトラブル」の詳細については話したがらなかったが、「初診の証明のためには必須」と説き伏せ、ようやく事実を聴取。これらを基に、当時の状況を浮かび上がらせた申立書を作成、メモも原本を添付して申請。

　しかし、予想どおり保険者から「メモが真実、当時記載されたものかどうか」の確認があった。「日記」であれば前後関係から日時を特定できるが、「メモ」はねつ造も可能。そのため「メモ」に使われた紙の古さ・インクの付着具合、さらに「メモ」が挟まれていた「住所録」の他の資料等を提示して、メモがまぎれもなく当時記載されたことを申し立てた。そして、書いた状況を母親に語らせた映像もSDカードとして提出（最終的には内容を文書化して添付）した。

　その結果、障害基礎1級（20歳前事後重症）として裁定が下りた。「合理的資料」とは、「このような事実があればこのような行動を取るであろう」と保険者を納得させうる資料である。もちろん、ケースごとに求められるものは違うが、事実にどこまで肉薄できるかが重要である。

〔2011年10月10日号掲載〕

① 初診日関連

20歳翌月の初診と国年法30条

Q 私の長男は30歳代、20歳翌月に交通事故により受傷、22歳まで保険料納付なし。20歳の誕生日が過ぎてからの障害発生ではあるが、障害年金請求は可能か。

（S県B市　K.T）

A ■20歳翌月の初診は保険料納付要件不問、「拠出」の障害年金が支給

　本件は、障害者の母親からの相談である。相談者の長男は20歳誕生日（2月）の翌月（3月）引越し作業の最中に自転車で走行中転倒し受傷した。新生活に追われ年金保険料の納付・学生納付特例などの手続きは放置していた。

　数年後、障害が残ったため母親が障害年金請求について周囲の者に相談した。しかし「初診日までに保険料納付がなされていないため、請求は無理」という説明を受け、請求を諦めざるをえなかった。しかし、「保険料納付」については起点と終点がある。それが明記されている国民年金法第30条但書を引用する。

　「当該傷病に係る初診日の前日において、当該初診日の属する月の前々月までに被保険者期間があり、かつ当該被保険者期間に係る保険料納付済期間と保険料免除期間とを合算した期間が当該被保険者期間の3分の2に満たないときは、この限りでない。」

　つまり、保険料納付要件が問われるのは、初診日の前々月までに被保険者期間があるケースである。本事例では、初診日の前々月は19歳であり、まだ20歳には達しておらず、当然被保険者期間ではない。そのため、保険料納付要件を問われることなく障害年金の請求は十分可能である。

　あきらめ半分の母親から相談を受けて、まず確認したのは事故日である。事故は自転車で走行中転倒、どうにか自宅にたどり着くもその後急に気分が悪くなり、家族がこの長男をA病院に連れて行った。長男の記憶はまったくなく、事故状況がまったく分からなかった。検査の結果、頭部および下肢に打撲を負っていることが分かり1か月間A病院に通院。その1年後に認知機能障害および下肢障害が出現しB病院に通院した。母親自身は、「3月の受診日が確認できても何の意味もない。20歳前の事故であれば保険料納付要件は必要ないが、20歳翌月の事故だから請求はできない」と思い込み、A病院からの初診証明もとっていなかった。

　カルテの保存期間は通常5年である。本事案は相談時点で事故から10年以上経過していたため、廃棄されていても不思議ではない。直ちにA病院に確認したところ、奇跡的にカルテの保管が確認できた。主治医と面談し、その場で初診証明を作成してもらった。この点は非常にラッキーだった。

　その初診証明書を持参してB病院に認定日および請求日現症診断書の作成を依頼した。

　事故から十数年経った現在、長男は高次脳機能障害で日常生活は高齢の母親に頼らざるを得ない状況である。障害年金という安定した収入があるからこそ、療養に専念することができている。

　「20歳到達月および翌月の初診日は、保険料納付要件は必要ない」という解釈を徹底させることが非常に大事であろう。

〔2011年12月5日号掲載〕

第2章 障害給付

複数回の脳血管障害と初診日

Q 50代女性。出産を機に複数回の脳内出血を繰り返す。20歳前に脳疾患が指摘されていたが、出産までは問題なく日常生活を送っていた。初診日はどこになるのか。

（G県M市　H.I）

A ■脳血管障害はそれぞれ別傷病扱い

　本件相談者は、平成3年（30歳）出産直前に脳内出血を起こし緊急手術。その後、平成10年および15年にも出血を繰り返し、平成23年4回目の脳内出血により全介助状態となっている。
　詳細な病歴を伺うと、中学生の時に先天性脳動脈奇形を指摘され大学病院への通院歴もある。しかし、その後は特段の問題もなく大学卒業後は就職し、日常生活にも支障はなかった。このような場合は、20歳前傷病とはならず実際に起きた脳出血を初診日とすることになると判断できるので、平成3年の第1回脳内出血を初診日とする事後重症請求（障害基礎）を行った。
　しかるに、日本年金機構から「それぞれの脳出血について因果関係なし。平成23年4回目の脳出血を基準傷病とした初めて2級の請求とする」旨の連絡があり、理由は「脳血管障害は、発症時期が近いものを除き、それぞれを別傷病として取り扱う」というものであった。
　ここで問題となるのは、第4回目の脳出血の認定日が未到来であったこと。現症診断書は第4回目脳出血初診日から7か月が経過した日時で記載されていた。平成3年の第1回脳出血を初診とする事後重症請求であれば、問題はない。しかし、初めて2級で請求するためには「現時点で症状固定」の医師の判断が必要である。相談者は、第4回脳出血直後から全介助状態に陥っており、残念ながら回復の可能性は非常に少ない。主治医に「現時点で症状固定」の旨、加筆してもらった。
　さらに、「それぞれを別傷病として取り扱う」ことができるのであれば、「第1～3回脳出血の認定日請求」も可能となる。相談者は、3回目の出血後に補助具使用となり症状は一気に悪化し、身体障害者手帳もこの時期に取得している。また、第3回脳出血の認定日当時は、夫のサポートを受けて生活していたことは確認済みである。
　そこで、第3回・第4回それぞれの脳内出血を初診日とした認定日請求に変更し、第3回脳出血認定日診断書の取得に取り掛かる。
　相談者が現在受診（入院）しているA病院は救急病院であるため、過去すべての出血時に最初に搬送された病院でもある。しかし、退院後の治療はB病院およびC病院で行っており、第3回脳出血の認定日（平成17年）当時はB病院に通院、C病院でガンマナイフ治療を受けていた。さっそく、それぞれの病院に新たに診断書を依頼し、ようやく日本年金機構にすべてを提出し終えたのは、返戻から1か月を経ていた。
　本件は、結果的に併合認定（障害基礎1級）が認められ、受給権発生は第3回脳出血の認定日、遡及金額は約600万円弱。事後重症請求とは大きな違いとなり、家族も安堵した。
　障害年金を請求する過程では、日本年金機構から様々な指示・確認がくる。実務に携わる者として指示の奥にある制度を読み解き、年金事務所と連携して対応することが必要である。

〔2012年9月17日号掲載〕

① 初診日関連

3号未届け期間中の初診と障害年金請求

Q 私は交通事故で肢体不自由になった。事故当時、夫は厚生年金に加入していたが、私の3号該当届は事故後になされた。障害年金は請求できるか。

（F県F市　A.S）

A ■届出以前26月は納付済み期間となる

　相談者は、平成12年3月2日に交通事故に遭った。夫は平成8年から厚生年金に加入していたが、相談者の第3号手続きは事故から1年を経過した平成13年3月になされている。相談者の障害は当時軽度であったこと、また、障害年金の制度をよく知らなかったこともあり、請求については全く考えていなかった。

　しかし、ここ数年の間に相談者の状態が急激に悪化し、歩行も困難となってきたので障害年金請求を考え始めた。インターネットで情報を収集したところ、「3号未届け期間中の初診は納付要件がないため、請求はできない」という説明が溢れ不安になっている。そこでさっそく、相談者の納付履歴を確認すると、未納が多く3分の2要件（初診日のある月の前々月までの公的年金の加入期間の2/3以上の期間について、保険料が納付または免除されていること）は明らかに満たしていない。

　それでは前1年要件（初診日のある月の前々月までの1年間に保険料の未納がないこと）はどうだろうか。事故当時は3号未届けであったため、納付要件は満たしていないようにみえるが、国民年金法附則第7条の3の規定によると、3号未届け期間中の初診でも、届出が行われた月の前々月以前2年間は納付済み期間として算入することが可能となる。したがってこの期間を算入することで納付要件が満たされれば、障害年金請求は十分可能である。

　相談者の3号遡り期間をみると、「$」マークと「+」マークの部分がある。この「$」マークは「3号特例納付」と呼ばれ届出日の属する月から26月を超える期間である。老齢年金ではこの期間も「納付済み期間」に算入されるが、初診日が届出日前にある障害年金を請求する場合は、「3号特例期間」は未納期間となってしまう。

　しかし、第3号届出を行った平成13年3月以前の26月（平成11年2月〜平成13年3月）は「+」マークである。「+」マークは当然、納付済期間として算入可能である。このため「初診日の前日（平成12年3月1日）において、初診日の属する月の前々月までの1年間（平成11年2月〜平成12年1月）に未納がないこと」という前1年要件を辛うじて満たすことになる。たとえ3号届出が初診日の後でなされたものであっても、納付記録上「+」マークになっている期間は納付済期間に算入できるのである。もちろん届出日の平成13年3月以降も納付済み期間となる。

　この事例で、初診日が2月28日であればどうなったか。「初診日の前々月までの1年間」は平成11年1月〜平成11年12月である。

　そうすると、平成11年1月は「$」マークであるため前1年要件を満たすことはできない。2日の違いで受給の可否が分かれる事例であった。交通事故は確かに辛い出来事ではあったが、不幸中の幸いと言うべきだろうか。

〔2012年10月15日号掲載〕

慢性疲労症候群の初診日

Q 5年近く原因不明の体調不良が続いていたが、昨年ようやくＣＦＳ（慢性疲労症候群）の確定診断がされた。障害年金を請求する場合、初診日はどの時点になるのか。
（Y県R市　U.S）

A ■確定診断日が初診日とは限らない

　ＣＦＳ（慢性疲労症候群）の初診日は、ＣＦＳと確定診断をされた日ではなく、急激な疲労感・咽頭痛・頭痛・精神症状などの症状により医療機関を初めて受診した日時になる。
　ＣＦＳは、「原因不明の倦怠感が急激に始まり、十分な休養をとっても回復せず、長期にわたり疲労を中心に微熱・のどの痛み・リンパ節のはれ・精神症状など」が続き日常生活に支障をきたす疾患である。残念ながら原因も判明しておらず、治療法も確立されていない。それゆえ、患者のドクターショッピングの期間は10年に及ぶこともまれではない。それでもなお「精神的なもの」、「誰でも疲れはある」と言われて主治医が見つからない患者が未だに大勢いる。
　相談者の場合、勤務先で風疹が流行り本人も罹患、長期間微熱・咽頭痛が続く。同時に中心メンバーとして関わっていたプロジェクトチームも解散、急激な倦怠感を感じ始める。マラソンに何度も出場し、職場でもリーダーだった相談者であるが、「回復し難い極度の倦怠感」を感じ出社も困難になった。産業医の勧めにより心療内科を受診し、「抑うつ症状」と診断される。その後、整形外科をはじめ複数の病院を巡り検査を繰り返すが、数値に異常はなく原因も不明。「悪いところはない」と診察も十分にされないまま数年が過ぎた。
　障害年金の制度上、「初診日」とは「障害の原因となった傷病につき、初めて医師の診療を受けた日」と定められている。しかし、ＣＦＳについていえば、原因も究明されておらず、「障害の原因となった傷病」を特定することがまず困難である。そのため、初診日を機械的に「この時」と区切るのは至難の業である。諸々の検討の結果、相談者の事例では「プロジェクトチーム解散に伴う抑うつ状態」として心療内科で診断された日時を初診日として請求した。しかし、弊事務所で関わった事例の初診日を検証しても、「機能性胃腸障害の疑い」として消化器内科で診断された日、「インフルエンザＡ型」で近隣の内科を受診した日、神経内科を「原因不明の痛み」で受診した日などそれぞれまったく違う。「感染」がＣＦＳの大きな要因であるとの説もあるが、医学的には確立されていない。いわゆる「トリガー（きっかけ）」もなく発症する方も多い。結局は「ＣＦＳ」の定義としてある「急激な倦怠感・微熱・精神症状など」につながる受診を主治医と相談しながら絞り込んでいくしか方法はない。
　一般に患者は「確定診断がなされた日」を初診日として捉えがちだが、障害年金制度上の「初診日」の概念を明確に伝えるべきである。
　相談者の場合も１年前の確定診断日を初診日とすると、認定日未到来で請求は不可能だった。「抑うつ症状」の診断がされた日を初診日とすることで認定日請求（２年遡及）も可能となった案件である。ＣＦＳ発症の原因が究明され、初診日特定の方程式が一日も早く確立されることを願っている。

〔2013年４月15日号掲載〕

② 障害給付と他の年金との関連

労災保険の障害補償年金と公的年金との支給調整

Q 私は現在厚生年金に加入しているが、来月で60歳になる。56歳のときに業務上災害でケガをしてから、障害厚生年金2級・障害基礎年金2級、労災保険の障害補償年金3級をもらっている。ケガから復帰後は会社でも軽作業の仕事をしており、60歳になったら退職をしようと考えている。会社勤務は60歳までで37年になる。退職後の年金はどのようになるのだろうか。
（N県M市　Y.K）

A ■労災の減額は、基本年金・特別年金は減額されない

　まず、現在もらっている障害厚生年金・障害基礎年金、労災保険の障害補償年金との調整について説明をすると、同一傷病で障害厚生年金・障害基礎年金と労災保険の障害補償年金がもらえる場合には、障害厚生年金・障害基礎年金は全額支給されるが、労災保険の障害補償年金が一部減額され73％支給になる。ただし、一部減額されるのは基本年金（平均賃金から算出される年金）であり、特別年金（賞与から算出される年金）は減額されない。ここが一つのポイントである。

　そして、相談者の場合60歳で退職すると、老齢厚生年金の受給権が発生し、退職ということで老齢厚生年金は、障害者特例に該当する。したがって老齢厚生年金は、報酬比例部分相当（部分年金）のみにはならずに全額（報酬比例部分と定額部分と配偶者がいる場合は配偶者加給年金）が支給されるようになる。これらを念頭に置いて、相談者は60歳以降、次のどちらかの選択をしなければならない。
①今までどおりの障害厚生年金・障害基礎年金と労災保険の障害補償年金をもらう。
②老齢厚生年金と労災保険の障害補償年金をもらう。

　なお、後者②を選択する場合には労災保険の障害補償年金の一部減額（73％）はなくなり100％支給になるので、障害厚生年金・障害基礎年金より老齢厚生年金の方が金額が少ない場合でも、もらえる合計金額は多くなることもあり、この辺りの検討が必要だ。

　また、退職後に雇用保険の失業給付（基本手当）をもらう場合には、老齢厚生年金は支給停止されるから、さらに検討が必要になる。基本手当をもらっても、障害厚生・障害基礎年金とは調整がないため、多くの場合、退職後は基本手当と障害厚生・障害基礎年金と障害補償年金をもらうのが有利で、基本手当終了後に老齢厚生年金と障害補償年金に選択替えをすればよい。この場合は、その都度「年金受給選択申出書」の提出と労働基準監督署への報告を忘れてはならない。

（参考）　労災保険から災害補償給付がもらえる場合は、労災保険が減額支給になり、国民・厚生年金は全額がもらえる。調整率は以下のとおり。

公的年金 労災年金	障害基礎年金	障害厚生年金	障害基礎年金と 障害厚生年金
障害（補償）年金	88％	83％	73％
傷病（補償）年金	88％	86％	73％
遺族（補償）年金	88％	84％	80％

〔2010年2月8日号掲載〕

第2章 障害給付

老齢基礎年金の繰上げ請求と障害給付

Q 私は昭和25年4月生まれの男性。60歳定年6か月後に老齢基礎年金を繰上げ受給している。その後61歳で再就職し厚生年金に加入したのだが、加入中の63歳のとき自動車事故で障害の状態になった。このような場合、障害基礎年金・障害厚生年金を受け取ることができるだろうか。 （K県S市　S.U）

A ■老齢基礎年金の繰上げ請求後でも支給される障害年金

(1) 老齢基礎年金の繰上げ支給を受けた者については、障害基礎年金の支給要件の規定上では65歳に達している者と同様とするという考え方で扱うことにして、老齢基礎年金を繰上げせず65歳から受け取る者とのバランスを図っている。

したがって、①事後重症の障害基礎年金、②基準障害による障害基礎年金、③60歳以上65歳未満の被保険者でない期間に初診日がある障害基礎年金、④20歳前障害による事後重症の障害基礎年金、⑤その他障害による改定、⑥3級の障害厚生年金の年金額を2級以上に改定、⑦その他障害との併合等、すべて支給・改定・併合できないことにしている。

しかし、老齢基礎年金の繰上げ支給を受けた後の障害給付であっても、被保険者期間に初診日があり、かつ、障害認定日（1年6か月以内の症状固定日を含む）に受給権者となる場合の障害給付についての受給権制限規定はない。本件の場合、障害認定日に2級以上の障害状態にあれば障害基礎年金・障害厚生年金の対象となる。

なお、「老齢基礎年金・老齢厚生年金」と「障害基礎年金・障害厚生年金」はどちらかを選択することになる。65歳からは障害基礎年金・老齢厚生年金の選択も可能となる。

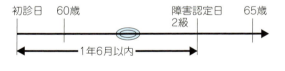

(2) 初診日が60歳前の被保険者期間にあって、障害認定日に障害基礎年金に該当する場合、繰上げ請求後であっても障害基礎年金の請求ができる。なお、障害基礎年金と老齢基礎年金とはどちらかを選択することになる。

(3) 障害等級が2級の障害の状態にある障害基礎年金受給権者が、60歳以降老齢基礎年金を繰上げしても、支給事由となっている障害の程度が65歳までに増進すると1級への改定が行われる。なお、老齢基礎年金と障害基礎年金とはどちらかを選択することになる。

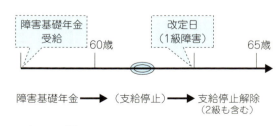

※各図中◯印は、老齢年金の繰上げ支給を表す。

〔2011年5月23日号掲載〕

② 障害給付と他の年金との関連

障害年金と老齢年金の特例支給

Q 昭和25年2月1日生まれの男性。障害年金をもらいながら勤めて今年定年になった。60歳からもらえる老齢年金が障害者には多くもらえることがあると聞いたので、2月5日に年金事務所に行き申請をした。いつから多くもらえるのか。

(S県Y市　M.M)

A ■月初日生まれの特権を生かす

(1) 60歳以降の障害年金の特例

本件の相談者が言う年金が多くもらえる制度とは、障害者特例というものである。本件の場合、相談者は、昭和25年生まれなので、60歳からもらえる年金は給与に合わせて支給される「報酬比例部分」だけである。しかし、右のような受給要件を満たせば、障害状態にある人は、勤続年数に応じてもらえる「定額部分」も同時に支給される特例がある。

≪特例が適用される要件≫
① (男) 昭和36.4.1以前生まれ
　　(女) 昭和41.4.1以前生まれ
② 厚生年金加入期間　1年以上
③ 保険料納付済期間等が25年以上
④ 障害等級3級以上に該当する程度の障害の状態にあること
⑤ 厚生年金に加入していないこと

(2) 申請手続きは早めに

この制度では申請したときからしかもらえないので、できるだけ早く申請する必要がある。申請のポイントは次の2点になる。

①障害年金の受給権がなくても請求できる。
②請求した翌月から支給される。

本件の場合は、もう障害の状態なのでなるべく60歳になると同時にもらえるようにすべきである。この制度は、申請日の翌月から適用となっているので、通常は誕生月に出せばよい。

相談者は、1日生まれなので1月31日に出せば2月分から多くもらえる。ただし、その日が日曜日であれば、年金事務所は休みなので2月1日に出しても1月31日に出したものとして扱われる。しかし、2月5日に出した場合は残念ながら2月に提出したとされ、年金の増額は、3月分からになる。もし、2月2日生まれであれば28日の月末まで27日間の余裕があるのに、たまたま月初日の1日生まれの場合には1日だけが60歳と同時に特例が適用される日に該当となる。何か不公平なような気がするが、現行の取扱いは上記のようになっている。

老齢厚生年金は請求手続が遅れても、過去5年前までの分まで遡って受給できるが、障害者特例の老齢厚生年金は請求手続が遅れた場合、過去の分は支給されない。ただし、障害者特例に該当しなくても報酬比例部分は請求手続が遅れても過去の分は一括受給することができる。

(3) 本ケースの顛末

相談者は平成22年2月5日、年金事務所に障害者特例請求書と選択申出書（有利な年金を選択する）を提出した。1月31日に提出すれば年金を多くもらえたが、わずか数日遅れたために1か月遅れの3月からの支給となった。したがって60歳までもらっていた障害基礎年金(2級)月額66,008円が、3月から障害者特例の厚生年金として月94,633円が支給されることになった。繰り返しとなるが、申請手続きは早くすることが大切である。

〔2011年8月1日号掲載〕

第2章 障害給付

障害妻の年金、繰上げ受給中に夫が死亡

Q 私（S26.4.10生）は国民年金に40年間加入し、60歳になったときに老齢基礎年金を繰上げ受給した。夫（S24.4.15生）が40年間勤務した会社を退職し、高齢出産した子（H8.10.10生）がまだ高校生で、夫の年金では生活が苦しかったためである。ところが、私が平成24年11月に事故で右腕を切断し、さらに、夫が平成24年12月に急死（死亡時老齢厚生年金は160万円）するという不幸が重なった。私は障害年金および遺族年金をもらうことができるか。
（I県Y市　F.Z）

A ■遺族年金のみ受給

1．障害基礎年金は受給権なし

老齢基礎年金の受給権を有する者が、65歳で年金を受給する前に初診日のある傷病で障害等級の1級または2級に該当したときは、障害基礎年金を受給できる。

しかし、繰上げ受給した者には障害基礎年金の受給権は発生しない。したがって、相談者は障害基礎年金を受給することはできない。

2．受給できる遺族年金と年金額

老齢厚生年金を受給している夫が死亡した場合、妻に遺族厚生年金（子が18歳到達年度末までは、遺族基礎年金も）の受給権が発生する。したがって、この相談者には老齢基礎年金と遺族年金の二つの受給権があることになる。ただし、相談者が60～64歳の間は、両方ともはもらえず、どちらかを選択する必要がある。本件の場合、老齢基礎年金（550,600円）より遺族年金を選択した方が年金額が高く、下記のとおり有利である。

(1) 60～64歳の間

(イ) 子が18歳到達年度末（H27.3.31）まで

遺族厚生年金（1,200,000円以下同じ）、遺族基礎年金（786,500円）および子の加算額（226,300円）が支給される。支給される年金額は年額で合計2,212,800円となる。

(ロ) H27.4月～H28.3月まで

遺族基礎年金および子の加算額は支給されなくなり、相談者が65歳に達するまで、支給されるのは遺族厚生年金（1,200,000円）と中高齢寡婦加算（589,900円）の合計1,789,900円である。

(2) 65歳到達以後

65歳に達すると、遺族厚生年金（1,200,000円）は引き続き受給でき、老齢基礎年金（550,600円）が受給できるようになる。65歳になったので中高齢寡婦加算（589,900円）は廃止され、その代わりに経過的寡婦加算（98,300円）が支給される。合計額は1,848,900円である。

3．遺族年金の請求手続き

選択した遺族年金を受給するには、年金事務所に遺族年金の裁定請求をするとともに年金受給の選択申出をする必要がある。請求に必要な書類は、届書が「年金請求書（国民年金・厚生年金保険遺族給付）」および「年金受給選択申出書」であり、添付書類としては「戸籍謄本（記載事項証明書）」、夫の「死亡診断書コピー」、死亡者・請求者の「年金証書・年金手帳」、「世帯全員の住民票（写）」、「死亡者の住民票（除票）」、「請求者の収入確認書類」、「受取り先金融機関の通帳」等がある。

〔2013年2月25日号掲載〕

② 障害給付と他の年金との関連

遺族厚年受給中に人工透析を開始した者の年金

Q 私は現在59歳で3年前から人工透析を受けており、平成20年に亡くなった夫の被保険者期間35年の遺族厚生年金を受給している。自分の被保険者期間は厚生年金が2年と国民年金32年で、60歳、65歳時の年金はどうなるか。また障害年金はもらえるのか。

（G県T市　Y.M）

A ■64歳まで遺族厚生年金、65歳からは併給される障害基礎年金を受給

　相談者は現在59歳なので、生年月日が昭和27年4月2日～昭和29年4月1日までの女性である。60歳から特別支給の老齢厚生年金の報酬比例部分、64歳からは定額部分の年金が受給できる。60歳から65歳までの間は同じ支給事由の1つの年金しか受給できないので、選択受給する。
① 本人の厚生年金の被保険者期間が2年あるので60歳で自分の特別支給の老齢厚生年金を請求する。そのときに「年金受給選択申出書」で、現在受給している遺族厚生年金と自分の老齢厚生年金の報酬比例部分の年金の多い額の方を選択する。相談者の場合は遺族厚生年金を選択。
② 64歳のときに特別支給の老齢厚生年金の定額部分が発生するので、遺族厚生年金の年金額と比較し、遺族厚生年金が多い額であることを確認してそのまま受給する。
③ 65歳のときには遺族厚生年金は中高齢寡婦加算額589,900円（平成24年度）が生年月日に応じた経過的寡婦加算額に変わり、自動的に多い額の方式の計算式により、改定される（平成19年4月以降の遺族厚生年金の受給権者）。自分の老齢厚生年金が優先的に支給され、遺族厚生年金から老齢厚生年金相当額が支給停止され、老齢基礎年金は併給される。
　また、障害年金がもらえるかとの質問であるが、障害年金には次の㈼または㈺の保険料納付要件を満たす必要がある。
㈼ 初診日の属する月の前々月までの被保険者期間の3分の2以上の保険料納付済期間と免除期間があること。
㈺ 平成28年3月31日以前に初診日がある傷病で、初診日の属する月の前々月までの直近1年に保険料未納期間がないこと。
　初診日が国民年金の被保険者期間中であれば、人工透析療法の場合はその開始から3か月経過した日が障害認定日とされるので、障害基礎年金2級に該当すると思われる。障害年金を請求して障害基礎年金2級に該当し受給権者となった場合、多い額の遺族厚生年金を選択受給し、65歳からもまた選択受給する。
④ 平成18年4月施行の改正法により、65歳以上の障害基礎年金の受給権者は、老齢厚生年金または遺族厚生年金との併給ができるようになった。相談者の場合は老齢基礎年金よりも障害基礎年金の方が多いと思われるので、障害基礎年金を、また老齢厚生年金よりも遺族厚生年金の方が多いと思われるので、遺族厚生年金を選択受給する。
　相談者の65歳以降の年金受給額合計を要約すると次の算式で表される。
　［老齢厚生年金＋障害基礎年金＋遺族厚生年金］
　ただし、遺族厚生年金には65歳から障害基礎年金を選択するので、結果として経過的寡婦加算額は加算されず、また、老齢厚生年金相当額が支給停止される。　〔2013年3月25日号掲載〕

第 2 章 障害給付

65歳以上の障害厚年と老齢厚年の関係

Q 62歳無職の男性。大卒後38年間のサラリーマン（厚生年金被保険者）生活の後、60歳定年で退職。退職後ジョギング中に足を滑らせ転倒し、腰骨を骨折し障害が残った。現在、60歳代前半の老齢厚生年金を受給しているが、障害年金（障害基礎年金および障害厚生年金）の申請はできるのか。また今もらっている老齢厚生年金も支給されるか。

（K県S市　Y.T）

A ■障害厚年は不支給、65歳以上のときは老齢厚年と併給も可能

(1) 障害年金の支給要件

　障害基礎年金の支給要件は、次のとおりである。①保険料納付要件（保険料納付済期間と免除期間を合わせた期間が被保険者期間の3分の2以上あること、または平成28年4月1日前に初診日があるときは、直近1年間に保険料の滞納がないこと）を満たすこと、②初診日において被保険者であるか、または③被保険者であった者で60歳以上65歳未満で日本国内に住所を有し、かつ④障害認定日において、障害1級または2級に該当すること（ただし、障害認定日に障害1・2級に該当しなくても、65歳に達する日の前日までの間に障害が重くなり、障害1・2級に該当すれば支給の請求が可能）。

　一方、障害厚生年金は、①保険料納付要件を満たし、②初診日に厚生年金の被保険者であった者が、③障害認定日において、障害の程度が1・2級に該当する、このすべてを満たせば障害基礎年金に上乗せする形で支給される。

　また、厚生年金では障害基礎年金に該当しない程度の障害でも、厚生年金保険の障害等級に該当するときは、「障害厚生年金3級」または「障害手当金」が支給される。

(2) 障害年金の申請と老齢厚生年金との併給

　長年サラリーマンであった本件の男性は、保険料納付要件は満たしていると思われる。また、被保険者であった者で60歳以上65歳未満の国内居住要件をも満たしているため、障害認定日において障害1・2級に該当していれば、障害基礎年金の支給要件を満たすことになる。しかし、本件のケースでは退職後のケガで厚生年金保険の被保険者資格を喪失した後に初診日があるため、残念ながら障害厚生年金は申請できない。

　次に、60歳代前半の老齢厚生年金を受給している者が障害基礎年金の受給権を得たときには、2つの年金のどちらかを選択受給できる。

　また、65歳に達した者で、老齢基礎年金、老齢厚生年金および障害基礎年金の受給権を有するときは、障害基礎年金と老齢厚生年金の併給が可能である。本件のケースで、この男性が仮に65歳以上であった場合、そのときすでに老齢厚生年金、老齢基礎年金、障害基礎年金の受給権を有するときは、老齢厚生年金と老齢基礎年金の組合せ、もしくは、老齢厚生年金と障害基礎年金という組合せで選択受給することができる。

　また、平成19年4月から、65歳以上の人が老齢給付と遺族給付の受給権を有する場合には、老齢基礎年金の全部と老齢厚生年金の全部が支給され、併せて遺族厚生年金（老齢厚生年金の額に相当する部分は支給停止）の組合せで選択受給することもできる。

（上述では加算対象の子はいないと仮定している）　〔2013年11月25日号掲載〕

② 障害給付と他の年金との関連

請求漏れ年金と一時金の支給

Q 障害基礎年金を受給している夫が75歳で亡くなった。年金事務所に報告に行ったら、未支給年金を受給できるとのこと。さらに一時金が出ると聞いた。どんな一時金が出るのか教えてほしい。
（S県I市　A.S）

A ■老齢厚生年金と障害基礎年金の併給分は一時金として受給可能

　相談者が年金事務所で教えてもらった一時金とは、請求していなかった（請求漏れの）老齢厚生年金と思われる。

　平成18年3月までは、障害基礎年金を受給している人は、65歳になると「①障害基礎年金」、「②老齢厚生年金＋老齢基礎年金」の2つのうちどちらかを選択しなければならなかった。

　勤続年数が長いなどの理由で老齢厚生年金の額が多い人は、上記②を選択すればよいが、勤続年数が短いとか、本ケースのように障害基礎年金を受給していたために、保険料の法定免除期間が長かったりなどの理由で老齢厚生年金や老齢基礎年金の額が少ない人は、上記①を選択せざるを得なかった。

　ところが、①を選択すると、自身で働いて厚生年金保険料を納めた実績が老齢厚生年金に反映されなくなってしまうという不具合があった。

　このような事態を防ぐために、平成18年4月から、本人の厚生年金保険加入歴を年金額に活かせる新しい選択肢「③老齢厚生年金＋障害基礎年金」が生まれた。

　基礎年金と厚生年金は、原則として同一の支給事由の給付だけしか併給できないことになっていたが、このような趣旨に照らして、「③老齢厚生年金＋障害基礎年金」という併給の選択ができるようになったのである。

　夫の障害基礎年金は、年額966,000円（障害等級1級）であった。65歳からの老齢厚生年金は、年額280,000円、老齢基礎年金は年額360,000円であった。

　平成18年3月までは、「①障害基礎年金＝966,000円」と「②老齢厚生年金＋老齢基礎年金＝640,000円」の2つのうちどちらか1つを65歳以後選択しなければならなかった。

　しかし平成18年4月以後は、「③老齢厚生年金＋障害基礎年金＝1,246,000円」という選択肢が生まれたので、最も高額な選択肢③を選ぶことができるようになったのである。

　多分、平成18年4月ころ、年金事務所から③の選択ができるようになった旨の通知が届いていると思われるが、相談者の夫が気づかなかったのではないかと想像できる。ということは、請求漏れが発生していたのではなかろうか。

　平成18年4月以後、夫が受給できるはずであった老齢厚生年金の7年分＝1,960,000円（28万円×7年分）を一時金で受給できることになるが、2年分は時効消滅するので、この分を差し引いた5年分＝1,400,000円を一時金で受給できることになる。

　また、夫が亡くなったことによる未支給年金を同時に80,500円（1月分）受け取ることができる。

　なお今後は、相談者には、夫の遺族厚生年金（年額210,000円＋経過的寡婦加算額）が支給されることになる。

〔2014年9月22日号掲載〕

第 2 章 障害給付

老齢基礎年金の繰上げと障害年金

Q 現在62歳の女性。60歳まで国民年金の保険料を満額払い込み、未納期間はない。持病として高血圧症を患っていたので60歳前から年金の相談をしており、60歳過ぎてすぐ国民年金を繰上げ請求する予定であった。しかし、60歳 2 か月になったときに脳梗塞で倒れて入院し、60歳 6 か月のときに国民年金の繰上げ請求をした。後遺症が残って車椅子の生活になってしまったが、周りの親戚から障害年金を請求してはどうかと助言を受けた。私は障害年金を受けることができるか。

（T都T区　T.N）

A ■老齢基礎年金繰上げにより障害年金の請求はできない

(1)　残念ながら障害年金を請求することはできない。65歳から受け取る老齢基礎年金を60歳 6 か月のときに請求してしまうと、その後は、障害の状態になっても障害年金を請求することはできない（ただし、障害等級に該当していて障害認定日が繰上げ請求前であれば請求できるが、障害認定日が繰上げ請求日より後のため請求できない。つまり、繰上げ受給していないことがポイントである）。

ここで、繰上げ請求の注意点について振り返ってみたい。
① 繰上げ請求後は、いったん請求手続きをすると、その後の取消しはできない。
② 繰上げ受給は、請求手続きをした翌月分から年金が支給されるが、その減額率は一生変わることはない。
③ 繰上げ受給後に、仮に本人に次のような新たな年金の権利等が発生した場合であっても、受給することはできない。
- 新たな傷病で一定の障害になったとき（初めて 2 級による）の障害基礎年金
- それまで軽かった障害が重くなったとき（事後重症による）の障害基礎年金
- 国民年金加入（25年以上）の夫が年金を受給することなく死亡したときの寡婦年金
- 配偶者の死亡による遺族厚生年金（65歳までいずれか一方が受給する場合）

④ 繰上げ受給後に、国民年金に任意加入することや、保険料免除期間につき追納をすることや、後納保険料を納めることはできない。

(2)　障害年金では、障害の原因となった傷病の前に相当因果関係のある傷病がある場合には、その傷病での診察日が「初診日」となる。

本ケースにおける高血圧と脳梗塞（または脳出血）の場合は相当因果関係なしとされている。したがって、この点からも障害年金はもらえない。なお、このほかに相当因果関係なしとして取り扱われることが多いものとしては、次のようなものが該当する。
- 糖尿病と脳出血等。
- 近視と黄斑部変性、網膜剥離または視神経萎縮。

また、相当因果関係がありとされている例としては次のような例がある。
- 肝炎と肝硬変。
- 糖尿病と糖尿病性網膜症または糖尿病性腎症。

いずれにしても、基礎年金の繰上げは十分に注意して行いたい。

〔2014年12月 1 日号掲載〕

③ その他

メンタル不調者の診断書と病歴・就労状況等申立書の効用

> **Q** 35歳男性。メンタル不調により、休職と復職を繰り返していたが、症状が悪化して退職した。「うつ病」と診断されて治療を継続中。どうすれば障害厚生年金の手続ができるか、教えてほしい。
> （Y県S市　K.A）

A　■早目の障害認定の申立を

　働き盛りの心の危機が深刻化しており、就業障害原因の6割はメンタル疾患といわれている。心の病の9割をうつ病が占めており、障害厚生年金の請求手続も増加している。
　障害厚生年金の受給要件は次のとおり。
①厚生年金保険の被保険者期間中に、障害の原因となった病気やけがの初診日があること。
②障害認定日において、障害等級の1級から3級までのいずれかの状態になっていること。
③保険料の納付要件を満たしていること。
　本ケースの場合、在職中にうつ病が発生しているので、①と③の要件は満たしている。また、病状が発生してから6年が経過しており、最初の診療を受けた病院から現在は別の病院に転医している。同一傷病で転医があった場合は、最初の医師等の診療を受けた日が初診日。その他、初診日が頭痛やめまいで内科を受診後、心療内科でうつ病と診断された場合は、内科で診察を受けた日が初診日となる。
　障害厚生年金の裁定請求をするには、医師に「受診状況等証明書」を作成してもらい、「診断書（精神の障害用）」の作成を依頼する。本ケースの場合、㈩初診日から1年6か月経過後3か月以内のものと、㈺現在の状態（請求日3か月以内）のものとの2通の診断書が必要。障害等級に認定されるためには、「診断書」と「病歴・就労状況等申立書」の内容が、下記の点をクリアしなければならない。
㈩その病状が障害認定基準の等級に該当する程度の症状であること。
㈺障害等級に該当する状態が、今後とも長期にわたって（おおむね1年以上）続くこと。
㈦その症状により、日常生活や労働能力において制限を受けるなど支障が出ること。
　3級の認定基準は就労が困難な状態、2級は援助がないと日常生活も困難な状態となっており、ひとり暮らしができる場合は2級の認定は難しいケースが多い。診断書は障害認定の基本となるので、医師に病状を正確に把握して記入してもらうことが重要。
　初診日から1年6か月経過後の傷病で障害等級3級に該当した場合、障害厚生年金のみが受給できる。この場合、障害認定日の翌月分から年金の受給権を得る。過去遡及は最大5年間分。この3級障害がその後悪化し、障害等級2級に認定された場合は、障害基礎年金も合わせて受給できる。事後重症の障害厚生年金は、申請が受理された翌月分から受給権を得る。本ケースでは、現在家族援助が必要なので、事後重症による請求の申出手続きもしておくとよい。
　病状が数年かけて悪化した場合は、初診時の病院で初診日の証明を取得するために苦労する場合が多々あり、また病状発症から現在までの「病歴・就労状況等申立書」を本人が事実を正確に記入し作成するのも大変な作業となる。本ケースの場合、1か月でも早く障害厚生年金の請求手続きをしてほしい。

〔2010年10月4日号掲載〕

第2章 障害給付

精神障害の認定基準の一部改正

Q 最近、障害年金の認定基準が見直されたとのことであるが、どこが、どのように見直されたのか。　　　　　　　　　　　　　　　　（K府Y市　S.J）

A ■知的障害（精神遅滞）の認定基準改正と発達障害状態の例示など

　精神障害の認定基準の一部が改正され、平成23年9月1日から実施されることとなった。なお、今回の改正に伴い診断書（精神の障害用）の様式も一部変更されている。
　精神障害は、「統合失調症、統合失調症型障害及び妄想性障害」「気分（感情）障害」「症状性を含む器質性精神障害」「てんかん」「知的障害（精神遅滞）」に区分されているが、今回の改正は、知的障害（精神遅滞）について、認定医等からの次のような要望に応えている。
・知的障害の認定に際し、日常生活のとらえ方等について、より詳細な認定要領や診断書様式の変更等が必要。
・発達障害についても、これまでは知的障害に準じて認定を行ってきているが、対象者がかなり増加していることから、判断基準を早急に作成してほしい。

【主要改正内容】
(1)　知的障害に係る改正
①1・2級の障害状態の例示として、より具体的に「食事や身の回りへの援助の必要性」や「会話による意思疎通の程度」を追記。
②知的障害とその他認定の対象となる精神疾患が併存しているときは、併合（加重）認定の取扱いは行わず、諸症状を総合的に判断して認定する。
③援助・配慮を受けながらの労働従事者もいることから、労働に従事していることをもって直ちに日常生活能力が向上したとは捉えず、仕事の種類、内容、就労状況、仕事場で受けている援助の内容、他の従業員との意思疎通の状況等を十分把握したうえで日常生活能力を判断する。
(2)　発達障害に係る改正
①発達障害の定義を「発達障害者支援法」の定義に合わせ明確にした。
②知能指数が高くても社会行動やコミュニケーション能力の障害による日常生活への制限に着目して認定を行う。また、発達障害とその他認定の対象となる精神疾患が併存しているときは、併合（加重）認定の取扱いは行わず、諸症状を総合的に判断して認定する。
③発達障害は通常低年齢で発症する疾患であるが、知的障害を伴わない者が発達障害の症状により、初めて受診した日が20歳以降であった場合は、当該受診日を初診日とする。
④1～3級の障害状態を具体的に例示し、社会性やコミュニケーション能力の程度による日常生活への影響を記述した。
⑤日常生活能力の判定に当たっては、身体的機能および精神的機能を考慮の上、社会的な適応性の程度によって判断するよう努める。
⑥前述の知的障害の③の場合と同じ。

【診断書の変更】診断書も一部変更されたが、特に裏面のウの「日常生活状況」、エの「現症時の就労状況」、3の「日常生活能力の程度」の各欄は従来の診断書に比べてより詳細な記載を求めており、認定基準の明確性が鮮明になっている。　　　　　　〔2011年10月31日号掲載〕

③ その他

特別障害給付金と他の年金との調整

Q 昭和28年1月生まれの59歳の女性。平成17年5月から特別障害給付金の1級を月額で約5万円受給中。来年で60歳になるが、年金加入歴は厚生年金が約10年（うち、厚生年金基金が約5年）、国民年金の納付が約10年、免除が約10年あり、試算してもらった年金額では60歳からが厚生年金で年額約10万円と厚生年金基金が年額約7万円、64歳になると厚生年金が年額約30万円になり、65歳では振替加算を加えて年額約65万円になるそうだ。特別障害給付金をもらっていると年金が調整されるというが、私のもらえる年金はどのようになるのか。
（I県K市　S.O）

A ■他の年金支給額を差し引き支給

(1)　まず、本相談者はすでに特別障害給付金の受給者ではあるが、この障害給付金は「特定障害者」に対する特別障害給付金の支給に関する法律により平成17年4月から制度化され実施されている。国民年金に任意加入していなかったために、無年金状態となった障害者に対し、障害基礎年金に代わって給付する福祉的な年金制度である。具体的には次に該当する無年金の障害者を特定障害者として救済する。

　①平成3年3月以前に国民年金制度の任意加入対象であった学生。

　②昭和61年3月以前に国民年金制度の任意加入対象者であった被用者年金の被保険者の配偶者であって、当時任意加入していなかった期間内に初診日があり、障害基礎年金の1級または2級の障害の状態に該当する者。ただし65歳に達する日の前日までに障害等級1級、2級の該当者に限る。

　福祉的措置のために、本人の所得が多い場合は支給額の全額または半額が停止になり、老齢年金・遺族年金・労災補償等を受給した場合には、その分を差し引いて支給調整する。

(2)　本件相談者の受給できる年金額についてであるが、まず60歳になったら年金事務所と企業年金連合会にそれぞれ老齢年金の請求手続きをしてほしい。その後、それぞれから年金証書が送付されたら、「特別障害給付金支給調整事由該当届」にそれぞれの年金証書と特別障害給付金受給資格者証を添えて、年金事務所に提出する。そうすれば、特別障害給付金の方が支給調整される。特別障害給付金を受給できる金額の順を追っていくと、次のようになる。

＊60歳から　1級障害者の特別障害給付金の原則的な年額は、約5万円×12月＝約60万円であるが、本相談者の場合、老齢年金（老齢厚生年金〔10万円〕と厚生年金基金〔7万円〕）が年額約17万円支給されているので、支給調整後の特別障害給付金は約43万円（60万円－17万円）になる。

＊64歳から　老齢年金（老齢厚生年金〔30万円〕と厚生年金基金〔7万円〕）の支給が年額約37万円となるので、特別障害給付金は年額約23万円（60万円－37万円）になる。

＊65歳から　老齢年金（老齢厚生年金と老齢基礎年金〔65万円〕と厚生年金基金〔7万円〕）が年額約72万円になるため、特別障害給付金（年額60万円）は全額支給されない。

〔2012年2月20日号掲載〕

第2章 障害給付

内科医作成のうつ病診断書の有効性

> **Q** 50歳代の男性。うつ病のため内科で投薬を受けている。これまで精神科・心療内科を受診したことはない。精神診断書は精神科医しか書けないと言われたが、内科医作成の診断書ではだめなのか。
> （K県M市　R.Y）

A ■的確な診断内容であれば有効

　障害年金を請求する際に、年金法では特に診断書を作成する医師を限定していないが、精神の診断書（様式第120号の4号）についてのみ、「精神保健指定医又は精神科を標榜する医師」が作成することが求められている。この資格要件については、平成21年に「てんかん・知的障害・高次脳機能障害等、診療科が多岐に分かれている疾患」の場合は、「精神・神経障害の診断又は治療に従事している医師であれば、診断書の記入は可能」とされ選択肢が広がった。ただし、これはあくまでも「てんかん・知的障害等」の限られた疾病についてのみの変更となっている。それでは、内科医の作成した「うつ病」の診断書は無効なのか。

　相談者の男性に確認したところ、もともと糖尿病があり、近所の医者で治療を受けていた。平成14年に事業が傾き、しだいに不眠となり経営から退く。その後、いくつかのアルバイトにつくが、いずれも数か月でリタイアし、自宅から出ることが困難となる。糖尿病の治療を受けていた近所の医師は内科であるが、幼少時から家庭医として通院していたこともあり、その医師に全幅の信頼を寄せていた。平成15年には抑うつ症状が増悪し、希死念慮も強くなる。この段階で内科医は精神科受診を勧めるが本人が拒否したため、内科医がハルシオン等を投薬することになった。

　平成23年には収入が完全に途絶え、治療を継続することも困難となり、障害年金請求を検討し始めた。そこで問題となったのは受診歴が内科しかないこと。新たに精神科を受診することは考えられず、現内科医のもとで治療を継続したいという思いが切実であった。幸い、内科医は糖尿病から来る精神疾患についても造詣が深く、診断書作成にご協力いただけた。

　この事例では、糖尿病とうつ病との因果関係はなかったため、初診は不眠の訴えでハルシオンを投与した日時と判断し、労務不能・自殺企図等の状況を記載して認定日請求（障害厚生年金）を行った。その結果、認定日・現症ともに3級で裁定され、400万円近い障害年金を受けることができた。請求者の症状が増悪した場合はもちろん専門医の受診が必要であるが、過去の認定日については受診し直すことは不可能である。相談者の男性は、ネット上の「精神科以外の診断書はNG」という情報を信じて請求を諦めかけていた。

　軽症うつ病の多くがプライマリケア医を受診している。「初診」を内科医受診日時とできることは認識されつつあるが、一歩踏み込んで「診断書作成」についても可能性は十分ある。問題は本人の状態を的確に把握した診断書が入手できるかどうかである。障害年金の本来の趣旨は、障害を負った方の生活の安定にある。障害年金を請求するために信頼する主治医のもとを離れざるを得ないということは、本末転倒であろう。

〔2012年6月25日号掲載〕

障害年金受給者の保障機能強化策

Q 障害年金受給者にとって、朗報となる法律改正が行われると聞いたが、どのような内容で、いつから実施されるのか。　　　　　　　　　　（S県M市　Y.F）

A ■額改定請求および障害者特例の改正

　「公的年金制度の財政基盤及び最低保障機能の強化等のための国民年金法等の一部を改正する法律」（平成24年法律第62号）が平成24年8月10日公布され、公布から2年を超えない範囲内において政令で定める日から施行されることとなった。そのなかで、障害年金受給者にとって朗報と思われる内容が二つ盛り込まれている。

　まず一つ目は、「障害年金の額改定請求に係る待機期間の一部緩和」である。障害年金の額改定請求とは、障害年金の受給権者が、障害の程度が悪化したことを理由に、障害年金の額の増額改定を請求できるというものである。

　現在は、額改定請求ができるのは、国の事務負担等を考慮し、受給権が発生した日あるいは厚生労働大臣が受給権者の障害の状態を診査した日から1年間経過後であるが、今後は「明らかに外見的に障害の程度が増進したことが確認できる場合などには、待機期間を要しないこととする」とされ、具体的な事例は今後省令等で定められることになった。

　受給権が発生し、障害年金の受給が始まってから短期間のうちに病態が悪化したような場合でも、今のところは額改定請求をするには、受給権が発生した日から1年間待つ必要があるが、今回の法律改正は待機期間を緩和し、1年間待つ必要なしとした。障害年金の受給権者にとっては朗報である。「明らかに」、「外見的に」、「障害の程度の増進」、「確認できる場合」のそれぞれの具体的要件はどのようなものになるのか、関心を持って省令等の発表を待ちたい。

　二つ目は、「特別支給の老齢厚生年金の支給開始に係る障害特例の取扱いの改善」で、一般的に障害者特例といわれている部分の改正である。現在は、特別支給の老齢厚生年金の支給開始年齢（現在は60歳）に達している者で、障害等級の1級～3級に該当している者については、被保険者資格を喪失していること、および、本人からの請求を要件として、請求日の翌月から特別支給の老齢厚生年金の定額部分が支給されることとなっている。

　それが今回の法律改正により、定額部分の支給開始時期を請求日の翌月からとはせずに、障害状態にあると判断されるとき（特別支給の老齢厚生年金の支給開始年齢以前から障害状態にある場合は、支給開始年齢以降）に遡って支給が行われることとなる（被保険者資格の喪失が要件であることは現在と変わらない）。

　障害を理由に会社退職（厚生年金の被保険者資格の喪失）を余儀なくされ、後日障害状態に該当していたことが分かることもあり得る。現在は、定額部分は請求した翌月からしか支給されないが、今後は障害状態に該当したときに遡って支給されることとなる。もっとも、この障害特例の改善が適用されるのは、男性は昭和16年4月2日～昭和36年4月1日までに生まれた者、女性は昭和21年4月2日～昭和41年4月1日までに生まれた者に限られるが、これも障害年金の受給権者にとっては朗報といえる。　　　　〔2013年3月11日号掲載〕

第2章 障害給付

障害年金請求時の診断書様式

Q 30代男性。十数年間、極度の倦怠感・筋肉痛・発熱などで苦しんできた。最近ようやく慢性疲労症候群および線維筋痛症と確定診断された。障害年金を請求する際、傷病の種類や状況により診断書の様式が異なり選択する必要があるというが、それは何故か。
（F県A市　I.T）

A ■請求者の生活状況に応じた診断書様式の選択が重要

　CFS（慢性疲労症候群）は「原因不明の倦怠感が急激に始まり、十分な休養をとっても回復せず、長期にわたり疲労を中心に微熱・喉の痛み・リンパ節のはれ・精神症状など」が続き日常生活に支障をきたす傷病である。FM（線維筋痛症）は「全身の強い痛みを主症状とし、不眠・うつ病・自律神経症状等の副症状」が発症する。

　障害年金請求に必要な診断書は「眼」「肢体」「精神」など傷病の種類によって8種類あり、それぞれの障害状況によって使い分けがされる。「その他」の診断書は他の7種類の様式を使用することが不適切な、例えば「癌」「HIV（エイズウイルス感染症）」等の場合に使用される。

⑴　この相談者のケースでは、動作の制限はほとんどないが極度の倦怠感・易疲労感により日中起きていることもできない。補助具なしで生活しているが、椅子に座ることも数分しかできない。そこでこの場合は「その他」の診断書の作成を主治医に依頼した。慢性疲労症候群による倦怠感・微熱・筋肉痛などの症状により日常生活に支障がある場合は、「その他」の診断書を使用するのが適切である。

⑵　一方、別の事例では線維筋痛症が前面に出ており、「全身をガラスの破片が駆け巡る」痛みのため、ボタンかけはもちろん不可能、トレーナーを着用していたが着替えのために裾を引っ張る力もない。室内も杖歩行、エレベーター・エスカレーターは速さについていけず、家族に支えてもらいながら自分のペースで階段昇降をしたほうが安全。洗顔などは水に触れるだけで痛みがあり、タオルで軽く拭くだけ。このような状態は「肢体」の診断書でより的確に反映できると判断した。国が出している「認定事例」では、慢性疲労症候群の場合は「その他」の診断書が使用されている。しかし、CFS／FMの傷病は併存しているケースが多い。この事例のように上肢下肢の動きに制限がある場合は、「肢体」の診断書を選択すべきだろう。この場合は障害厚生年金2級と裁定された。

　いずれの診断書を使用するにしても、慢性疲労症候群は重症度分類のPS（パフォーマンス・ステイタス）値0〜9、線維筋痛症はステージⅠ〜Ⅴを明記する必要がある。

⑶　さらに診断書では表せない障害の状況について、「病歴等申立書」は他の傷病以上に非常に重要な意味を持つ。慢性疲労症候群および線維筋痛症いずれの傷病とも原因・治療方法とも不明である。それは別の角度からいうと、その障害者がどういうことで不自由を感じているかが第三者には他の疾病以上に伝わり難いということでもある。当該障害者の日常生活をできるだけ具体的に把握し、「日常生活を送るうえで制限を受けている」ことを申立書に記載することが診断書様式の選択と同様大事なポイントになる。
〔2013年4月22日号掲載〕

③ その他

障害手当金受給後の障害年金請求

Q 肢体障害により障害手当金を受給したが、その後状態が悪化した。現在の症状は障害年金の程度を満たしていると思うが、障害手当金を一度受給してしまうと障害年金は請求できないのだろうか。　　　　　　　　　　　　　　　（Ｓ県Ｙ市　H.K）

A ■障害年金へ切り替えは可能

　障害手当金を受給後でも、障害年金に切り替えることは可能である。ただし、障害手当金は返還する必要がある。

　障害手当金は「障害が固定している」、「障害年金の基準には達していない」ことが受給要件になっている。しかし、障害手当金支給対象となった障害がその後増悪することは実際の生活では十分あり得ることである。年金機構は疑義照会回答（平成23年6月22日付）において、この問題に対して下記のように答えている。

　「障害手当金支給対象になった傷病が、その後現実に障害等級1～3級に該当する程度の障害の状態に該当することとなった場合、障害手当金支給決定時の『傷病が治った』ことの認定が誤りであったこととなる。よって、将来において厚年法47条の2による事後重症の受給要件を満たせば、障害厚生年金の受給権を取得し障害手当金の支給決定の取消しを行う。」

　つまり、一度障害手当金を受給してしまうと障害年金を請求することはできなくなるという解釈は全くの誤りであることが、この回答から明らかである。

　一部には「障害等級に該当しない程度の軽い症状により障害手当金を申請し、期待どおりに障害手当金が支給されるとその傷病で年金を受給することはできなくなる。よって、障害手当金申請は慎重に」という情報が流れている。これは、全くの誤りであり年金請求権を阻害する情報と言えよう。そもそも「障害手当金」の申請というのは制度上なく、障害年金を申請した結果、「障害が固定しているが障害等級3級に該当していない」場合に障害手当金が裁定される。もし、障害年金受給を期待して請求した結果、障害手当金の受給となったケースは二度とその障害では年金を受給できないとなるならば、障害年金の申請を躊躇する方は大勢いるだろう。いわゆる「ダメ元」での請求は好ましくはないが、裁定結果は予測できない。誤った情報に振り回されることなく、権利を行使していただきたい。

　なお、障害手当金の支給決定の取消がされた場合は、会計法第31条の規定を適用して過払い金の返納が求められる。

　ただし、返納の必要がないケースもある。それは、障害手当金支給対象になった傷病とは別の傷病（後発傷病）と併せて初めて2級と裁定されたときである。この場合は後発傷病の加入条件に応じて障害厚生年金または障害基礎年金が支給されるが、返納は必要ない。障害手当金の返金が必要になるのは、「同一傷病により」障害の程度が障害年金支給程度となった場合である。しかるに、「初めて2級」は、障害手当金支給対象となった傷病と後発傷病の2つの傷病を併合して初めて2級に該当する傷病と判断される。つまり、同一傷病による障害年金ではなく全く別の障害年金であるため、返還も必要がないのである。　〔2013年6月10日号掲載〕

第2章 障害給付

在職者の障害基礎年金と支給制限

Q 現在、障害基礎年金の2級を受給している35歳男性。このたび、IT関連の会社で、6か月間の契約社員として週15時間の在宅勤務（パソコンでの簡易な入力および集計作業）ということで働くことになった。その際、会社から得た収入により、現在受給している障害基礎年金について制限を受けることはあるのか。　　　　（K県Y市　H.T）

A ■20歳前障害の場合に支給停止も

1．障害基礎年金の支給要件

　障害基礎年金は、2級以上の障害等級に該当する人が受給権者となる。支給要件としては、①原則として、国民年金の被保険者期間中または被保険者の資格を失った後でも60歳以上65歳未満で日本国内に住んでいる間に、障害の原因となった病気やけがの初診日があること（ただし、老齢基礎年金の繰上げ支給を受けている者を除く）、②障害認定日において、障害等級の1級または2級のいずれかの状態になっていること、③一定の保険料納付要件を満たしていること（20歳前に初診日がある場合は不要）になる。

　20歳前に初診日がある病気やけがについては、その時点で被保険者ではない場合も、障害基礎年金の対象となる。障害基礎年金は、障害認定日が20歳に達する日より前のときは「20歳に達した日」から、障害認定日が20歳に達した日より後のときは、「障害認定日」から支給される（国民年金法第30条の4）。

　障害基礎年金2級の障害の状態としては、「身体の機能の障害または長期にわたる安静を必要とする病状が、日常生活から著しい制限を受けるかまたは日常生活に著しい制限を加えることを必要とする程度の障害」で、一般に就労は難しいとされているが、例えば下肢等に障害がある場合、パソコン業務等における就労については可能なケースもある。

2．20歳前障害の場合の支給停止事由

　障害基礎年金の支給停止の事由は、①業務上の病気やけがによる障害で、労働基準法の障害補償を受けることができるとき（6年間支給停止）、②障害等級に該当しなくなったとき（該当しない期間支給停止）となっており、たとえ就労することができ、収入を得たとしても支給を停止する要件には該当しない。

　仮に、一定以上の収入があっても、あるいは厚生年金の被保険者資格を取得した場合にあっても、失権事由にはならない。しかし、20歳前に初診日がある場合の障害基礎年金については、収入の額により2段階の支給停止が定められている（国民年金法第36条の3）。例えば受給権者の前年の所得（地方税法上の所得の額に準じた額）が、360万4,000円を超え462万1,000円以下である場合、子の加算額を除いた額の2分の1が、または462万1,000円を超える場合には、その全額がその年の8月から翌年の7月まで支給停止となる（控除対象配偶者または扶養親族がある場合には所得に加算あり）。20歳前に初診日がある障害基礎年金は、保険料納付要件を問わないという観点から所得による支給制限が定められている。〔2013年6月17日号掲載〕

③ その他

特別障害給付金制度のポイント

> **Q** 昭和43年生まれ、45歳の女性。私は平成元年、21歳の大学生のときに初めて精神科を受診し、精神分裂症（当時）と診断され、現在も引き続き統合失調症（2級障害相当）として加療している。当時、年金の知識が全くなく、国民年金には加入していなかった。私は今からでも障害年金を受け取ることはできるのだろうか。
>
> （S県S市　N.W）

A ■特別障害給付金の申請が可能

　相談者の場合、初診日に国民年金の被保険者ではないので、障害基礎年金を請求することはできない。しかし福祉的な措置である特別障害給付金を請求することができる。

　昭和36年4月に国民年金制度が始まったが、学生と被用者年金加入者の配偶者の加入は任意であった。任意加入していない期間に初診日があっても、障害の年金を受けることはできない。そこで、当時、このように任意加入していなかった期間内に初診日があり、現在も障害基礎年金の1級、2級障害状態にある人々を対象に、平成17年に特別障害給付金制度が創設された。

　特別障害給付金は請求した月の翌月分から支給される。必要な書類すべてが揃っていなくても請求書の受付だけは可能であるので、なるべく早く請求しておきたい。

　請求は住所地の市区町村役場の窓口になる。対象となる学生は平成3年3月までの昼間部に在学していた学生であり、夜間部、定時制、通信教育の学生は除かれる。昭和61年4月から平成3年3月までの一部の専門学校の昼間部の学生も対象となる。在学証明書が必要となる。婚姻等で在学時と姓が変わっている場合は、戸籍謄本も必要である。

　転院が多い場合、過去の古い初診日を確認する「受診状況等証明書」が取れないケースもあり得る。こうした場合、入院記録や事故証明など、参考資料を提出すること、また何も残っていない場合は、初診日について確認できる複数の第三者の証明書を提出することもできる。しかし、このような資料や第三者の証明のみで必ず決定されるとは限らない。初診日の証明が重要ポイントになるため、できるだけ多くこれを裏付ける資料を提出することが望ましい。

　20歳前の障害基礎年金と同様に、本人の前年の所得により、給付金の全額または半額が支給停止される場合がある。そのため請求時に所得証明書を提出する。給付金受給者と決定された場合は、毎年所得の審査が行われる。

　相談者の場合は、まず請求書の受付申請を行い、必要な書類は後から揃えた。幸い転院は一度だけで、初診の病院のカルテ保存期間内であったため、受診状況等証明書を取ることができた。障害年金の場合と同様に診断書、病歴等申立書を作成し、後日書類一式を提出した。

　数か月後、相談者のもとに「特別障害給付金受給資格者証兼支給決定通知書」が届いた。通知書には障害年金の証書と同様、障害の等級、診断書の種類、次回診断書提出年月日が記載されている。

　給付金の決定を受けると国民年金保険料の申請免除が認められる。この申請免除は毎年行う必要がある。

〔2013年10月21日号掲載〕

第2章 障害給付

障害基礎年金の請求と予備校生

Q 障害者である私が、ある市役所で障害基礎年金の請求について相談したところ、「予備校通学者は学生ではないので納付要件を満たしていない」と言われた。私は障害基礎年金の請求はできないのか。
（A県G市　K.H）

A ■予備校生でも学生となり得る

相談者から詳しく話を聞くと、次のとおりであった。
・平成2年7月：20歳到達　　・平成2年4月～平成3年3月：予備校に通学
・平成3年4月1日：国民年金資格取得（取得後は保険料納付済）
・平成3年11月：初診日（国民年金加入中）

市役所から言われた内容は次のとおりである。
① 予備校通学中が「学生」であれば、その間は任意加入期間となり、納付要件を見る際の被保険者期間に算入されないが、予備校は学校ではないので「学生」にはならない。
② 保険料納付要件を満たすためには「保険料納付済期間＋保険料免除期間／被保険者期間（保険料を納付すべき期間）≧2/3」が必要であり、今回は平成3年4月から9月までの納付済期間6か月を分子とし、平成2年7月から初診日の属する月の前々月の平成3年9月までの被保険者期間15か月を分母とすることから、前記算式に当てはめると6/15で2/3（10/15）を下回ることになり、納付要件を満たさず、請求できない。

そこで、まず確認すべきは「学生」の定義であるが、国民年金法施行令第6条の6に「法第90条第1項に規定する生徒又は学生であって政令で定めるもの（学生等の定義）は、次に掲げる生徒又は学生とする」の記述があり、同条第7号に「学校教育法第124条に規定する専修学校に在学する生徒」は「学生」であるとの記述がある。

次いで、学校教育法第124条に「第1条（この法律で、学校とは、幼稚園、小学校、中学校、高等学校、中等教育学校、特別支援学校、大学及び高等専門学校とする。）に掲げるもの以外の教育施設で、職業若しくは実際生活に必要な能力を有し、又は教養の向上を図ることを目的として次の各号に該当する組織的な教育を行うもの（中略）は、専修学校とする。」とあり、次の記述がある。
① 修業年限が1年以上であること。
② 授業時間数が文部科学大臣の定める授業時間以上であること。
③ 教育を受ける者が常時40人以上であること。

では、相談者が通学していた予備校は学校教育法第124条に規定する専修学校になるのか、ということで当該予備校のＨＰ上の沿革を見ると、「昭和56年に専修学校○○になる」との記載があり、念のため在学証明書も取得した。

そこで、改めて年金事務所に問い合わせた結果、当該予備校は「学校教育法第124条の専修学校である」と確認され、同校への通学期間9か月は任意加入期間となり、被保険者期間に算入されないことから、前記の計算の結果は6/6となり、納付要件の2/3を満たし、障害基礎年金の請求をすることができた。市役所の説明がもう一言ほしかった。

〔2014年6月9日号掲載〕

遺族給付　第3章

❶ 遺族給付全般 …………………………… 92
❷ 遺族給付と他の年金との関連 ……… 112
❸ その他 …………………………………… 120

第3章 遺族給付

子のない30歳未満妻の遺族年金

Q 若い妻は遺族年金が5年間しかもらえないと聞いたが、本当か。
(M県K市　S.S)

A ■夫が死亡、子のない30歳未満妻には遺族厚年支給は5年間のみ

(1) **子がいない妻の場合**　平成19年4月に施行された年金改正により、30歳未満の子のない妻の遺族厚生年金の受給権は5年で失権することになった。例えば、会社員の夫が死亡したとき、27歳で子どものいない妻の場合、妻に支給される遺族厚生年金は32歳までの5年間で終了する。

しかし、平成19年3月までに夫が死亡した場合は適用除外で平成19年4月以後も従来と同様に扱われ、遺族厚生年金の「5年で失権」はない。例えば、現在29歳で子どものいない女性が遺族厚生年金を受給している場合でも、夫が4年前の平成18年8月に死亡したというのであれば遺族厚生年金の受給権は原則として一生失権しない。

(2) **子がいる妻の場合**　会社員の夫が死亡した場合、子がいる妻であれば、妻に遺族基礎年金と遺族厚生年金が支給される。遺族基礎年金の権利は子が一定年齢になると失権するが、遺族厚生年金の権利は、再婚等を除いて失権することはない。

しかし、平成19年4月以後に夫が死亡した場合、妻が30歳未満のときに子が死亡したときは、子の死亡によって遺族基礎年金は失権し、同時に妻は「子のない30歳未満の妻」となるため、子が死亡したときから5年後に遺族厚生年金の権利も失権する。

ただし、夫の死亡が平成19年3月以前の場合は適用除外で平成19年4月以後も従来と同様に扱われ、子の死亡により遺族基礎年金は失権するが、遺族厚生年金の「5年で失権」はない。

(3) **改正の注意―適用除外**　平成19年4月からはこのほかにも「中高齢寡婦加算の年齢条件」「65歳以後の遺族厚生年金の算出式」等について改正が行われたが、本稿で見るようにそれぞれ適用除外となる場合があることに注意しなければならない。

例えば、遺族厚生年金の中高齢寡婦加算の場合、子のない妻の年齢条件は、従来は夫死亡時に「35歳以上」であったが、平成19年4月以後は「40歳以上」に改正された。そのため平成19年5月に夫が死亡したとき35歳であった子のない妻には、中高齢寡婦加算が加算されることはない（下図①）。一方、平成19年3月に夫が死亡し、当時35歳であった子のない妻は適用除外に該当し、将来40歳になったときから中高齢寡婦加算が加算される（下図②）。

《35歳時子なし妻の中高齢寡婦加算の有無》

①H19年5月夫死亡、40歳時に加算なし

遺　族　厚　生　年　金
妻35歳　　38歳　　　　　　　　　　　　死亡
（夫死亡）（現在）

②H19年3月夫死亡、40〜65歳まで加算あり

	中高齢寡婦加算	
遺　族　厚　生　年　金		
妻35歳　38歳　40歳　　　　65歳　　　死亡		
（夫死亡）（現在）		

〔2010年9月20日号掲載〕

① 遺族給付全般

近親婚配偶者の年金受給権の判定

Q 私たち夫婦は叔父と姪の関係にあり、いわゆる近親結婚である。夫は大正15年9月生まれの84歳、厚生年金受給中。肺がんを患い入院中だが、担当医から「高齢の上、がんの転移が認められるのでそれなりの覚悟を」と言われている。先日、某金融機関の年金相談会で「近親結婚の場合は、夫が死亡しても妻には遺族年金の受給権がない」と言われた。私はなぜ遺族年金をもらえないのか、それは正しいのか。　　　（T都K区　K.T）

A ■建前は遺族年金等を不支給

　近親婚の場合は、遺族となるべき配偶者として遺族年金等の受給権を認めないのを建前とするが、遺族の生活の安定と福祉の向上に寄与するという特段の事情がある場合は、例外的に受給権を認めるという最高裁判例も存在する。

　したがって、本件において不幸にも夫が死亡した場合には、まず、妻たる配偶者は、年金事務所にて遺族厚生年金の支給申請をする。この申請では不支給決定されるので、社会保険労務士等に依頼して審査請求の手続きを採るとよい。

(1)　3親等内婚姻は事実婚として認定しない

　叔父と姪のような3親等内の傍系血族間の婚姻は、民法734条により禁止されている。また、「事実婚関係の認定について」の通達（昭和55.5.16庁保発15号）によれば、民法734条（近親者間婚姻の禁止）、735条（直系姻族間の婚姻禁止）、および736条（養親子等の間の婚姻禁止）の規定のいずれかに違反するとなるような内縁関係については、これを事実婚関係にある者とは認めず、「遺族の範囲に該当せず」とする。

　この見解は、厚生年金制度は、政府が管掌する公的年金制度であり、被保険者および事業主の意思にかかわりなく強制的に徴収される保険料に国庫負担を加えた財源により賄われており、遺族厚生年金および未支給年金・保険給付については、叔父と姪のように、届出をしても適法な婚姻関係の成立しない者までも事実上婚姻関係と同様の事情にある者として保護する趣旨ではない。よって、近親婚配偶者は「婚姻の届出をしていないが、事実婚関係と同様の事情にある者」の範囲から除外し、遺族厚生年金および未支給年金・保険給付の支給を受けることができる遺族とされない。

(2)　例外的に支給を認めた判例

　一方、最高裁判例（平成19年3月8日最高裁第一小法廷）においては次のように判示する。民法は叔父と姪間のような3親等内の親族の婚姻を禁じているが、このことは、社会倫理的配慮および優生学的配慮に立脚していて、十分合理性がある。しかしながら、反倫理性、反公益性が、婚姻法秩序維持等の観点から問題とする必要がない程度に著しく低いと認められる例外的場合には、親近間の婚姻を禁止すべき公益的要請よりも、遺族の生活の安定と福祉の向上に寄与するという遺族厚生年金制度の目的を優先させるべき特段の事情があるとする。すなわち、近親間の婚姻であっても、例外的場合には事実上婚姻関係と同様の事情にある者に該当し、配偶者は遺族として、遺族厚生年金および未支給の保険給付等の受給権ありとする見解を示した。要は例外的場合の判断要素がポイントになる。　　　〔2011年1月24日号掲載〕

第3章 遺族給付

遺族年金における重婚的内縁関係の取扱い

Q 12年にわたり一緒に暮らしていた内縁の夫が死亡し遺族厚生年金の裁定請求をしたところ、E市に住む本妻（戸籍上の妻）からも遺族厚生年金の裁定請求が行われていることが判明。生前、夫からは「本妻とは正式離婚には至っていないが、別れてからは音信不通の状態である」と聞かされていた。この場合でも遺族年金は本妻が優先されるのか。

（H道S市　A.S）

A ■原則は本妻（婚姻関係）が優先

　妻は遺族厚生年金の対象となるが、この妻には、届出をしていないが、事実上婚姻関係と同様の事情（いわゆる内縁関係）にある者も含まれることになっている（厚年法第3条第2項）。
　ただし、本件のように本妻がいる者（届出による婚姻関係のある者）が重ねて他の者と内縁関係にある場合は、取扱いが異なってくる。

(1) **本妻優先の取扱い≪原則≫**　重婚的内縁関係の取扱いについては、「都道府県知事あて社会保険庁年金保険部長通達」（昭和55年5月16日庁保発第15号）によると、「届出による婚姻関係にある者が重ねて他の者と内縁関係にある場合の取扱いについては、婚姻の成立が届出により法律上の効果を生ずるとされていることからして、届出による婚姻関係を優先すべきことは当然である」と規定されている。したがって、重婚的内縁関係（本妻と内縁者）については、この通達により「本妻」が優先される。

(2) **内縁者優先取扱い≪例外≫**　しかしながら、上記通達では「届出による婚姻関係がその実体を全く失ったものとなっている場合に限り、内縁関係にある者を事実婚関係にある者として認定するものとすること」と規定している。
　この「届出による婚姻関係がその実体を全く失っている者」として、同通達は①当事者が離婚の合意に基づいて夫婦としての共同生活を廃止していると認められているが、戸籍上離婚の届出をしていない、②一方の悪意の遺棄によって夫婦としての共同生活が行われていない場合であって、その状態が長期間（おおむね10年程度以上。最近の判決では、10年でも認められたケースもあり）継続し、当事者双方の生活がそのまま固定しているとき等が該当するとしている。なお、「夫婦としての共同生活の状態にない」と言い得るには、次のすべての要件を満たす必要がある。

　イ．当事者が住所を異にすること。
　ロ．当事者間に経済的な依存関係が反復して存在していないこと。
　ハ．当事者間の意思の疎通を現す音信または訪問等の事実が反復して存在していないこと。

(3) **結論**　本妻が別れた夫の死亡を知ったのは新聞の「お悔やみ欄」の掲載であったこと、したがって、内縁者の証言どおり、10年以上にわたって夫婦間には経済的援助も含め意思の疎通はなく、音信不通の状態であったと言えることから、「重婚的内縁関係の取扱いの例外に該当」するとして、本妻が裁定請求を取り下げたため紛争にまでは至らず円満解決となった。なお、本妻が裁定請求をした理由は、知人から「本妻と内縁者では本妻が優先される」との入知恵が発端であった。

〔2011年5月2－9日号掲載〕

① 遺族給付全般

60歳以降の遺族厚生年金の取扱い

Q 59歳の主婦。国民年金加入歴20年の夫が61歳で適用事業所に就職。初めて厚生年金に加入したが、9か月目に突然脳梗塞で死亡した。私は遺族厚生年金をもらえるか。
（O県A市　D.S）

A ■保険料納付特例により支給可能

１．遺族厚生年金の支給要件
①厚生年金の被保険者が死亡したとき。
②厚生年金の被保険者の資格を喪失した後に、被保険者であった間に初診日がある傷病により初診日から５年以内に死亡したとき。
③障害等級１、２級の障害厚生年金の受給権者が死亡したとき。
④老齢厚生年金の受給権者または受給資格期間を満たした者が死亡したとき。
〔注〕①②の場合は「保険料納付要件」を満たすこと。①～③を短期要件、④を長期要件という。

２．保険料納付要件
①〔原則〕死亡日の前日において、死亡日の属する月の前々月までに国民年金の被保険者期間があり、かつその被保険者期間の保険料納付済み期間と保険料免除期間とを合算した期間が当該被保険者期間の３分の２以上あること。
②〔特例〕死亡日が平成28年４月１日前の場合、死亡日の前日に死亡月の前々月までの１年間に国民年金保険料未納の被保険者期間がないときは納付要件を満たしたものとする。ただしこの特例（直近１年要件）は65歳以後は適用されない。

３．保険料納付済み期間に算入される期間
①昭和61年３月31日以前の被用者年金制度の加入期間（昭和36年３月31日以前の期間および20歳前と60歳以後の期間を含む）　②国民年金の第２号被保険者期間（20歳前と60歳以後の期間も含む）　③旧国民年金保険料納付済み期間、旧国民年金保険料免除期間　④国民年金任意加入被保険者期間に係る保険料納付済み期間　⑤国民年金の第３号被保険者期間

４．結論　次の点に鑑み遺族厚生年金は支給される。
①厚生年金の被保険者の死亡である。
②61歳で初めて厚生年金保険に加入しているが、国民年金第２号被保険者期間は国民年金の保険料納付期間に算入される。
③国民年金第２号被保険者の納付月数は７か月だけだが、残り５か月は国民年金任意加入期間となるので納付義務はなく未納とはならず、「直近１年間は保険料の未納はない」ことになる。保険料納付要件の原則（３分の２要件）を満たすことはできないが、特例（直近１年要件）を満たしている。
④短期要件に該当するので「被保険者期間の月数が300月に満たない場合は300月として計算する」という「300月みなし」の規定に基づいた遺族厚生年金を受給できる。
⑤短期要件に該当するので、被保険者期間に関係なく、中高齢寡婦加算額（遺族基礎年金額の４分の３に相当する額）が、老齢基礎年金を受給できる65歳に達するまで遺族厚生年金に加算される。

〔2012年４月２日号掲載〕

第 3 章 遺族給付

父子家庭の遺族年金

Q 私は43歳の会社員。大変悲しいことに最近同い年の妻を亡くしてしまった。妻は短大卒業後２年間会社に勤め、結婚を機に退職した。その後はずっと専業主婦だったが、子どもが大きくなってきたので半年前に再就職したばかりだった。小学生の子どもが２人いる。私は遺族年金をもらえるのだろうか。　　　　　　　　　　　　　　　　　　（Ｔ県Ｕ市　H.I）

A ■子どもに遺族厚生年金が支給される

　遺族年金には遺族基礎年金と遺族厚生年金があり、受給するには要件を満たす必要があるので以下詳細を検討する。

(1) 死亡した者の要件

　死亡した妻は厚生年金加入中であったため納付要件が問われる。つまり死亡日の前日において、死亡日の属する月の前々月までに被保険者期間があるときは、その被保険者期間に係る保険料納付済期間と保険料免除期間を合算した期間が当該被保険者期間の３分の２以上であることが必要となる（原則）。本相談者の妻は厚生年金喪失後すぐに国民年金第３号被保険者となり、半年前より厚生年金に加入したため、納付要件に問題はない。

(2) 遺族の要件

　遺族基礎年金は死亡当時生計維持されていた子のある妻、または子に支給される。子については、18歳に達する日以後の最初の３月31日までの間にあるか、または20歳未満であって障害等級に該当する障害の状態にあり、かつ、現に婚姻をしていないことであるので、夫は該当せず、小学生の子ども２人が該当する。

　遺族厚生年金は遺族の範囲が広く、死亡当時生計維持されていた配偶者、子、父母、孫または祖父母であり、夫、父母または祖父母については、55歳以上であること、子または孫については遺族基礎年金の要件と同じであるので小学生の子ども２人が該当する。夫は被保険者死亡時に43歳であったため、残念ながら該当しない。

(3) 遺族基礎年金の支給停止

　子ども２人が遺族基礎年金と遺族厚生年金の支給対象となるが、ここで遺族基礎年金の支給停止について検討する必要がある。「子に対する遺族基礎年金は、生計を同じくするその子の父もしくは母があるときは、その間、その支給を停止する」（国年法第41条第２項）。つまり相談者の場合には父と子は生計を同じくしているため、子の遺族基礎年金は支給停止となり、結局遺族厚生年金のみが支給されることになる。

　支給額としては死亡した妻の老齢厚生年金の報酬比例部分の４分の３である。しかし厚生年金の加入が２年半しかないとしても、短期要件該当のためその計算の基礎となる被保険者期間を300月として計算され（年金額が低額となるのを防ぐための制度、厚生年金保険法第60条第１項）、それぞれの子の口座に遺族厚生年金額の２分の１ずつが支給される。上の子が18歳の年度末に達すると失権するので、全額が下の子に支給され、下の子が18歳の年度末に達すると失権し、これをもって遺族厚生年金は終了する。以上のように母子家庭に比べて父子家庭は遺族年金が低額となるため、遺族基礎年金を父子家庭にも支給する改定案が検討されている。今後の動向に注意されたい。

〔2012年６月18日号掲載〕

① 遺族給付全般

平成26年4月から父子家庭にも遺族年金を支給

Q 私たち夫婦は共働きで共に厚生年金に加入中。現在私は40歳、夫は43歳、それに13歳の子どもが1人いる。平成26年4月からは、私が万が一死亡したとしても夫に遺族年金がもらえるようになると聞いたが、その内容を知りたい。　　　（S県U市　O.Z）

A ■遺族対象の子のある夫も受給できる

　平成24年8月に成立した「年金機能強化法」の内容として、平成26年4月から遺族基礎年金の支給対象が父子家庭にも拡大適用される。ただし、妻が平成26年4月前に死亡した場合には対象にならない。なお、消費税率が8％になっていることが実施条件であるため、消費税率8％実施が延期された場合には、この取扱いも延期されることになる。また、第3号被保険者が死亡した場合を除くことが検討されている。

　現行の遺族基礎年金制度は、いわゆる旧法において母子年金、準母子年金、遺児年金と呼ばれたものを嚆矢としている。国民年金の被保険者が死亡した場合に、被保険者によって扶養（生計維持）されていた子のある妻と子に支給され、父親を亡くした「母子家庭」のみを支給対象にしている。なお、遺族である子の要件は18歳年度末未満までの間にあるか、または20歳未満で障害等級に該当する障害状態にあり、かつ婚姻をしていないことである（以下同じ）。

　また、現在の遺族基礎年金は夫が死亡した場合に、残された遺族が「子のある妻」または「子」であって生計維持の基準が年収で850万円未満（所得では655.5万円未満）であること、になっているが、これを夫と妻を配偶者と読み替えることにより妻が死亡した場合に残された遺族が「子のある夫」または「子」であって、年収が850万円未満（所得では655.5万円未満）であること、も要件に加わることになる。

　なお、第3号被保険者が死亡した場合は対象から除かれるということが検討されるのは、収入のない、または収入の少ない人が亡くなったとしても家族の収入には影響しないからだと思われる。しかし、現在の制度では夫が第3号被保険者であって亡くなった場合には対象になるので多少の違和感を禁じ得ない。

　「年金機能強化法」により、平成26年4月以降であれば、もし妻が亡くなったとしても対象となる子がいる間で、配偶者たる夫の年収が850万円未満（所得では655.5万円未満）であれば、遺族基礎年金がもらえることになる。

　一方、遺族厚生年金はどうかというと、現在の仕組みでは、妻が亡くなった場合には、妻の死亡時に夫は55歳以上であって、さらに遺族厚生年金の支給開始は60歳からとなっているため、遺族厚生年金はもらえないことになる。ただし、支給対象の子がいる間であれば、その子には遺族厚生年金が支給される。

　今回の遺族基礎年金の男女差の解消に伴って遺族厚生年金の男女差の解消もなされることになっているが、整合性を保つためにも改正が待たれるところである。

　なお、年金制度上、男女差があるものとして「寡婦年金」や「子のいない30歳未満の妻に支給される5年間の有期年金」等がまだ存在する。　　〔2013年9月9日号掲載〕

第3章 遺族給付

父子家庭における遺族年金の受給

Q 平成26年10月20日に妻（昭和52年6月25日生まれ）が長女12歳（平成14年1月25日生まれ）と次女10歳（平成16年3月25日生まれ）の子ども2人を残し急逝した。亡妻は厚生年金に加入したことはないが、20歳以降国民年金をずっと納付しており、平成13年6月の結婚後はずっと専業主婦で私が扶養していた。私は平成2年より厚生年金に加入しており、年収は840万円（平成25年）であった。法律が改正になって父子家庭にも年金が出るようになったと聞いたが、本当にもらうことができるのか。　　（T都I区　T.N）

A ■子のある夫にも遺族基礎年金

従来、遺族基礎年金の支給対象は「子のある妻、または子」に限定され、「子のある夫」は対象外とされていたが、平成26年4月1日から国民年金改正法が施行され、「子のある夫」にも一定の要件を満たしていれば、遺族基礎年金が支給されるようになった。
遺族基礎年金が支給されるためには、次の要件を満たす必要がある。
①国民年金の被保険者が死亡したこと。
②死亡した妻が保険料納付要件を満たしていること。
③遺族（夫）が死亡した被保険者（妻）に生計を維持されていたこと。
④18歳の年度末までにある子と生計を同じくしていること。
夫に扶養されている妻は扶養配偶者として国民年金の第3号被保険者となっていた。
亡くなった妻は、死亡日の前日において、死亡日の前々月までの被保険者期間のうち3分の2以上が保険料納付済期間で満たされている。もしくは直近1年間に保険料の未納期間がない。また夫は、妻と生計を同じくし、かつ前年の年収が850万円（所得655.5万円）未満である。
本ケースでは、以上を満たしているため夫には遺族基礎年金が支給される。支給額と支給期間は、平成26年11月より遺族基礎年金772,800円と子が2人なので加算額222,400円×2＝1,217,600円となる。平成32年4月からは長女が18歳年度末に到達するため、遺族基礎年金772,800円と子が1人なので加算額222,400円の合計で995,200円となり、平成34年の4月からは次女が18歳年度末に到達するので、遺族基礎年金は支給されないことになる。
子どもに対しても遺族基礎年金の受給権が発生するが、父と生計を同じくしているために、遺族基礎年金は支給停止となる。
参考までに、もし夫の前年の所得額が720万円だったら生計維持関係はどうなるのかについて考えてみると、次のようになる。
この場合には、所得額で655.5万円を超えてしまっているために、死亡した妻との間には生計維持関係が認められないので、遺族基礎年金の受給資格を満たさず、受給権は発生しない。
亡くなった母と子との間には生計維持関係が認められるので、子に対しては遺族基礎年金の受給権が発生するが、父と生計を同じくするため、遺族基礎年金は支給停止となり、配偶者である父に死亡一時金が支給されることになる。　　〔2014年11月24日号掲載〕

① 遺族給付全般

子どもの死亡に伴い親が受け取る遺族年金

Q 当社に勤務中の40歳代の独身男性社員（厚生年金の被保険者）が最近死亡した。この社員は両親（父親64歳・母親62歳）と同居しているが、この場合、両親のどちらに遺族厚生年金が支給されるのか。
（H県T市　A.K）

A ■要件に該当すれば、両親ともに受給権者になる

　遺族厚生年金の受給権者は、死亡した被保険者によって『生計を維持』されていた遺族で、その範囲と順位については厚生年金保険法第59条の規定による。
　1.配偶者と子　2.父母　3.孫　4.祖父母
　父母の場合は年齢要件があり、55歳以上で受給権が発生し、支給開始は60歳からとなる（同法第65条の2）。
　生計維持要件は、「生計同一要件」と「収入要件」からなる（平成23年3月23日年発第0323第1号）。
　遺族が父母の場合は、次要件のいずれかを満たせば「生計同一」と認められる。
(1)住民票上同一世帯に属しているとき。
(2)住民票上世帯を異にしているが、住所が住民票上同一であるとき。
(3)住所が住民票上異なっているが、次のいずれかに該当するとき。
　①現に起居を共にし、かつ、消費生活上の家計を一つにしていると認められるとき。
　②生活費、療養費等について生計の基盤となる経済的な援助が行われていると認められるとき。
　また、「収入要件」は、次のいずれかに該当すれば認められる。
(1)前年の収入が年額850万円未満であるか、または前年の所得が年額655.5万円未満であること。
(2)一時的な所得があるときは、これを除いた後、前記(1)に該当すること。
(3)前記の(1)(2)に該当しないが、定年退職等の事情により近い将来（おおむね5年以内）収入が年額850万円未満または所得が年額655.5万円未満となると認められること。
　両親の両方が要件を満たせば、2人とも受給権者となり、「受給権者が2人以上であるときは、遺族厚生年金の額を受給権者の数で除して得た額」（厚生年金保険法第60条第4項）が、1人当たりの年金額となる。
　例え父親が遺族厚生年金の請求権を放棄したとしても、母親が遺族厚生年金を全額受給することはできず、受給できるのは2分の1である。父親が死亡した場合は、母親は引き続き子どもの遺族厚生年金を全額受給できるようになるが、同時に夫死亡に伴う遺族厚生年金（夫が老齢厚生年金を受給していた場合）の受給権者となることから、両遺族厚生年金の併給調整となる。
　父母のいずれかが年齢または生計維持要件を満たさなければ、要件を満たす父母1人のみが受給権者となる。
　なお、両親自身の老齢年金との関係は、65歳未満であれば選択となり、65歳以上になると、遺族自身の老齢厚生年金が優先的に支給されるため遺族厚生年金はその分減額される。

〔2012年10月29日号掲載〕

第3章 遺族給付

旧厚年法による遺族年金の寡婦加算

> **Q** 旧法の遺族年金を受給中の妻。60歳から「寡婦加算」が付いていた。このたび65歳となり自身の老齢基礎年金を受給することになった。5年前に60歳で年金裁定請求をした際、現在遺族年金に付いている「寡婦加算」は65歳になったときになくなると聞いた。現在付いている15万円ほどの「寡婦加算」は本当になくなると考えてよいのか。
>
> （T都S区　M.Y）

A ■旧法の「寡婦加算」は終身加算

　結論として、この事例では、65歳からは現在のままの遺族年金の額（寡婦加算付）に、自身の老齢基礎年金がプラスされることとなる。つまり、「寡婦加算」は65歳になっても支給は停止されず、終身で加算される。

　新法と旧法とでは、「寡婦加算」の仕組みが異なる。新法と旧法、どちらが適用されるかは、配偶者の死亡日によって決まる。配偶者が亡くなったのが、昭和61年3月31日以前であれば、旧法の遺族年金が支給され、新法の「寡婦加算」の扱いとは異なる。新法は昭和61年4月1日以降に適用されるので、新法と旧法の「寡婦加算」について整理すると次のようになる。

　まず、新法の遺族厚生年金には「中高齢の寡婦加算」という制度がある。一定の条件を満たした妻に対して加算するものだが、年齢要件があり、妻が65歳になると、自身の老齢基礎年金の受給権発生とともに、この加算はなくなる仕組みとなっている。

　また、「経過的寡婦加算」については、中高齢寡婦加算が付いていた遺族厚生年金の受給権者であること、あるいは65歳以降はじめて遺族厚生年金の権利を取得したことを条件として、昭和31年4月1日以前に生まれた人に、生年月日に応じて決まった額の経過的寡婦加算が65歳以降の遺族厚生年金に加算されることになる。

　次に、旧法の場合について検討してみると、「遺族年金寡婦加算額支給停止事由該当届」の提出要件は以下のような定めになっている。

　旧法の遺族年金の寡婦加算額を受けている人が、他制度から老齢（退職）年金〔通算老齢（退職）年金、国民年金の5年年金、10年年金その他経過的に受給資格期間を短縮して支給される特例による年金を除く〕、障害年金を受けられるようになったときに提出すること。

　記入上の注意として、「旧公的年金制度等」から支給を受けることとなった老齢・退職または障害の年金の名称を記入する指示があるが、この「旧公的年金制度等」とは、以下の12の制度である。①旧国民年金の障害年金　②旧船員保険　③旧国家公務員等共済組合　④旧地方公務員等共済組合　⑤旧私立学校教職員共済組合　⑥旧農林漁業団体職員共済組合　⑦旧市町村職員共済組合　⑧地方公務員の退職年金に関する条例　⑨日本製鉄八幡共済組合　⑩旧令による共済組合等　⑪戦傷病者戦没者遺族等援護　⑫恩給

　今回の事例である老齢基礎年金は、上記の「寡婦加算額支給停止事由該当届」の要件には含まれておらず、したがって旧法遺族年金の「寡婦加算」は65歳で支給停止該当事由となることはなく、終身で加算されることになる。

〔2013年4月8日号掲載〕

① 遺族給付全般

不動産業経営者と遺族年金

Q 3年前夫が亡くなった。私は、自分名義の土地で不動産業を営んでいたので当時の所得は700万円だった。しかし、私は、ここ10年来入退院を繰り返し、経営は夫が行っていた。夫の死により不動産収入は激減した。遺族厚生年金はもらえないのか。

（K県Y市　A.M）

A ■生計維持関係の認定が除外された空室状態の不動産業経営

遺族厚生年金を受給するには、生計維持の認定基準を満たす必要があるが、その一つに、収入要件がある。詳細は、通知（年発0323第1号　平成23.3.23）「生計維持関係等の認定基準及び認定の取扱いについて」に規定されている。本件事例では、「定年退職等の事情により近い将来（おおむね5年以内）収入が850万円未満または所得が年額655.5万円未満となることが認められること」に該当すれば、相談者たる妻は遺族年金の支給対象となり得る。

(1) 相談を受けた経緯

妻は、夫が急逝したことや自身の病気治療が身体に大きな負荷になり、年金関係は死亡届をようやく出しただけで、遺族厚生年金の申請までとても手が回らなかった。夫の死後3年経ち、体調もいくらかよくなり、遺族年金の申請に社会保険事務所（当時）に行ったが、受けた説明がさっぱりわからず、申請は受理されなかった。

相談を受けた時点で、アパート経営による所得が基準を超えている状態では受給の可能性はかなり低いだろうと結論したが、後記(2)の①の状況にあり、相談者の申請希望は根強く、上記認定要件に相当する事実を主張し、年金の支給を申請することにした。

(2) 夫の死亡により年収減が確実との主張

①不動産業経営は、専門業者に外注する方法もあるが、この夫婦は、良質なアパート経営には賃借人や近隣の住民とのコミュニケーションが大切と考え、入居希望者の面接から雑草取りまで、夫が片道2時間かけて出かけて行っていた。夫が急死してしまったので、その後の対応もできないまま退室者が相次ぎ、死後3年目の今年から入居者がゼロの状態となっていたことを申し立てた（夫の死亡前後の比較のために写真も提出した）。また、夫の死亡前後の家賃収入と入居者数の推移等の資料も提出した。

②夫の死後、妻が、アパート経営が不能となったことの証明として、夫の死亡前から以降について、主治医の診断書、入院証明書等を提出した。これは、年収が下がってから申請したのではないことを証明するためでもある。

③取引先の不動産業者に、もっぱら夫がアパート経営に従事していたことの申立書を作成してもらい提出した。

(3) 請求の結果は遺族年金不支給

審査・再審査請求を経ても、処分は覆らなかった。社会保険審査会による裁決書では、「夫の死後は、請求人（妻）が自らアパート経営をしなければならないものとは認められず、専門業者等に外注すれば、営業を継続できたことを考えれば、夫の死亡当時、所得が基準を下回ることが客観的に予見されていたとまでは認められない」とされた。本件は、認定要件を満たさないことによる不支給が確定した事例である。

〔2013年9月2日号掲載〕

第3章 遺族給付

第三者行為災害損害賠償と年金支給停止

Q 夫の死亡交通事故に対する損害賠償の示談交渉が近々まとまりそうだが、損害賠償金を取得すると、遺族年金が死亡事故発生時の翌月から2年間支給停止される。なぜか。
（N県M市　N.K）

A ■年金支給停止は二重補償回避を意図、停止期間の延長あるか

　被保険者等が被った第三者行為事故に係る損害は、最終的には事故発生の原因となった第三者が賠償すべきものであり、厚生年金保険法40条2項または国民年金法22条2項において、被保険者の遺族が第三者から損害賠償を受けたときは、国はその損害賠償額を限度として年金の支給停止ができることとする特例を定めている。そして、「厚生年金保険法40条2項の規定による取扱いについて」（昭和36年6月14日保険発56号）、「国民年金法に基づく給付と損害賠償額との調整について」（昭和37年10月22日庁保発10号）には、次のとおり年金を停止する期間の算出過程（ⓐからⓔ）を定めている。

ⓐ　調整対象損害賠償金
　　損害賠償金$_{*1}$－（実支出額$_{*2}$＋慰謝料）

ⓑ　基本支給停止月数
$$\frac{調整対象損害賠償金 \times 所定の割合_{*3}}{1月当たりの基準生活費_{*4}}$$

ⓒ　調整措置後の支給停止月数
　　24月を限度に、基本支給停止月数が24月以下の場合はその支給停止月数。

ⓓ　控除月数$_{*5}$
　　事故発生翌月から年金受給権発生までの月数

ⓔ　実支給停止月数（＝ⓒ－ⓓ）
　　調整措置後の支給停止月数－控除月数

＊1　損害賠償金：医療費・休業補償費・逸失利益・葬祭費・慰謝料・弁護士費用等
＊2　実支出額：医療費・葬祭費・弁護士費用等
＊3　所定の割合：受給権者の相続割合×死亡した被保険者に扶養されていた者に対する受給権者の割合
＊4　基準生活費：総務省統計局「家計調査報告」による世帯人員別に応じた消費支出総額
＊5　控除月数：事故発生月から受給権発生月までの月数

　このような形で年金と第三者からの損害金との調整が行われるのは、損害賠償金のうち年金と同じ性格を持っている部分、すなわち被保険者等の生活を保障する部分を調整の対象にしていることによる。

　具体的には、被保険者等が第三者から受けた損害賠償金のうち調整対象賠償金を算出し、この金額が被保険者等の世帯の基準生活費の何月分に相当するかを算出して、この月数分（24月を限度）の年金を支給停止することとしている。支給停止限度期間を24月とした根拠は、第三者行為事故の大部分を交通事故が占めていることから、自賠責保険からの平均的保険給付のうち調整対象損害賠償金に相当する額によって受給権者等が平均的な生活を行うことができる月数が24月に相当することによる。

　平成24年10月26日、会計検査院は厚生労働大臣にあて、「近年の人身事故に対する民事の損害賠償額の高額化を踏まえて、支給停止解除後の二重補償額が多額に上ることを避けるための方策を検討するよう」との意見書（年金支給停止24月を延長）を提示している。停止限度期間24月が延長されるのか、今後の法制的な動向を注視したい。

〔2013年12月2日号掲載〕

① 遺族給付全般

子の加算と中高齢寡婦加算は連動しない

Q 夫が亡くなり遺族基礎年金と遺族厚生年金をもらっている。子どもが2人いるが、上の子が高校を卒業したときには年金が減った。下の子も来春高卒となる。今後、私の年金の金額はどうなるのか。
（N県S市　I.O）

A ■第2子高卒（満18歳到達）時に遺族基礎年金は原則失権する

　遺族基礎年金の子の加算については、障害がなければ上の子と同様に下の子が高校を卒業したときに付かなくなる。つまり子の加算は18歳になった後の最初の年度末を経過したときに失権する。ただし、障害がある場合には20歳になるまでである。この相談者は2人目の子がこの状態になると、「子のある母」でなくなるため遺族基礎年金の本体も失権となる。

　減額される金額は、遺族基礎年金778,500円と子の加算224,000円の合計で1,002,500円（平成25年12月時点）となるので、受給権者にとってはその減額は大きい。

　また、この質問者の場合、質問の内容だけでは詳細はわかりかねるが、2人目の子どもが障害なく高校を卒業すると、中高齢の寡婦加算と将来的には経過的寡婦加算が全く付かない遺族厚生年金だけになってしまう可能性がある。たいていの場合、遺族基礎年金が失権した後は遺族厚生年金に加え、40歳から65歳までは中高齢の寡婦加算、さらに65歳以降は経過的寡婦加算と、相談者自身の老齢基礎年金とのパターンを考えがちだが、そうはならない場合がある。

　それは、短期要件該当（厚生年金加入中の死亡等）か長期要件該当（老齢厚生年金受給中または受給資格期間ありでの死亡）かということで、遺族年金の受給権発生の要件に遡って考える必要がある。短期要件の場合は問題ないが、長期要件で遺族厚生年金が発生している場合、死亡した夫の厚生年金の被保険者期間が20年以上（中高齢の期間短縮の特例等によって20年未満の被保険者期間で老齢厚生年金の受給資格期間を満たした人はその期間）なければ中高齢の寡婦加算は付かない。

　そして、中高齢の寡婦加算が支給されていない場合は、昭和31年4月1日以前生まれの妻が65歳になっても経過的寡婦加算が支給されることはない。

　はじめに相談者から、「夫は会社勤めを辞めてから病気になって亡くなった」のような聴き取りができていれば、長期要件を疑うこともできる。結果的に、死亡者は160月の厚生年金期間で長期要件のため、遺族基礎年金失権後の遺族厚生年金は30万円ほどになってしまうことがわかった。そして、相談者は老後の生活を支えるものとして老齢基礎年金が必要であることを認識してくれた。

　余談となるが、この厚生年金被保険者期間20年以上（中高齢の期間短縮等の特例含む）の要件をクリアしている人を「満了者」と、年金事務に携わるわれわれは日常的に使っている。厚生年金保険法、国民年金法の法令にはないテクニカルタームである。この長々とした特例の条件まで含めて言わなくても、「満了者」はわずか3文字でその意味合いを表現する。覚えておくと便利である。

〔2013年12月16日号掲載〕

第3章 遺族給付

別居中の配偶者に係る遺族年金の受給資格

Q 昭和30年8月生まれの女性。夫とは戸籍上の夫婦関係にあるが、約20年間別居状態。娘の養育費を名目に毎月5万円送ってもらっているが、夫が亡くなった場合、遺族年金は私が受給できるのか。夫と同居している女性が受給できるのか。　（A県Y市　A.M）

A ■ポイントは夫婦間関係の状況判断

　遺族年金を受給する権利があるのは、「①配偶者と子、②父母、③孫、④祖父母であって、被保険者または被保険者であった者の死亡当時、その者によって生計を維持していた者」となっている。(厚生年金保険法第59条)

　ここで言う配偶者とは、原則戸籍上の配偶者（法定婚）であるが、厚生年金保険法第3条第2項には「配偶者、夫および妻には、婚姻の届出をしていないが、事実上婚姻関係と同様の事情にある者を含む」となっている。つまり内縁の配偶者（事実婚）でも、遺族年金を受給するケースがあることになる。戸籍上の配偶者が受給するのか、内縁関係の配偶者が受給するのかについて明確な規定や決まった基準は、定められていない。

　基本的には、戸籍上の配偶者が遺族年金を受給することになるが、内縁関係の配偶者が受給する場合もある。日本年金機構によれば、内縁関係の配偶者に支給されるケースは「戸籍上の配偶者との事実上の離婚状態が10年以上続いていること」などとなっている。すなわち裁判になったときは、「戸籍上の配偶者との関係が、事実上の離婚状態にあったか」が争点になる。判断基準として過去の判例が重要になるが、基本となる判例に、昭和58年4月14日最高裁第一小法廷判決がある。

　長期間夫婦関係を継続して4人の子をもうけ、その後別居し、双方とも相手の私生活に関与しないことに同意した妻について「戸籍上の妻であっても、その婚姻関係が実態を失って形骸化し、かつその状態が固定化して近い将来解消される見込みがないとき、つまり事実上の離婚状態にあるときは、戸籍上の配偶者といえども、遺族年金を受けるべき配偶者には該当しない」と判示している。さらに平成17年4月21日最高裁第一小法廷判決でも、戸籍上の夫婦関係は形骸化し、内縁関係の配偶者に受給権があるとしている。その理由は次による。

　戸籍上の妻との関係では、
①同居期間22年ほどであったが、長期間（20年以上）別居していた。
②その間、夫婦の間には反復、継続的な交渉はなく、妻の生活費を負担することはなかった。
③夫婦関係を修復する努力をせず、長期間会うことはなかった。

　内縁関係の妻との関係では、
①死亡した男性の収入で生計を維持していた。
②夫婦同然の生活を16年間続けた。
③男性が死亡する直前まで看護し続けた。

　本件の場合、別居状態が約20年間続いているものの、娘の養育費を名目に毎月5万円送ってもらっているとのことであり、「事実上の離婚状態で夫婦関係が形骸化している」とまでは言えないので、戸籍上の配偶者である相談者に遺族年金が支給される可能性が高い。

〔2011年4月4日号掲載〕

① 遺族給付全般

重婚的内縁関係の認定

Q 亡くなった内縁関係の夫（以下、夫）と私は一緒に暮らし始めてから15年以上になる。夫が亡くなる前1年ほどは、入院中も、自宅療養中も私がすべて面倒を見てきた。遺族年金は、本妻がすでに受け取っていて私には権利がないと言われた。どうしてだろうか。
（M県N市　K.N）

A ■反復訪問あり事実婚認定されず

　届出による婚姻関係にある者が重ねて他の者と内縁関係にある場合の取扱については、通達「生計維持関係等の認定基準及び認定の取扱について」（年発0323第1号・平成23.3.23）にその認定の要件が列記されている。この中で、内縁の妻に受給権が認められるためには、「届出による婚姻関係がその実態を全く失ったものとなっているときに限り、内縁関係にある者を事実婚関係にある者として認定する」とされ、かつ利害関係人（通常は本妻）に対する調査が行われることとなっている。

(1)　相談が多い内縁妻からの遺族年金

　遺族年金についてご相談を受けるケースの半数近くは、この重婚的内縁関係に属するもので、内縁の妻からの問い合わせが圧倒的である。そして、内妻のほぼ全員が、夫と同居していて、生活費は夫の公的年金等に頼っていて、夫が病死の場合は看病を献身的に行っていて、夫の死亡時には葬儀費用を負担して執り行った、というものであった。これだけ条件が揃えば、内縁の妻に遺族年金の受給権が認められてもよさそうにも思えるのだが、前記通達に明示されている要件をすべて満たすことはかなり困難で、さらに利害関係人への調査結果が極めて請求人に不利な内容となるので、不支給決定されるケースが多い。

(2)　本件相談の背景

①本件内妻（相談者）は、前夫とは死別し、飲食店で働いていたが、そこによく来る夫とつきあい始め、すぐに一緒に暮らすようになった。本妻の存在は知っていたが、夫には離婚の意志があり、本妻と調整中だと聞いていた。

②夫は肝臓疾患を患い、定期的に検査治療を受けていたが、病院が遠方だったので、元気な頃は1人で車を運転し、その帰りに本妻のところに寄り、事務的な用事を済ませ、泊まることなく帰宅していた。死亡前1年ほどは車の運転もできなかったから、内妻が仕事を休み、通院させていた。したがって、その1年ほどは本妻に会うこともなく、連絡は途絶えていた。

③生活費は夫の年金と内妻のパート収入で賄われていたから、生計維持関係が成立していた。

④本妻への調査結果は、以下の内容だった。

- 夫との間に離婚の話は一切出ていない。
- 夫は、よく電話してきて、本当は家に帰りたいが、内妻が帰してくれないと言っていた。
- お金は現金で受け取り、生活費に充てていた。
- 葬儀が終わってから死亡を知らされたので、何もできなかった。

(3)　**再審査請求の棄却**　こうした内妻の事情を、審査・再審査請求で申し立てたが、夫の本妻への音信・訪問が反復して存在していたことが認められるとされ、内妻への不支給処分は覆らなかった。本件は、内縁の妻の事実婚の認定要件を満たさないことによる不支給が確定した事例である。

〔2014年5月19日号掲載〕

離婚後の内縁関係の認定と遺族年金

Q 私ども夫婦はやむを得ない事情で1年前に離婚したが、その事情が解決すれば復縁し、再び一緒に暮らすことを約束していた。しかしながら、その前に夫は事故で亡くなってしまった。私は、葬儀には妻として参列した。私には遺族年金が出るだろうか。

（F県T市　H.S）

A ■事実婚としての認定が不可欠

離婚の届出がなされ、戸籍簿上も離婚の処理がなされているにもかかわらず、その後も事実上婚姻関係と同様の事情にある者の取扱いについては、その者の状態が社会通念上、夫婦としての共同生活と認められるような要件に該当すれば、事実婚関係にある者として認定するとの取扱いがされている（「生計維持関係等の認定基準及び認定の取扱について」（平成23年年発0323第1号）。その認定要件は2つあり、当事者間に社会通念上、①夫婦の共同生活と認められる事実関係を成立させようとする合意があることおよび、②その事実関係が存在することである。

(1) 遺族年金請求書に添付する書類

上記通達では、事実婚に該当するとして年金を請求する者に対しては、婚姻の意思についての当事者それぞれの申立書（遺族年金の場合は、死亡者について第三者の証明書）ほかの提出を求めている。離婚後の事実婚の場合は、「婚姻」を「復縁」に読み替えて申立てする。なかでも、別居でありながら事実婚であると認定されるためには、各々の住民票の写に加え、別居していることについての理由書、経済的援助および定期的な音信、訪問等についての申立書、第三者の証明書および認定対象者の状況を証明する書類の提出が必要とされている。

(2) 本件相談の具体的背景と結末

①夫はいわゆるギャンブル依存症で、長年にわたり会社の金まで使い込んでいたのだが、ついに発覚した。夫は逃げるように退職して、しばらく行方が分からなくなった。

②会社からは刑事告訴も辞さないと通告され、相談者は親類を駆けずり回って金を集め、何とか返済した。夫はその後ひょっこり戻ってきたが、ギャンブル癖は少しも改善されず、かえってサラ金に多額の借金をしていた。

③戻ってきた夫は、すぐに転職したが、サラ金への返済は常に滞り、督促の電話も頻繁にかかってきた。そのせいで、夫婦喧嘩が絶えず、子どもが精神的にかなり不安定になったのでやむなく離婚し、別居した。しかし、夫が借金を完済したら復縁すると約束していたので、相談者は旧姓に戻さなかった。夫は、月1回程度は相談者が住むアパートに来て、生活費として一定程度の現金を置いて行った。また、状況報告は逐次電話で受けていた。

④それから1年ほどしたある日、夫は交通事故で死亡した。相談者は喪主とはならなかったが、子どもとともに葬儀に参列し、参列者には妻として応対した。

⑤以上の事情を、事実婚関係および生計同一に関する申立書に詳細に記述し、夫と相談者の共通の知人の証明を受け、その他写真などの付帯書類を年金請求書とともに提出した。

結果は半年後、この内縁関係が事実婚と認定され、遺族厚生・基礎年金は支給決定された。

〔2014年7月14日号掲載〕

① 遺族給付全般

無年金者と遺族年金

Q 昭和26年10月生まれで62歳の女性。先日夫が亡くなり遺族厚生年金を請求した。65歳までは2,019,700円で、65歳からは、1,536,700円になるといわれた。65歳からはその前より483,000円も下がる。なぜ、こんなに下がるのか。私の年金歴は、若いときの厚生年金8年と3号被保険者の3年だけである。私自身の老齢年金はもらえないのか。

（K県A市　K.W）

A ■相談者自身の年金権確立を目指す

(1) 65歳からの遺族厚年が減額になる理由

　65歳までの遺族厚生年金は、亡夫の厚生年金の4分の3である144万円に中高齢寡婦加算が579,700円加算されて2,019,700円となったものである（厚生年金法60条1項、62条1項）。

　この中高齢寡婦加算は65歳になるとなくなり、代わって、経過的寡婦加算が96,700円付く（昭60年附則73条）。よって、その差額である483,000円が減額になる勘定である。

　ただ通常は、老齢基礎年金が併給され、全体としては支給額は増える。しかし、相談者の場合は、老齢基礎年金が出ないので遺族年金の減額がそのまま全体の減額となってしまった。

(2) 減額分の補填対策、2つの方法

　減額分を補填するにはその分貯蓄するか、これから老齢基礎年金の受給権を得て、減額部分を補うかの2つの方法がある。この場合は老齢基礎年金の受給権を得る方を勧める。老齢基礎年金には国の補助があり、さらに、もしこれからインフレになり物価が上昇しても、その分を補填してくれる。貯蓄より老後の生活を守るのに優れていると考えるからである。

(3) 老齢基礎年金で補うにはどうするか

　減額分483,000円を老齢基礎年金の1年分の支給額で割ってみる。483,000÷(772,800／40)＝25。そこで25年をこれから作り出せばよいことになる。

　①まず、相談者の3号被保険者の期間は現在記録されていないので、遡って記録するよう申請する。手続きは年金事務所で行う（附則7条の3の2）。②国民年金の保険料納付は過去2年分までだが、平成27年9月までは特別に52歳から60歳の分が納められる制度が現在行われている（後納制度、平23年法律93号）。この制度を活用して8年分を納めることができる。このためには約140万円の費用が必要である。この手続きも年金事務所で行う。③国民年金保険料の納付義務は本来60歳までだが、希望すれば65歳まで納付することができる（附則5条）。この制度を利用すればあと3年間納付ができる。手続きは市区町村役場で行う。

　④上記①～③までの制度と今ある厚生年金期間を合わせれば22年となる。年金受給資格期間が予定どおり平成27年10月に10年になれば、このままでも資格があり年金額は、772,800円×22／40＝425,040円となる。目標額483,000円に対し57,960円不足となるが、月当たりに換算すれば5,000円弱なので、努力で解決可能な許容範囲と思われる。⑤ただし、27年10月に予定される年金受給資格期間短縮10年が遅れて施行されると、65歳以降も3年間任意加入をする必要がある（平16年附則23条）。その準備として3年分の保険料と生活費を考える必要がある。

〔2014年6月16日号掲載〕

第3章 遺族給付

障害厚年3級受給者の死亡と遺族年金

Q 心臓の疾患により障害厚生年金3級を受給していた42歳の夫が、心臓の病気が悪化（急変）し死亡した。亡夫は会社を退職して7年が経過しており、死亡当時は無職。私（妻）と2人暮らしであった。この場合、私は遺族厚生年金を受給することができるか。

（S県S市　M.K）

A ■3級障害でも傷病の状況により遺族厚年の支給あり得る

　遺族厚生年金は、下記①～④のいずれかに該当した場合、その遺族に支給される。
　①厚生年金保険の被保険者が死亡したとき、②厚生年金保険の被保険者であった間に初診日がある病気、けがにより初診日より5年以内に死亡したとき、③1級または2級の障害厚生年金の受給権者が死亡したとき、④老齢厚生年金の受給権者または老齢厚生年金の資格期間を満たしている者が死亡したとき。ただし、①および②については、保険料納付要件を満たしていることが条件となる。
　次に遺族厚生年金を受ける遺族の範囲としては、死亡当時、死亡した者によって生計を維持されていた、配偶者、子（18歳到達年度の末日までの子または20歳未満で1級・2級の障害の状態にある子）、55歳以上の夫、父母、祖父母（支給は60歳から）、そして孫（18歳到達年度の末日までの子または20歳未満で1級・2級の障害の状態にある孫）となっている。
　この相談のケースについての遺族年金に関する考察は以下のようになる。
　本ケースでの亡夫の状況は、7年前に会社を退職しており、障害厚生年金3級の受給者で死亡当時は無職の状態にあり、厚生年金保険の被保険者ではなかった。また、厚生年金保険の被保険者であった間に初診日があったとしても、すでに退職後7年が経過しているので、遺族厚生年金の受給要件は充たさない。つまり、遺族厚生年金の受給要件のいずれにも該当せず、遺族たる妻へ遺族厚生年金が支給されることはないように思われる。普通、障害厚生年金3級に該当する者が死亡した場合、遺族厚生年金が支給されることは全くないと考えがちである。
　しかし、本ケースのような障害厚生年金3級の受給者が死亡した場合には、遺族厚生年金が支給される可能性があり得る。前述のとおり障害厚生年金3級受給者が死亡の場合には、遺族厚生年金は受給要件に不該当だが、実質的には受給することが可能とされている。その理由は、障害厚生年金3級の者がその傷病が死亡直前に悪化した場合には、1級または2級の障害厚生年金を受給できる状態になって死亡したと判断されるためである。
　ただし、この場合は死亡となった原因が、あくまで初診日で認定された病名と同じであることが条件となる。この男性は、心臓の病気が急変（悪化）し、それによって死亡したということで、おそらく死亡原因が、障害厚生年金3級に認定された病気と同じであったと十分考えられる。しかしながら、この男性の死亡原因が心臓の状態の悪化によるものではなく、例えば、他の病気や事故などにより死亡したとされた場合は、規定により遺族厚生年金が支給されることはない。

〔2013年10月28日号掲載〕

年金受給権のない者の遺族年金

Q 30代女性、子どもなし。夫が厚生年金加入中に肺がんを発症し、会社を退職して入退院を繰り返していた。6年後に肺がんが原因で亡くなったが、遺族厚生年金は受給できないとのこと。それはなぜなのか。　　　　　　　　　　　　（N県S市　B.U）

A ■障害厚生年金の認定日請求により遺族厚生年金の受給可能性を高める

　遺族厚生年金を受給できる要件は、老齢厚生年金の受給資格を満たしていない者の死亡の場合、次の①～③のいずれかに該当することが必要となる。①厚生年金に加入中の死亡、②厚生年金加入中に初診日がある傷病によって、初診日から5年以内の死亡、③障害厚生年金受給者の死亡。ただし、①または②に該当する場合は「保険料納付要件」を満たしていることが必要。

　相談者の夫の場合は、上記①～③のいずれにも該当しなかったため、「遺族厚生年金は受給できない」と指導されたものと思われる。

　たしかに「要件」に該当していないため、遺族厚生年金は諦めざるを得ないように思えるが、ここで、上記③に着目してもらいたい。障害厚生年金を受給している者の死亡であれば、遺族厚生年金も受給できるのである。したがって、まずは、障害厚生年金の請求を考えると、障害厚生年金の支給が決定すれば、遺族厚生年金も受給できる資格を満たすということになる。

　次に、障害厚生年金の請求について考えてみる。障害厚生年金の請求者はあくまでも亡くなった相談者の夫である。したがって、亡くなった者が請求するということになるが、本人が死亡した後でも権利を行使し、障害厚生年金を請求することは可能である。

　また、「がん」は一般的に「障害」のイメージに当てはまらないと思われがちだが、障害年金の請求においては、請求者の日常生活の困難の程度や労働能力などによって認定を行うため、原則として病名を問わずに（一部例外あり）請求することが可能である。

　今回の相談のように請求者が亡くなっている場合は、請求日時点での状態を認定する「事後重症請求」は不可能であるため、初診日から1年6か月経過した時点の状態を認定する「認定日請求」を行うことになる。初診日から1年6か月経過した日を「障害認定日」といい（一部例外あり）、障害認定日時点の症状が障害等級（1級～3級）に該当している場合には、障害厚生年金が支給される。

　よって、請求者の障害認定日時点の症状を診断書に記載してもらうことが必要である。障害厚生年金の請求と同時に未支給（請求者に支給すべきものでまだその者に支給しなかったものをいう。ここでは障害厚生年金を指す）の請求も行い、「認定日請求」が認められれば、障害認定日に遡って受給権が発生（年金額としては時効のため最高5年分まで受給可）し、障害厚生年金が支給されることになる。その後、遺族厚生年金の請求も可能になる。

　障害年金は認知度が低く、また死亡後や「がん」でも請求できることはあまり知られていないために、見過ごしてしまいがちである。今回の相談者と同様の悩みを抱えている人々がかなりいるのではないかと思われる。

〔2014年7月21日号掲載〕

第3章 遺族給付

遺族年金受給者の行方不明と額の改定

Q 私は平成25年8月に夫と協議離婚した。先妻との間で生まれた長男（17歳）は夫が引き取り、私との間で生まれた次男（13歳）・長女（10歳）は私が引き取った。平成26年3月に元夫は不慮の交通事故で死亡したが、その際、次男・長女の場合は、生前に養育費が継続して送金されていたので、生計維持が認められて3人の子どもは遺族基礎年金・遺族厚生年金の受給権者になっている。ところが、平成26年7月、突然長男が家出し行方不明になっているが心当たりはないかとの問い合わせが、亡元夫の両親からあった。子どもたちが受けている年金はどうなるのだろうか。

（N県M市　N.K）

A ■1年以上不明であれば他の受給権者の申請により遺族年金の額が改定される

　子に支給される遺族基礎年金は、子1人の場合は、その子が受給権者になることから子の加算は行われず772,800円となる。子が2人の場合は222,400円の加算が付き995,200円となる。子が3人の場合はさらに74,100円の加算が付いて1,069,300円となる。

　子に支給する遺族基礎年金は生計を同じくするその子の父もしくは母がいるときは、その間、その支給が停止される。したがって次男、長女は実母と生計同一のため支給停止となっている。ただし年金の受給権は消滅せず、子の加算額の対象となるので、親と生計同一でない長男は、子2人分の加算額が加算された遺族基礎年金1,069,300円の3分の1の額を受給している。一方、遺族厚生年金は長男、次男、長女それぞれが3分の1の額を受給している。

　遺族基礎年金・遺族厚生年金の受給権を有する子が2人以上いる場合に、その子たちのうち1人以上の子の所在が1年以上明らかでないときは、その子に対する遺族基礎年金・遺族厚生年金は、他の子の申請によって、その所在が明らかでなくなった時に遡って、その支給が停止される。ただし遺族基礎年金・遺族厚生年金の支給を停止された子は、いつでも、その支給停止の解除を申請することができる。

　遺族基礎年金・遺族厚生年金の支給が停止され、またはその停止が解除された場合は、遺族基礎年金・遺族厚生年金の受給権を有する子の数に増減があったと扱われ、増減が生じた月の翌月から遺族基礎年金・遺族厚生年金の額の改定が行われる（国年法第42条3項・厚年法第68条3項）。したがって、長男が1年経っても行方不明となれば、所在が明らかでなくなった時に遡って遺族基礎年金の加算額対象者が1人減り、遺族基礎年金額は995,200円に減額改定される。次男・長女にはそれぞれ2分の1の受給権はあるが、実母と生計同一のため支給を受けることができない。一方、遺族厚生年金は次男・長女それぞれが2分の1の額を受給できる。

　後日、亡元夫の母親から、長男は実母（亡元夫の先妻）のところに身を寄せている旨の連絡があったとの由。行方不明が解消されたが、今の状態が続くと、長男の遺族基礎年金は支給停止となり、遺族厚生年金のみを長男・次男・長女それぞれが3分の1受給することとなる。遺族基礎年金の支給を受ける者はいなくなる。

〔2014年12月15日号掲載〕

① 遺族給付全般

遺族厚生年金の受給権と支給停止

Q 私は35歳の女性（昭和54年生まれ）。つい先日亡くなった主人（46歳）とは再婚で、一緒に暮らしている8歳の子がいる。その子は先夫との子で、亡くなった主人とは養子縁組をしていない。一方、亡くなった主人には先妻との間に2人の子（15歳、12歳）がいて、親権がある先妻と一緒に暮らしている。主人は亡くなった時点で厚生年金の被保険者であり、保険料納付済み期間は26年あった。私は遺族厚生年金をもらえるだろうか。

（Y県H市　M.S）

A ■先妻の子が高卒後に受給可能

　本ケースでは亡くなった夫は死亡の時点で厚生年金の被保険者であり、保険料納付済み期間も26年あるので、遺族厚生年金については短期要件、長期要件ともに条件を満たしている。

　一方、遺族基礎年金については、請求者に子がいることが必要条件となり、子の年齢およびその子と死亡者との関係を見ることになる。本ケースについて見れば相談者の子は8歳なので年齢の条件は満たすが、相談者と先夫との子であり、死亡者とは養子縁組をしていなかったので、「死亡者の実子か養子縁組した子」という条件を満たさない。したがって相談者には遺族基礎年金の受給権は発生しない。

　ここまでは、「相談者は遺族厚生年金だけを請求できる」が結論となり、一見、裁定請求の手続きをすれば遺族厚生年金を受給することができるように見える。しかし、実はその前にぜひ確認しておかなければならない事項がある。

　それは、亡くなった夫と、先妻との間に生まれた子（15歳、12歳の子）との間に生計維持関係があったかどうかの確認である。

　仮に生計維持関係があるとすれば、亡くなった夫と先妻との子にも遺族厚生年金と遺族基礎年金の受給権が発生する。

　厚年法66条2項は次のように定める。「妻に対する遺族厚生年金は当該被保険者又は被保険者であった者の死亡について、妻が国民年金法による遺族基礎年金の受給権を有しない場合であって子が遺族基礎年金又は額（遺族基礎年金相当額）が加算された遺族厚生年金の受給権を有するときは、その間、その支給を停止する。」

　本ケースでは亡くなった夫と先妻の2人の子との間に生計維持関係があれば、子に遺族基礎年金が発生し、子にその受給権がある間は相談者の遺族厚生年金は支給停止になる。

　相談を受けるにあたってはまずこのことを説明し、そのうえで亡くなった夫と先妻の子との間に生計維持関係があったかどうかを確認しなければならない。亡くなった夫が先妻との子に仕送りをしていたら生計維持関係があることになり、相談者の遺族厚生年金は支給停止になる。

　その後、相談者も知らなかったことだが、先妻の子の預金通帳を調べたところ、亡くなった夫が毎月欠かさず送金をしていた事実が判明した。結局、相談者は先妻の子が2人とも18歳に到達した年度の末日を過ぎなければ、遺族厚生年金を受給できないことになる。このように、遺族厚生年金は、子との生計維持関係に絡んだ、支給停止期間の適切な把握がポイントとなる。

〔2015年2月23日号掲載〕

第3章 遺族給付

合算遺族給付と老齢給付との調整

Q 平成19年4月から遺族給付を受給している場合の老齢給付は、老齢給付を優先支給して遺族給付はその差額が支給されるが、遺族給付として遺族共済年金と遺族厚生年金を受給している場合の老齢年金との調整はどのようになるのか伺いたい。

（K県I市　M.S）

A ■按分調整がポイント

　この制度は、老齢厚生年金を受けられる65歳以上の妻が、妻自身の厚生年金を全額受給した上で遺族給付がどのようになるかをイメージしながら考えていくと分かりやすい。また、相談に当たっては「共済年金額が分かるもの」があれば説明しやすい。
　まず、65歳になると老齢基礎年金と老齢厚生（退職共済）年金は全額が受給でき、遺族給付は老齢厚生（退職共済）年金との差額が支給される。支給金額は遺族共済年金額と遺族厚生年金額により、按分して調整される。ただし、職域加算については調整されない。紙面の関係で事例をもって表示できないが、〈アウトライン〉は次のとおりとなる。

(1) 合算遺族給付

　「合算遺族給付」とは、死亡した人に厚生年金と共済組合の加入期間がある場合の遺族給付で以下のとおりである。
　A：合算遺族給付額＝遺族厚生年金（長期要件）＋遺族共済年金（長期要件）
　　＊経過的寡婦加算がある場合は、遺族厚生年金が優先される。
　B：（合算遺族給付額－遺族職域加算）×2／3＋（老齢厚生年金等－退職職域加算）×1／2＋職域加算
　　＊上記Bで算出された額をみなし合算遺族給付額とも呼ぶ
◆A≧Bのとき（合算遺族給付額のほうが高い場合）
　遺族厚生年金額＝報酬比例部分×3／4
◆A＜Bのとき（合算遺族給付額のほうが低い場合）
　遺族厚生年金額＝（B－職域加算）×（遺族厚生年金）／（合算遺族給付額－遺族職域加算）
　　＊Bで算出された遺族給付を遺族厚生年金の占める比率で按分する。

(2) 合算遺族給付と老齢給付との調整
　　＊合算遺族給付のうちに遺族厚生年金の占める比率で按分し、遺族厚生年金から次の額が支給停止される。
　支給停止額＝（老齢厚生年金等の合計額－政令で定める額＊）×遺族厚生年金／（合算遺族給付額－遺族職域加算）
　(注)老齢厚生年金等の合計額は、基金に加入した場合も基金加入がなかったものとして計算した額。
　(注)政令で定める額は、退職共済年金の職域加算額。

　この場合の調整は、日本年金機構と各共済組合で情報を共有して調整を行うために支給額の決定までに多少の時間がかかる点に留意。

〔2010年2月1日号掲載〕

② 遺族給付と他の年金との関連

老齢年金を受給せずに死亡した者の遺族年金

Q 年金は老後の楽しみと言って働いていた男性が、老齢年金を受け取ることなく68歳で急死した。今は、時効がないはずだから、60歳からもらえたであろう夫の老齢年金を代わりに受け取りたいと奥さんからの相談。何からご説明していけばよいか。

（T県T市　年金相談担当者）

A ■特例法の対象者と未支給年金および遺族年金の手続を明確に

(1) 年金時効特例法の対象者の要件

年金時効特例法の対象者とは、次の2つの要件に当てはまる場合に限られる。
①すでに年金記録が訂正された者　②今後、年金記録が訂正される者

年金記録の訂正により年金額が増えた者および年金の受給資格が確認され、新たに年金を受給することとなった者には、年金時効特例法が適用され、年金（老齢・障害・遺族）の時効消滅分が全期間遡って支給される。

もし、該当者が亡くなっている場合であっても、その遺族（故人と生計を同じくしていた者で配偶者、子、父母、孫、祖父母、兄弟姉妹の順）が未支給年金の時効消滅分を受給する。

残念ながら、今回のケースは、年金記録が訂正されたわけではなく、単に60歳以降一度も老齢年金の請求手続きを行っていなかっただけなので、この特例法は適用されない。

(2) 夫が受け取るはずだった年金の請求手続

まず、夫が60歳到達時に行うべきであった老齢年金の裁定請求を行う。その次に、年金受給者である夫の死亡届を提出する。そして、今回の場合は、死亡した夫が受け取れるはずだった年金（5年分）が残っていると思われるため、この分を未支給年金として、戸籍謄本および生計同一を証明できるものを添えて請求する。年金額は、夫が在職中死亡のため在職調整が行われていることも考慮して相談業務を行う。

＜請求手順＞　①老齢年金の請求→②年金受給者死亡届の提出→③未支給年金の請求→④遺族年金の請求

(3) 遺族年金の請求に必要な書類

今回のケースでは、年金時効特例法は適用されない。さらに夫が老齢年金を請求しないで死亡したため、いきなり遺族年金の請求はできない。遺族年金は、原則、老齢年金または障害年金を受給している者が死亡した当時、その者によって生計を維持されていた遺族のある場合受給することができるため、今回はまず老齢年金の請求から順を追って行ったわけである。遺族年金の請求書には次の添付書類が必要となる。

①死亡した者の年金手帳（厚生年金保険被保険者証）
②戸籍謄本（死亡した者と請求する者の身分関係のわかるもの）および住民票除票
③世帯全員の住民票の写し
④死亡診断書（死体検案書など）
⑤請求する者が、20歳未満の子または孫で、重度の障害の状態であるときは診断書など
⑥請求する者が他の年金を受けている場合は、その年金証書、恩給証書などの写し
⑦課税証明書など、請求する者の収入がわかる書類

〔2010年3月22日号掲載〕

第3章 遺族給付

65歳時裁定請求手続の意義

Q 不動産業を営む昭和28年5月生まれの女性。今度店を株式会社にし、社会保険に加入する。給与は50万円である。3年前の5月に夫が亡くなって今は遺族厚生年金を160万円受けている。子どもはいない。私は勤めたことはなく、国民年金は全部納付している。私の厚生年金についての年金関係は今後どうなるか。　　　　　（S県C市　H.S）

A ■65歳時に確認のため見直し手続きが必要

① 相談者が現在受給している遺族厚生年金には、中高齢寡婦加算が59万4200円ついている。これは65歳になるまではもらえる。したがって、相談者の本来の遺族厚生年金額は100万5800円になる。65歳になると中高齢寡婦加算がなくなって代わりに経過的寡婦加算になり、年額5万9500円になる。したがって、遺族厚生年金は106万5300円になる。

一方、これから加入する老齢厚生年金は60歳までの3年間で年額約9万6000円、65歳までの8年間で年額35万6000円くらい（経過的加算含む）と考えられる（50万円の給与とし、再評価率0.914、平成6年の従前額の式で計算）。

② まず相談者が60歳になった場合を考える。60～65歳間は年金については遺族厚生年金か老齢厚生年金のどちらか一つしかもらえない。相談者の場合は金額の多い遺族厚生年金をもらうことになる。そして本来の手続きとしては、60歳時点で特別支給の老齢厚生年金の裁定請求をした上で選択届を出すことになっている。しかし、この手続きをしない人も多い。

③ 次に65歳になったときを考える。このときには相談者の遺族厚生年金の106万5300円から相談者の老齢厚生年金の約35万6600円を差し引いた額の支給になる。したがって、遺族年金額は70万9000円くらいとなる。ただし65歳から支給される国民年金の老齢基礎年金はそのまま支給される。さらに、相談者が65歳以上もそのまま仕事を続ければ、在職老齢年金の支給停止によって約25万7000円の老齢厚生年金は全く支給されない。ただし、経過的加算は支給される。

相談者が65歳で非常勤になり、社会保険を抜ければ老齢厚生年金はもらえる。ただし、それには老齢厚生年金の裁定請求が必要となる。

この手続きによる実際上の効果に注目したいと思う。この手続きでは少なくても65歳時には老齢厚生年金の裁定手続きをしなければ、受給額が老齢厚生年金部分だけ減ってしまう。したがって、間接的に老齢厚生年金の裁定手続きを強制していることになる。

年金記録に誤りがあった場合にそれが発見されるのはほとんどが裁定手続きのときである。そこで65歳時に裁定手続きを間接的に強制することによって記録の確認を求め、それによって年金記録の正確さを図ろうとしたと思われる。さらに、遺族年金をもらっている人の中の高額所得者に対し、在職老齢年金という形で老齢厚生年金のみの受給者との均衡上減額を図ったということも言える。

〔2010年9月6日号掲載〕

② 遺族給付と他の年金との関連

年金額は65歳で下がる場合もある

> **Q** 最近65歳になった。まだ在職中であり、65歳前は遺族厚生年金を受給していたことにより、特別支給の老齢厚生年金は支給停止になっていた。65歳以降は、在職中でも老齢基礎年金が全額受給できることから、年金の受給総額は増えると思っていたが、65歳前より下がってしまった。どうしてそうなるのか。　　　　　　　　（F県O市　A.K）

A ■平成19年４月の遺族厚生年金の見直しが影響

① 平成19年４月に遺族厚生年金が見直される前においては、配偶者死亡に伴う65歳以上の遺族厚生年金の仕組みは、次のうち有利なものを選択するものであった。
　(イ)死亡した配偶者の老齢厚生年金額の４分の３に相当する額
　(ロ)前記(イ)の額の３分の２（死亡した配偶者の老齢厚生年金額の２分の１ということ）と自分自身の老齢厚生年金額の２分の１を合算した額
　(ハ)自分自身の老齢厚生年金額

② 前記の仕組みのうち(イ)の場合には、自分自身の被保険者期間に基づく老齢厚生年金が受給できないし、(ロ)の場合でも２分の１しか受給できない。一方、かねてより「自らの保険料納付の実績が着実に給付に反映される仕組みにすべきだ」という強い指摘がなされており、平成19年４月に見直しが行われた。その結果、遺族厚生年金は、前記①の(イ)および(ロ)により算出した額を比較した上で、いずれか高い方の額を遺族厚生年金額として支給し、当該額のうち、自分自身の老齢厚生年金額に相当する遺族厚生年金額を支給停止するという内容となった。
　つまり、自分自身の老齢厚生年金をまず受給し、その後に遺族厚生年金額との差額を遺族厚生年金として受給する仕組みである。

③ したがって、平成19年４月１日以降に65歳になる受給者の遺族厚生年金と老齢厚生年金については、厚生年金保険の被保険者である場合には、遺族厚生年金額のうち、優先受給した老齢厚生年金額に相当する額が在職老齢年金の計算により支給停止の対象となる。

④ これにより、相談者が受給する老齢基礎年金額が、在職老齢年金の計算により支給停止される老齢厚生年金額より少額のときは、65歳からの遺族厚生年金と老齢基礎年金を合計した年金受給総額は、65歳前よりも下がるということが起きることになった。

⑤ 具体的に見てみると次のようになる。
(イ) 65歳前に受給していた遺族厚生年金が120万円で、特別支給の老齢厚生年金が100万円の場合は、有利選択により120万円の遺族厚生年金を受給するので、合計年金受給額は120万円となる。
(ロ) 65歳以降、相談者の老齢厚生年金額が60万円で、老齢基礎年金額が50万円とした場合、遺族厚生年金額のうち相談者の老齢厚生年金額の60万円が優先支給されることになるが、在職老齢年金計算の関係で結果的に当該老齢厚生年金の額が支給停止になることがあり、支給停止になった場合の遺族厚生年金額は120万円－60万円＝60万円となり、老齢基礎年金額と合計しても60万円＋50万円＝110万円にしかならず、65歳前と比較すれば少額となる。

〔2010年９月13日号掲載〕

第 3 章 遺族給付

亡夫の老齢基礎年金繰下げと寡婦年金の請求

Q 老齢基礎年金の繰下げを希望していたが、請求手続き未了のまま夫が死亡した場合、妻は寡婦年金の請求ができるのだろうか。　　　　　　　　　　（M県F市　D.S）

A ■請求年金方式の解釈

　国年法49条1項ただし書は、「寡婦年金は夫が老齢基礎年金を受給していないこと」を条件としている。65歳を過ぎて繰下げ待機中の夫が何の年金ももらわずに死亡した場合、その妻に寡婦年金が支給されるかどうかで、年金機構の結論と社会保険審査会の結論とが対立していることは有名。ここでは両意見の紹介ではなく、背景にある考え方の違いを述べる。この理解がないと、問題の深さを分かってもらえないからである。

(1)　年金機構の考え方の背景にあるもの

　年金機構の最大の任務は膨大な年金事務を迅速に、かつ確実に処理することである。そのためには年金関係の事務を、なるべく少数事項に類型化し、画一的に処理する必要がある。この立場からはできるだけ、複数の権利の発生は少なくし、また権利の発生時期は明確な時期が望ましい。さらに例外処理は少ない方がよいはずである。できる限り、事務の煩雑さを省きたいという立場にある。ここから、支給年齢（65歳）に到達したら夫の老齢基礎年金の権利が発生し、かつ死亡した夫が現実には受給していなくても受給したとみなすべきで、夫の年金未受給を前提の寡婦年金は生じない、という考えが生まれてくる。

(2)　社会保険審査会の考え方の背景

　社会保険審査会の目的は、年金機構が処理する事務の中にある、画一処理されると実際上国民の重大な年金権が侵されるような事案については個別的に救済し、もって国民の意思を年金事務に反映し、年金制度について国民の信頼を確立することにある。

　それで、社会保険審査会の審査は、個別的で具体的に提出された案件を調査し、その事項に対する国民の意識に合致するよう解決することになる。ただし、年金制度も国の制度であるから法にもとづくことが必要であり、審査委員長には法律の専門家を任命している。

　審査会の使命としては、まず、事案を具体的に考え、そのような事案に直面した一般国民がどのように受け止めているかを考えることにある。審査会は国民感情と立法趣旨の狭間にある潤滑油である。

　一般的に、妻が現実には受給していない夫の老齢基礎年金を意識するのは夫が死んでからと思われる。そうだとするならば、夫の年金をもらう権利は夫が死亡してから初めて成立し、それまでは年金をもらう権利は存在しないので、妻には夫の未受給前提の寡婦年金をもらう権利があるという考えになる。そして、このような庶民の素朴な感情を無視すれば、結局は年金制度に対する不信につながるのは明らかである。

(3)　二つの立場への対応

　年金制度にとっては、迅速な事務処理も、国民が納得いく個別的救済も、両方が必要である。理論的一貫性のみを追求し、自説の欠点に目を瞑(つむ)るような態度は、結局年金制度への不信を招く。両者が連携プレーで対応できないものであろうか？　　　　〔2010年9月27日号掲載〕

② 遺族給付と他の年金との関連

同時に2つの年金がもらえる場合の支給調整

Q 私は59歳（昭和26年7月10日生）の女性で遺族厚生年金（年額150万円＝基本額90万円、中高齢寡婦加算額60万円）受給中。年金加入歴は、厚生年金5年、国民年金30年。年金見込み額は、60歳から63歳になるまで年額10万円、63歳から65歳まで年額20万円。65歳からが年額80万円。私の年金はどのようなもらい方になるのか教えてほしい。

（K府K市　T.S）

A ■65歳以降は老齢厚生・老齢基礎年金と遺族厚生年金（老齢厚生との差額）が支給

年金の支給は1人1年金を原則にしており、同一事由の年金（老齢厚生年金と老齢基礎年金、障害厚生年金と障害基礎年金、遺族厚生年金と遺族基礎年金）はそれぞれ組み合わされて一つの年金とみなされ併給される。

ただし、65歳からはこの例外として次のような特別の組合せができる。これを「併給の調整」という。

①障害基礎年金と老齢厚生年金、または障害基礎年金と遺族厚生年金
②遺族厚生年金と老齢基礎年金は両方から支給

なお、遺族厚生年金と老齢厚生年金については、老齢厚生年金を優先支給し、差額を遺族厚生年金として支給している。

そこで、本件のケースでは、60歳から65歳になるまでは老齢厚生年金より遺族厚生年金（150万円）が多いので、そのまま遺族厚生年金の支給を受ける。

65歳からは、老齢厚生年金10万円と遺族厚生年金90万円（基本額90万円と経過的寡婦加算額10万円、老齢厚生年金との差額部分10万円は支給停止）、それに老齢基礎年金70万円を組み合わせ、合計で170万円支給される。

経過的寡婦加算とは、妻が65歳になると中高齢の寡婦加算がなくなり、代わって65歳から、妻の生年月日に応じて相応額が加算される。その65歳過ぎの加算額をいう。

図　遺族厚生年金にかかわる併給調整

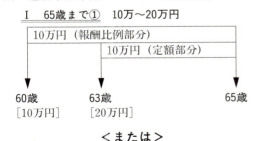

〔2010年11月1日号掲載〕

第3章 遺族給付

高齢任意加入中の死亡

Q 71歳（S16.6.5生）の会社役員。高齢任意加入被保険者として保険料を支払っている。私が高齢任意加入中に死亡した場合、妻に遺族厚生年金は支給されるのか教えてほしい。
（T都S区　Y.S）

A ■遺族厚生年金は支給されない

　高齢任意加入の制度は、昭和61年度の年金改正の折に、新しく厚生年金保険に取り入れられた。厚生年金保険加入者は、原則70歳になると被保険者の資格を失う。70歳になっても必要な受給資格期間を満たしていない場合、在職中であれば受給資格期間を満たすまで高齢任意加入して受給資格を得ることができる。この高齢任意加入に加入できるのが「70歳以上」となったのは、平成14年4月からで、平成14年3月までは「65歳以上」であった。加入できる年齢が5歳延長した理由は、平成14年4月から厚生年金保険に加入できる年齢の上限が「70歳」となったためである。

　高齢任意加入は任意であることから、原則として保険料は全額を本人が負担することになるが、事業主が同意した場合には、保険料は事業主と折半になる。

　高齢任意加入被保険者は、①老齢基礎年金等の受給権を有した場合、②死亡したとき、③その事業所に使用されなくなったとき、④適用除外の要件に該当したとき、⑤任意適用除外の認可があったとき、⑥被保険者資格喪失の申出が受理されたときに被保険者資格を喪失する。

　相談者の場合、老齢厚生年金の受給権を得るためには、40歳以降の期間に15年以上厚生年金の加入期間（中高齢の特例）が必要である。現在の厚生年金加入期間は165月で、国民年金の保険料納付はない。15年（180月）の被保険者期間を満たすまでに死亡した場合、遺族厚生年金が支給されるか心配されているが、遺族厚生年金の支給要件である次の①から④のいずれかに該当しなければならない。

①厚生年金保険の被保険者であるときに死亡したとき。
②厚生年金保険の被保険者である間に初診日がある病気や怪我が原因で初診日から5年以内に死亡したとき。
③障害の程度が1級、2級の障害厚生年金を受けている人が死亡したとき。
④老齢厚生年金の受給権者または老齢厚生年金を受けるために必要な加入期間を満たしている人が死亡したとき。

　①と②については保険料納付要件の特例があり、平成28年4月1日前に死亡した場合は、死亡日の属する月の前々月までの直近の1年間に保険料の未納がないこととされている。ただし、死亡日において65歳未満であることに限定されている（60年法附則第64条第2項）。

　厚生年金保険では、65歳以上の人も被保険者となれるが、遺族厚生年金の保険料納付要件の特例は65歳以上の人には該当しないということになる。このため高齢任意加入中に死亡した場合、遺族厚生年金は支給されない。

　ただし、高齢任意加入して受給資格期間を満たした後の死亡については、遺族厚生年金は支給されるので、保険料を納付されたい。
〔2012年11月12日号掲載〕

② 遺族給付と他の年金との関連

在職老齢年金受給者の死亡と遺族年金

Q 平成21年6月、現役の会社社長であった夫が死亡。享年69歳11か月。結婚前に厚生年金に加入していた期間は私（妻）の方が長く、結婚後、建設業を営み夫婦で国民年金に加入。近年（夫65歳後）、夫婦で会社を設立。老後の生活を案じて、会社は社会保険の新規適用を受けた。夫婦ともに役員として、在職のまま老齢年金を受給（私の年収は240万円）していた。夫死亡当時、私の老齢年金の方が多いため、遺族年金に該当せず晩年の夫の年金保険料は掛け捨てになったと思い込んでいた。私の場合、遺族厚生年金はもらえるのか。万一、3年分を遡って遺族年金がもらえるとしたら税金はどうなるのか。

（K県Y市　S.A）

A ■短期要件で遺族年金額を算出

(1) 妻に支給される遺族厚生年金は、死亡した夫が厚生年金保険の被保険者または被保険者であった場合に支給され、その額は次の2つの要件区分に当てはめて計算し、決定される。
① 短期要件に該当する場合
　(イ) 現役会社員（被保険者）の死亡
　(ロ) 退職後の死亡（被保険者期間中に初診日のある傷病が原因で、初診日から5年以内に死亡した場合）
　(ハ) 1級・2級障害厚生年金受給権者の死亡
　　ただし、(イ)と(ロ)は、保険料納付要件あり。
② 長期要件に該当する場合
　(イ) 老齢厚生年金を受けていた人、または加入期間を満たした受給権者の死亡

(2) 相談者の夫は、すでに自身の老齢年金を受給しながら現役の会社社長（厚生年金被保険者）であったため、短期要件と長期要件のいずれにも該当する。このようなケースでは別段の申出がないかぎり、短期要件として計算され、遺族年金額は次の(イ)+(ロ)になる（現在は特例措置水準が適用）。
　(イ) 平成15年3月以前　平均標準報酬月額×7.5/1000×被保険者月数×3/4（注）
　(ロ) 平成15年4月以降　平均標準報酬月額×5.769/1000×被保険者月数×3/4（注）
　（注）　被保険者月数が300月に満たない場合は300月とする。

さらに、相談者（妻）は昭和18年5月生まれなので、昭和31年4月1日以前生まれの者に該当し、65歳になると経過的寡婦加算として年額255,600円がつく。これに基づき、次により算出された額（ⓐまたはⓒ）と妻の老齢厚生年金ⓑとの差額の大小を比較し、高い方の額で支給される。
　ⓐ：夫の（遺族厚年＋経過的寡婦加算）　＞　ⓑ：妻の老齢厚生年金　　または
　ⓒ：夫の（遺族厚年＋経過的寡婦加算）×2/3＋妻の老齢厚生年金×1/2　＞　ⓑ：妻の老齢厚生年金

(3) 仮に夫が70歳以降で死亡した場合は、被用者であっても被保険者ではなく、短期要件に該当することはない。また、遺族年金は非課税であり、3年間遡って支給されても所得税はかからない。

〔2013年3月4日号掲載〕

第3章 遺族給付

失踪宣告と年金（1）―行方不明者の年金

Q 大正12年生まれの父A男は、長男といさかい、10年前に家出。2〜3年は母B子（87歳）に連絡があったが、7年前消息が途絶えた。昨年5月に家庭裁判所に失踪宣告を出し、このたび、失踪宣告の確定通知を受けた。母B子は遺族年金を受け取ることができるか。

（O府T市　C.F）

A ■失踪宣告確定後、遺族年金が支給

　失踪宣告の制度には、本件ケースのような普通失踪と、死亡原因が災害・事故等によるような危難失踪、いわゆる特別失踪の2種類がある。

　失踪宣告の要件としては、普通失踪の場合は家出などで音信不通になってから7年以上、特別失踪の場合は、事故・事件があってから1年以上経過していなければ失踪宣告ができない。

　失踪宣告は、いずれの場合もその「利害関係者」によって家庭裁判所に対して失踪宣告の申立てが行われ、審判書謄本が送達された日から2週間以内に、審判に対しての不服申立てがなければ審判は確定する。審判申立て者はこれにより市町村役場に「失踪届」を出し、戸籍謄本には、除籍・失踪宣告と記される。死亡した日は、普通失踪の場合は「失踪期間満了日」、特別失踪は「危難が去った日」である（民法31条）。

　夫A男の失踪当時18歳未満の子はなく、妻B子の収入が公的年金のみであり、夫A男に生計を維持されていた証明をつければ、遺族厚生年金の受給権は妻B子に発生する。A男は30年あまり加入した厚生年金保険から、老齢年金を受給していた。日本年金機構の記録で調べたところによると、老齢年金は失踪宣告の提出がなされた平成22年5月まで、A男名義の貯金口座に振込みが続いていた。また、失踪届によりA男の死亡が確定されたので遺族年金の受給権者として、失踪当時A男によって生計を維持されていた18歳未満の子のない妻B子に遺族年金が支払われる。夫A男の失踪当時、妻B子の年金収入は850万円（生計維持認定基準）をはるかに下回るうえ、住民票上の住所も同じである。B子は、厚生年金保険から老齢年金、国民年金から通算老齢年金を受給しているので、老齢年金と遺族厚生年金の間で併給調整のうえ、国民年金の通算老齢年金が支給される。遺族厚生年金の請求時に必要な書類等は次のとおり。

　①夫A男の基礎年金番号通知書・厚生年金被保険者証・老齢年金証書・住民票除票・戸籍の全部事項証明書・家庭裁判所から届いた死亡宣告決定通知書

　②B子の基礎年金番号通知書・老齢年金証書・国民年金通算老齢年金証書・世帯全員の住民票・妻B子の所得証明書（遡り可能な5年分）・振込みを希望する金融機関の預貯金通帳（本人名義）・認め印

　③遺族厚生年金裁定請求書・年金受給選択届

　問題は、失踪宣告が提出されるまでの10年間、A男の貯金口座に老齢年金の振込みが続いていた事実である。次男のTによると、「父が家出したときに、母親が肩身の狭い思いをするといけないからと言って、自分名義の貯金通帳・年金証書・印鑑等を妻B子に渡して行った。B子はその日以来これらすべてを管理し、公共料金等を引き落とし払いしたうえ、生活費に使っている」。この解説については、次項を参照。

〔211年6月27日号掲載〕

③ その他

失踪宣告と年金(2)―年金の返納と非返納

> **Q** 生きていれば今年米寿を迎える夫Ａ男は行方不明から7年を経て失踪宣告を受け、死亡したとみなされた。この7年間、夫の口座に老齢年金の振込みが続いていた。妻Ｂ子はこれを返納する必要があるのか。夫の貯金口座からは毎月の水道光熱費・電話代等公共料金が引き落とされている。
> （Ｏ府Ｔ市　Ｃ．Ｆ）

A ■死亡確定日分までは返納不要

　普通、失踪宣告は、行方不明となったときから7年の期間が満了した日をもって、死亡とみなされる（民法30条1項）。

　これは、万一生きていても法律上は死亡として取り扱うということで、失踪宣告が取り消されるまでは、死亡したものとして扱われる。

　失踪に関し、これを死亡したものと「みなす」と「推定する」とではその意味合いが異なる。「死亡したものと推定する」とは、万一生きていれば、死亡したとして処理された事項は直ちに無効になり、遺族に係る給付は、返納しなければならない。例えば、このたび制定された略称「東日本震災特別法」（平成23年法律40号）では、「死亡としたものと推定する」と規定している。

　「7年の期間満了をもって死亡したとみなす」ということは、逆に、失踪宣告前7年は生存していたとして取り扱われることになるから、この間の年金は夫Ａ男に対して支払われたことになる。したがって、行方不明期間中に支払われた年金は、返納する必要はない。失踪宣告を受けて、妻Ｂ子は遺族年金を請求できるが、請求手続きに必要な死亡戸籍は、宣告書を市町村の戸籍係に持参し、作成してもらう。

　失踪宣告後には死亡が確定するので、それにもかかわらず、これを届けずに夫Ａ男の老齢年金の振込を止めないと、その分は不正受給になるので注意を要する。うっかり失踪宣告後の届出を失念し、夫口座に老齢年金が振り込まれてしまった場合の返納は、一括返納のほか、分割返納も可能（原則今後支払われる年金から2分の1ずつ返納、希望によって10分の1ずつも可能）なので年金事務所に相談をするとよい。

　厚生労働省は、昨年より顕在化してきた死亡事実を隠しての不正受給防止の観点から、所在不明高齢者に対し、「現況報告書」の提出を求め、厳しい対応で臨むよう日本年金機構に依頼している。これは、死亡が確実視されているにもかかわらず、不正な年金受給行為を一掃しようとするもので、「行方不明」のみで年金受給権が消滅するものではない。

　ところで、失踪宣告前7年間に振り込まれた年金は、明らかに夫Ａ男の老齢年金で、この年金で、妻Ｂ子の生活費たる公共料金を支払う行為に問題ありとする疑問が生じるかもしれない。

　しかし、夫は妻に対し共同生活について費用の負担をする義務があり（民法760条）、また、日常家事の費用は、夫と妻の連帯責任である（民法761条）。妻が電気・ガス・水道等を使用することは、日常家事に伴って生じることであり、夫が連帯して責任を負うものとして夫の老齢年金から支出することは当然であり、生活費に限っては、家庭裁判所の判定を待つまでもなく認められる。

〔211年7月4日号掲載〕

第3章 遺族給付

震災特別法による行方不明者の取扱い

Q 平成23年3月11日の東日本大震災で、夫が行方不明になり現在も生死不明。このような場合に対する法律ができたと聞いたが、どういうものか。（M県S市　N.H）

A ■行方不明期間3か月で死亡と推定

　この法律は、平成23年5月2日に施行された「東日本大震災に対処するための特別の財政援助及び助成に関する法律」（以下「震災特別法」と略）である。
(1)　この法律を利用するための条件（要件）
①平成23年3月11日に発生した東日本大震災（以下「震災」という）により行方不明になったこと。
　㈲3月12日以降の余震による行方不明者は対象外である。この人たちは危難失踪（民法30条2項）により救済される。
　㈲原因は限定がないので、商用、観光旅行、私用でも構わない。
　㈲二次災害については今後の検討課題。二次災害とは地震による直接の災害に加えて他の原因が加わって行方不明になった場合を指す。例えば、家族の死亡の知らせでうつ状態になり、行方不明になったような場合である。この場合も罹災者であることに変わりなく、さらに条文も制限する規定になっていないので保護すべきと思う。
②行方不明になって3か月以上経つこと。
　3か月経過日は初日不算入（民法140条1項）で3月12日が起算日となり、3か月先の応当日である6月12日から手続きできる（民法143条2項）。
(2)　この法律による利益（効果）
①3月以上経った行方不明者は3月11日に死亡したものと推定し、取り扱われる。
②もし、本人が生きていることが分かれば、遺族年金は無効になり返還することになる。また、別な時期に死亡したことが分かれば、その時に遡り手続きをやり直すことになる。
③この法律に基づく死亡に係る給付については、厚生年金保険法、国民年金法、船員保険法においても同様の特例規定が設けられた。
④上記以外の事項については死亡との推定はない。したがって、戸籍は変わらず、生命保険は支払われず、相続は起こらず、行方不明者の預金等はそのままとなる。

　遺族年金の手続きについては、平成23年6月7日に厚生労働省の通達（年管管発0607第5号）が出されている。それによれば、申立書と簡単な証明により遺族年金の裁定が行われることになった。ただし、この制度は1年以内に死亡の戸籍を作成することが前提になっている。
　一方、法務省民事局は平成23年6月7日に、各市区町村に対して通知を出した。それによると、市町村役場の戸籍係の簡単な質問に答えれば、東日本大震災による行方不明者の死亡戸籍が作成されることになった。この制度により死亡戸籍を作成してもらい、それを持って年金事務所に行き遺族年金の裁定を行えば、遺族年金のみならず生命保険も受け取れ、相続も起き、行方不明者の預金等も支払われるので、まずこの制度により死亡戸籍を届け出る方が問題を一度に解決するには有利である。

〔2011年7月11日号掲載〕

③ その他

失踪宣告を受けた場合の遺族年金

Q 平成7年2月に老齢厚生年金受給中の夫が突然姿を消し、行方不明となる（失踪から7年後の平成14年2月17日に失踪宣告により死亡とみなされる）。その後、失踪宣告の申立てを行い、平成25年4月15日に審判確定となったが、遺族年金の消滅時効の起算日はいつの時点となるのか。
（T都E区　Y.K）

A ■消滅時効の起算日は死亡したとみなされた日

　遺族年金を請求するに当たっての時効は5年となっている。しかし、通常の死亡と異なり、失踪宣告を受けた者に対する消滅時効の起算日については明確な規定がなく、現在の解釈としては、「死亡とみなされた日」を消滅時効の起算日とすることとしている。厚生労働省発表の資料によると、このような起算日についての解釈の運用は、平成24年5月からとなっている。

　旧社会保険庁における解釈では、消滅時効の起算日を「失踪宣告の審判確定日」としていた。しかし、民法第166条　消滅時効の規定では、「消滅時効は、権利を行使することができる時から進行する」とされており、今後は民法の規定により解釈することとなった。厚生労働省年金局の見解は以下のとおり。「消滅時効は法律上の障害がある場合には原則として進行しないが、一般的には債権者の行為により法律上の障害を取り除くことができる場合には、履行期到来から消滅時効が進行すると解されている」。

　それでは、実際に遺族が「権利を行使することができる時」とはいつなのか？　という点であるが、先の民法解釈により、債権者の行為により法律上の障害を取り除くことができる場合、つまり、遺族は行方不明から7年経過後の平成14年2月当時、失踪宣告の請求を行い、宣告を受けた後、遺族厚生年金の請求を行うことは可能であったと考えられる。したがって「死亡とみなされた日」である平成14年2月17日が消滅時効の起算日となる。

　旧社会保険庁における解釈とした場合、失踪宣告の審判確定日から初めて時効が進行することとなるため、失踪から長期間経過したのちに失踪宣告の申立てを行った場合等、失踪宣告の審判確定日が遅くなるほど、長期間にわたり老齢年金と遺族年金を重複して給付することになる。また、このようなケースでは失踪当時の生計維持関係等の受給要件を客観的に判断することが困難となる可能性が高いことも現在の解釈となった理由の一つであろう。

　次に、失踪宣告を受けた者に対する死亡一時金の請求権についても、時効の取扱いは前述した遺族年金と同様に解釈される。したがって、消滅時効の起算日は、失踪より7年経過後の「死亡とみなされた日」となる。しかしながら、遺族年金は、将来に向かって受給する年金であるのに対し、死亡一時金はあくまでも一時金であるため、時効となった場合、給付が全くなくなる可能性もある。これは死亡一時金が設けられた趣旨である「掛け捨て防止」に反するものであり、こうした趣旨を踏まえ、死亡一時金については、失踪宣告の審判確定日から2年間のうちに請求があった場合には、当該時効の規定を援用しないという運用で対応することとしている。

〔2014年9月15日号掲載〕

第3章 遺族給付

認知の効力は出生の時まで遡及するか

Q 私は30歳の主婦で現在妊娠中。夫の死亡（短期要件に該当）に係る遺族厚生年金の受給権を認めてもらったが、夫には不倫の子（X）がいて仕送りを続けていたことと、夫の死後に認知の訴えを提起していることが判明した。今後、私の遺族受給権はどうなるのか。

（A県K市　Y.M）

A ■認知裁判確定以降に効力発生

1．認知の効力についての考察

認知は本来任意になされるものだったが、本件のような裁判による強制認知も認められている。認知によって親子関係が発生するが、認知の遡及効につき民法784条に「認知は出生の時にさかのぼってその効力を生じる。但し、第三者がすでに取得した権利を害することはできない」とある。また、通牒（昭和33年1月25日保文発299）には「被保険者Aが死亡し、その子Bが遺族年金の受給権を取得したところ、死亡後1年経過した時点でAの内妻の子CがAの子として認知の裁判が確定した場合・・・Bに係る遺族年金の改定は、認知裁判確定の時点以前にさかのぼってできない」とある。

2．妻の受給権と不倫の子（X）の受給権を考察

⑴　まず妻は夫の死亡により、遺族厚生年金の受給権を取得するが、その後は①胎児であった子が出生するのと、②認知裁判が確定するのと、どちらが先になるかで以下の経過をたどる。

⑵　①の方が早い場合、妻は1人分の子の加算額の付いた遺族基礎年金の受給権を取得する。後に認知裁判が確定しても、妻の遺族厚生年金と子1人分の加算額の付いた妻の遺族基礎年金の受給権に変わりはない。子が18歳年度末に達し遺族基礎年金が消滅する頃には、妻の年齢は40歳を超えているので、中高齢寡婦加算額（遺族基礎年金の4分の3）と遺族厚生年金を受給できる。一方、Xは認知裁判が確定すると、遺族給付の裁定を受けて遺族基礎年金・遺族厚生年金の受給権を取得するが、子のある妻が優先するので受給することができない。

⑶　②の方が早い場合

㈲「子のない妻」より「子」の方が遺族給付を受ける順位が上位にあるので、Xは認知裁判確定後、遺族給付の裁定を受け遺族厚生年金と遺族基礎年金（実母と同居のため支給停止）の受給権を取得する。その時点で子のない妻の遺族厚生年金の受給権は停止する。しかし、認知裁判確定のあった以降に効力が生じるので、妻が裁判確定までに受けていた遺族厚生年金の権利がさかのぼって消滅するようなことはない。

㈹　妻の胎児であった子が出生した時に、Xの遺族厚生年金と遺族基礎年金の受給権は停止する。

万一、妻の胎児であった子の出生がなかった場合は、Xが18歳年度末が終了する時（障害等級1・2級の場合は満20歳時）に遺族厚生年金・遺族基礎年金の受給権が消滅する。

㈸　一方、妻は胎児が出生すると、子のある妻となり、子1人分の加算額の付いた遺族基礎年金と遺族厚生年金の受給権者となる。子が18歳年度末に達し遺族基礎年金が消滅する頃には、妻は40歳を超えているので、遺族厚生年金に中高齢寡婦加算額（遺族基礎年金の4分の3）が加算される。

〔2012年5月28日号掲載〕

内縁の夫の「子の死後認知」と遺族年金

Q 先月、内縁の夫が交通事故で亡くなった。私は現在妊娠中だが、まだ生まれてくる子どもの認知は受けていない。遺族厚生年金の請求手続をしたいのでアドバイスしてほしい。最近内縁の夫の両親と私との養子縁組の話も持ち上がっていて悩んでいる。

（N県M市　N.K）

A ■事実婚認定と死後認知で遺族給付が受給できる

(1) 事実婚の妻であることが認められれば相談者は遺族厚生年金の受給権者になる。事実婚関係にある者とは、婚姻の届け出を欠くが社会通念上夫婦としての共同生活と認められる事実関係を言い、次の要件を満たす必要がある。

①当事者間に、社会通念上、夫婦の共同生活と認められる事実関係を成立させようとする合意があること。

②当事者間に、社会通念上、夫婦の共同生活と認められる事実関係が存在すること。

したがって、「婚姻の意思」および「夫婦の共同体の実体」が確認できる場合には、原則として「事実婚関係にある者」と認められる。「婚姻の意思」を証明するものとしては、婚姻の意思についての当事者のそれぞれの申立書（当事者が死亡している場合には死亡者に係る婚姻の意思についての第三者の証明書）、「夫婦共同生活」を証明するものとしては、住民票上同一世帯に属しているとき、住民票（世帯全員）の写しを提出する。

(2) 内縁成立の日から200日以後に生まれた内縁の子は、民法722条を類推して内縁の夫の子と推定されるものの、それは事実の問題にすぎず、父子関係発生のためには認知を要する（最判昭29.12.1）という判例がある。母の承諾があれば父は胎内に在る子でも認知することができる（民法783条2項）し、認知は遺言によってもすることができる（民法781条2項）が、相談者の場合はいずれにも該当しない。内縁の妻が被保険者の死亡後3か月目に分娩した子で、被保険者であった者の遺言または認知もされていない場合、例え生計維持が認められても、被保険者であった者の子ではないため、加給年金額の対象とならない。しかし、民法787条の規定による裁判上の認知がなされたときは対象となる（昭28.10.8保文発6699）。それには、子の出生後、子の住所地を管轄する家庭裁判所に検察官を被告として、内縁の夫死亡後の「死後認知の訴え」を起こし、認知を認める判決をもらい、確定判決書の謄本を添えて市役所に「認知届」を提出する。第三者がすでに取得した権利を害することがない限り、認知は出生の時に遡ってその効力が生じ（民法784条）、胎児出生の翌月から遺族基礎年金と子の加算も受給が可能となる。

(3) 直系血族および直系姻族以外の者の養子（届出をしていないが、事実上養子縁組関係と同様の事情にある者を含む）となったとき、遺族厚生年金の受給権は消滅する（厚年法63条1項3号）。相談者と内縁の亡夫の父母との間に姻族関係は成立していない。したがって相談者の場合、養子縁組をすることで、遺族厚生年金・遺族基礎年金の受給権は消滅することになる。子どもには18歳年度末まで遺族厚生年金・遺族基礎年金の受給権があるが、相談者と生計同一であれば遺族基礎年金は支給停止される。思案どころである。〔2014年2月17日号掲載〕

第3章 遺族給付

継子は継母の未支給遺族給付受給権者になれるか

Q 父が死亡し、継母・私・妹が遺族基礎年金と遺族厚生年金の受給権者になったが、子のある妻として継母が遺族給付を受けていた。その継母が急死したため、15歳の妹が遺族基礎年金・遺族厚生年金、そして継母の未支給遺族（基礎・厚生）年金も受けることになった。継母とは私も妹も養子縁組をしていないがずっと同居していたし、未支給（年金・保険給付）の受給権者には年齢要件がないと聞いている。19歳の私はなぜ未支給の遺族給付を受けられないのか。　　　　　　　　　　　　　　　　　　　　　　（N県M市　S.K）

A ■遺族給付の支給停止解除が条件

1．遺族給付の受給権者となる妻と子

　遺族基礎年金を受けることができる妻または子は、被保険者または被保険者であった者の妻または子であって、被保険者等の死亡の当時、その者によって生計を維持していた者である。妻については、被保険者等の死亡の当時、被保険者によって生計を維持されていた被保険者の子と生計を同じくすることを要件としている。子については、18歳に達する日以後の最初の3月31日までにあるか、または20歳未満であって障害等級1級2級の状態にあり、かつ、現に婚姻していないこととなっている。遺族厚生年金の対象となる妻または子は、子のある妻または子のほか、子のない妻も含まれる。妻と子の関係は実母と実子、養母と養子でなくてもよい。

2．未支給年金・未支給保険給付の受給権者

(1)　未支給（年金・保険給付）を請求できる者は、死亡者の配偶者、子、父母、孫、祖父母、兄弟姉妹で、死亡の当時死亡者と生計を同じくする者である。年齢要件はない。未支給（年金・保険給付）を受ける者の順序もこの順番である。

(2)　遺族基礎年金の受給権者である妻が未支給年金を残して死亡した場合、継子が受給権者である妻と養子縁組をしていなかった場合には、身分上、受給権者の子とはならなくなるため、未支給年金の請求ができなくなる場合が生じる。

　このような場合を想定し、これを救済するために、妻が遺族基礎年金の受給権者になるにあたり、支給の要件となり、またはその額の加算の対象となっていた被保険者または被保険者であった者の子は、未支給年金を請求できる子とみなすことになっている。また、死亡した者が遺族厚生年金の受給権者である妻であるときは、妻の死亡によって遺族厚生年金の支給停止が解除された子は、継子であっても未支給の保険給付を受給できる子とみなすことになっている。

3．結論

　妹は18歳に達する日以後の最初の3月31日前であるので、継母が死亡すると妹は遺族基礎年金・遺族厚生年金の支給停止が解除される。また、継母が遺族基礎年金の受給権者となるにあたり、妹の存在が支給要件となり加算額の対象となってきた。そのような場合、未支給（年金・保険給付）を受給できる子とみなすことになっており、継母の死亡に対する未支給分も合わせて支給される。

　一方、相談者は19歳になっているので、継母と養子縁組をしていない限り、継母の子とは認められず未支給分を受け取ることができない。　　　　　　　　　　　〔2012年9月24日号掲載〕

③ その他

死亡妻の年金記録の確認と未支給年金

Q 85歳の男性。妻は老齢基礎年金のみを受給中であった。数年前から認知症で施設に入所中であったが、その妻が9月20日に83歳で亡くなった。生前は、年金機構からの郵便物等も本人が内容を確認することはできない状態であった。このたび、亡き妻の未支給年金の請求手続きをしたところ、亡妻の旧姓による氏名検索で過去の記録が見つかったが、同姓同名の場合もあるので、本人の記録であることの確認はどのようにしたらよいのか。

（Ｔ都Ｔ市　Ｎ.Ｔ）

A ■遺品写真から年金の記録を確認

相談者の妻は、高校を卒業した18歳から相談者と結婚する26歳までの期間、地元の会社で勤めていたが、夫たる相談者自身が小さな会社だったので、亡き妻が厚生年金保険に加入していたとは思ってもいなかった。したがって亡き妻に係る資料といっても思いつくものがなかった。

このような状態であったので正確な入社日と退職日については知るすべもない。亡き妻が勤務していた会社名についても全く不明であった。そこで過去のアルバムを整理してもらったら、若い頃の写真が出てきた。これにより、相談者の記憶がだんだん蘇り、会社名が〇〇商店だったと思い出してくれた。それが地元の会社であったため、会社の場所も検討がついた。加入期間については、年金機構の記録が19歳から26歳の期間であり、ほぼ一致した。

会社名も〇〇商店とほぼ一致した上に、業種が同一であった。会社の所在地については、市町村まで一致した。加入期間・会社名（業種）・所在地の3点が一致し本人の記録と確認された。

これにより86か月の厚生年金期間が確認され、特別支給の老齢厚生年金の受給資格を有していたことが判明した。

古い写真が記憶を蘇らせ、それが年金記録の確認に結びついた例である。お年寄りに、「認知症の亡き伴侶の過去の資料を」と言っても、適切なものの検討もつかず、大変難儀である。

特別支給の老齢厚生年金は60歳から受給できるが、今まで厚生年金の加入記録がないものとして老齢基礎年金を65歳から受給していたので、遡及して60歳から65歳までの5年分の特別支給分の年金ももらえる上に、さらに65歳から亡くなる83歳までの18年間の差額も支給され、支給年金額が増えて大変喜ばれた。

今回の相談者は85歳と高齢であり、耳も遠く、実際のやり取りは長男に間に入って相談に乗ってもらい、意思の疎通を図ることができた。さらに、亡き妻は認知症を患っていたので、生前に本人に確認することも無理であった。本件のように、死亡したときは年金記録を調べる残された最後のチャンスとなる。

公的年金は死亡した月まで支給されるが、支給は2か月に1回、偶数月の15日に後払いのため、今回のように9月20日に死亡した場合、8月15日に支給された年金は、6月分と7月分であり、8月分と9月分は未支給となる。

未支給年金は、受給権者の死亡当時、受給権者と生計を同じくしていた配偶者、子、父母、孫、祖父母、兄弟姉妹が年金事務所または受給権者の住所地の市区町村役場で請求する。

〔2012年12月10日号掲載〕

第3章 遺族給付

未支給年金の遺族の範囲を3親等まで拡大

Q 年金業務に携わっている社労士である。26年4月の消費税引上げにより、いわゆる「年金機能強化法」も施行され、そのなかで、平成26年4月から「未支給年金」を請求できる遺族の範囲が3親等以内の親族（甥、姪、子の妻等）にまで拡大されると聞く。しかし、生計同一（同居）を条件としているので、実際上、改正法が適用されるケースは少ないと思われる。具体的にはどういうケースを想定しての改正かを知りたい。　　（S県I市　T.M）

A ■子の配偶者も対象遺族範囲に

未支給年金の給付は、年金の受給権者が死亡し、下記(イ)～(ハ)の状況である場合、当該年金の受給権がそのまま相続として遺族に引き継がれるのではなく、所定の遺族に一時金の形で支給される（厚生年金保険法37条、国民年金法19条）。

(イ)年金の受給権者が、当該年金の受給中に死亡した場合
(ロ)年金の受給権者が、その保険給付を請求した後に死亡し、まだ年金の支給を受けてはいない場合
(ハ)年金の受給権者が死亡前にその年金の給付を請求していなかった場合

これらの場合、所定の遺族となる要件は、死亡した年金受給権者の配偶者、子、父母、孫、祖父母または兄弟姉妹、いわゆる2親等の範囲内の親族であって、その者の死亡の当時、その者と「生計を同じくしていた」ことである。

今回の改正は、この遺族の範囲が3親等の遺族（甥、姪、子の配偶者、おじ、おば、ひ孫、曽祖父母）まで拡大される。

つまり、以前から言われていたことなのだが、一番多いであろうケースとしては「子の配偶者」が受給できるようになることである。

女性Aが婚姻し、夫の実家に入り、嫁として夫の親（舅あるいは姑）と同居しているケースが考えられる。年齢を重ねてきて、親が介護を必要とする状態になり、面倒をみることになると嫁たるAが中心に面倒をみることが多いようだ。その最中、親よりも先に夫が亡くなった場合に、引き続きAは夫の親の面倒を見続けるケースが多く、その後に親が亡くなっても現行、Aは相続権もなければ、未支給の年金すらもらえない状態にあるが、平成26年4月以降は未支給の年金についてはもらえることになる。

確かに生計同一という条件では、3親等に範囲を拡大しても血縁が薄くなるので、同居しているケースは少ないと思われる。本来であれば年金支給の基本である受給権が発生した翌月から死亡した月まで受給できるようにするには、共済年金の未払いの年金の扱いと同様に、生計同一の遺族がいない場合には相続人（生計同一でなくてもよい）が受給できるようにすればスッキリするのではないかと思われる。

なお、上述の遺族の範囲以外に遺族年金の受給権者が死亡した場合、当該遺族年金の支給対象要件となり、加算額の対象となっていた被保険者または被保険者であった者の子（妻と養子縁組をしていなかった死亡した夫の連れ子）も遺族とみなされ、未支給年金を請求できるが、これは今回の改正の対象外である。　　〔2013年10月7日号掲載〕

未支給年金と3親等親族の意味

Q 夫と私は、夫の曾祖母と同居し、世話をしていた。以前は夫の父母が祖母と曾祖母を一緒に世話をしていたのだが、祖母、さらに父母が相次いで亡くなり、結局、私たち夫婦が同居し世話をすることになった。先日同居の曾祖母が亡くなった。今回の法律改正で、曾祖母がもらっていた厚生年金の未支給年金はもらえるのだろうか。

(N県I市　T.A)

A ■未支給年金請求者の範囲を拡大

　このたび、年金機能強化法により未支給年金に関する規定の改正が、平成26年4月1日より施行された（平成25年5月10日政令136号）。これにより厚生年金保険法37条の「配偶者、子、父母、孫、祖父母又は兄弟姉妹」に、「以上の者以外の3親等内の親族」が加わることになった。この「3親等内の親族」という言葉は、年金法上初めて登場した言葉である。以下、この言葉について検討を加える。

　親族とは、同一の祖先を持つ血族と姻族からなる。その他に養子関係があるが、これは「血族と同様に扱う」という関係であり、血族と同じに考えてよい（民法727条）。従来の未支給年金受給権者は2親等の血族のみであった。これを「2親等の親族」と解説した文献があるが、「2親等の姻族」が欠けているので正確ではない。血族の遠近は「親等」で測る。当該両者の間で一方が他方の先祖である場合を1親等とし、この親等の数が多いほど遠い血族となる。本ケースの場合は、子と父母は1親等、父母と祖母も1親等、祖母と曾祖母も1親等で合計3親等の血族となる。このようにすべての親等関係について一方が他方の祖先という関係のみで構成されている血族を、直系血族という。本ケースでは、夫と曾祖母の関係は、直系3親等の血族となる。血族にはその他に傍系血族がある。これは直系血族以外の関係が混じる。例えば、本ケースで夫に甥がいたとする。夫と父母は1親等、兄弟は親と1親等であるが、兄弟同士は一方が一方の先祖という関係ではなく、父母という共通の祖先で繋がっている関係である。よって、傍系の血族ということになる。そして兄弟の子である甥は傍系3親等になる。親族のもう一方の姻族とは、配偶者と結婚相手の血族を指す。本ケースでは、妻は夫と同じく3親等の、姻族となる。

　現在、日本は高齢化社会になり、介護必要者が多くなった。その結果、従来の介護をしていた親族の範囲を超えて行うことも多くなった。本ケースの場合のように、曾孫と妻が、夫の曾祖父母等を介護するような場合である。しかし、従来のままではこのような者には年金についての権利がなく、不合理であるとして今回改正された。これによって本ケースのように曾祖母を介護した場合も未支給年金の受給権者になることができるようになった。ただし、3親等の親族は順位としては一番下である。他に未支給年金の受給権者がいなければ、ということになる（平成26年1月16日政令9号）。

　本ケースのように3親等の親族である夫とその妻が、同時に未支給年金の受給権者の場合には、同順位で権利者となる（上記政令）。

〔2014年8月4日号掲載〕

第3章 遺族給付

養父母が死亡した場合の遺族年金

Q 40歳女性。10年前に離婚し、当時2歳の長男を連れて実家に戻った。私が病弱のため、長男を自分の両親の養子にしたが、その両親が急逝（共に69歳）。弁護士は遺産整理のため、死後離縁の手続きをすすめている。養子であっても遺族年金を受給できるのだろうか。
（F県K市　N.R）

A ■養子も遺族年金の対象となり得る

　本件相談者は、自身が持病を抱えて働くことができないという理由から、長男を自分の両親に託し、離婚後すぐに家庭裁判所の許可を経て養子縁組した。ところが不慮の事故により、元気だった両親が死亡。相談者は、父の知人である弁護士に、両親死後の整理を任せていた。

(1)　功を奏した弁護士との連繋プレー

　相続税の申告期限は、原則相続の開始があったことを知った日（通常の場合は、被相続人の死亡の日）の翌日から10か月目の日である。よって相談者はすぐに弁護士と相続の手続き処理に追われた。弁護士から「長男が未成年者であるため、親権者が必要となり、養父母と離縁する」と連絡があったその日、偶然、相談者の友人である社会保険労務士から、長男に遺族年金が支給されることを聞いた。もし「離縁してしまったら遺族年金を受ける権利は失ってしまう」とのアドバイスだったので、その旨を弁護士に伝えたところ、生母と本来の親子関係に戻ることは、当然の流れであるが、今回は年金のことも考えて、「死後離縁許可」の申立てはせず、親権だけ生母である相談者に戻す審判を申し立て、同時に社労士が遺族年金の裁定請求を進めることにした。

(2)　遺族年金の受給権は離縁により消滅

　本件の場合、長男は生母と同居していることから、遺族基礎年金については「生計を同じくするその子の母がある（国年法41条）」という理由で支給停止、遺族厚生年金のみ支給という決定通知が届いた。この通知を受けて、弁護士は社労士と共に算定した今後6年間長男が18歳年度末までに支給される金額（約1,150万円）を申立書に示した。家裁の裁判官も教育費のかさむ中学高校時代にこの遺族年金は必要であると理解し、「離縁をせずに親権のみ生母に戻す」ことについて拒否する理由がないということで、審判が確定した。同時に、利益相反の関係により、特別代理人が必要となり、弁護士がこれに選任された。

(3)　未支給年金の請求と年金記録の統合で増額

　家裁の審判確定後も、戸籍法の問題が絡み、市役所での手続には時間を要してしまったが、何とか離縁せずに父の遺族年金を長男が受給できるようになった。また、年金事務所で、父が昔アルバイトをしていた時の記録も見つかり、統合し年金が増えた。両親が同時に死亡したため、相談者が市役所に死亡届を提出した際、未支給年金の請求も行っておらず、またその年齢から遺族年金を受給できる子がいるとは思われなかったようだ。弁護士によると本件は、社労士が強力にサポートした、まれなケースという。さらに、相続税関係については、税理士の協力を得たり、正に3士業一体になってのコラボレーション体制での解決事例であった。

〔2013年3月18日号掲載〕

遺族厚年の経過的寡婦加算と経過的加算

Q 私は現在59歳。夫が2年前に亡くなり、遺族厚生年金を受給中である。65歳になると「夫の遺族厚生年金の3分の2と私の老齢厚生年金の2分の1」が選択できると聞いた。「経過的加算」などは年金額計算にどのように影響するのか教えてほしい。

（Y県I市　A.S）

A ■遺族厚年は経過的寡婦加算と妻の経過的加算も含む

平成19年4月以後、妻が65歳になると、まず妻自身の老齢厚生年金が優先的に支給され、次の2つの選択肢で計算した額が妻自身の老齢厚生年金を超える場合はその差額が支給されることになった。

(A) 夫の遺族厚生年金の額
(B) 夫の遺族厚生年金の3分の2と妻自身の老齢厚生年金の2分の1の合計額

ここで、上記(B)の計算をするにあたって注意すべきことは、「夫の遺族厚生年金の3分の2」を計算する場合、「経過的寡婦加算」を含め、また「妻自身の老齢厚生年金の2分の1」の計算でも「妻の経過的加算」を含める点にある。

なお、経過的加算は65歳からの老齢厚生年金に加算され当分の間、支給されるが、これは国民年金の保険料納付済み期間には、20歳未満60歳以後の期間は算入されておらず、老齢基礎年金に比べ、定額部分相当額が高額となるため、その差額調整分の意味合いで支給されている。

＜相談者のデータ＞
【夫】
・遺族厚生年金：1,040,800円
・経過的寡婦加算：39,400円
（昭和29年4月2日～30年4月1日生まれの場合）
【妻】
　老齢厚生年金：730,500円
　経過的加算：19,900円

それでは、(B)の計算をしてみよう。
・夫の遺族厚生年金（経過的寡婦加算を含む）の3分の2
　（1,040,800円＋39,400円）×2／3＝720,100円（b1）
・妻自身の老齢厚生年金（経過的加算を含む）の2分の1
　（730,500円＋19,900円）×1／2＝375,200円（b2）
よって　(B)＝(b1)＋(b2)＝1,095,300円　となる。

また経過的寡婦加算を含む夫の遺族厚生年金は1,080,200円(A)であるから、(B)＞(A)となり、妻は、自身の老齢厚生年金（経過的加算を含む）730,500円＋19,900円＝750,400円(C)

および(B)と(C)との差額の344,900円、および自身の老齢基礎年金を65歳から受給することができる。

なお、妻の第3号被保険者期間が長い場合は、経過的加算額は大きな額にはならないので無視できるほどではあるが、本ケースのように経過的加算額が比較的大きな額になる場合は、経過的加算額もきちんと算入することに注意したい。

〔2013年5月13日号掲載〕

第3章 遺族給付

「もらい損ねていた年金」が支給された事例

Q 昭和10年1月生まれの女性（78歳）。夫が82歳で亡くなり、遺族年金を請求した。その際に、亡夫に結婚前の本人らしい厚生年金記録がある、と年金事務所で言われた。夫は転職が多く、結婚前の職歴まではよくわからない。どうしたらよいか。

（K県T市　S.H）

A ■親族から会社名等の情報を入手

　年金受給をしていた夫が82歳で亡くなり、遺族年金の請求手続きをし、その際に、亡夫の本人らしい厚生年金記録が若い頃に2社あることがわかった。夫は転職が多く、かなりの数の会社に勤めていたらしいが、妻でも結婚前の夫の職歴まではよくわからないとのこと。

　また、今までに日本年金機構からのお知らせは何回か送付されていたようだが、返信はしていなかった様子。

　遺族年金を請求する際には亡夫の記録確認を行うので、そこで判明したもの。しかし、本人は亡くなっているために職歴確認は取れず、妻もわからない状況だったが、後日、兄弟と親戚に聞いてみたところ、会社名まではわからなかったが、仕事内容と会社の所在地はほぼ一致した。さらにその厚生年金記録は、他に同姓同名、同一生年月日の該当者がいなかったために本人の記録であると認められた。

　もし、同姓同名、同一生年月日の該当者が複数名いた場合には、本人が亡くなっているので確認の取りようがなく、妻や兄弟等が会社名等を覚えていない場合には本人の記録とは認められないことになる。できればこのように転職の多い場合は、存命中に記録確認をしておくことをお勧めする。

　記録確認は、年金事務所や街角の年金相談センターで確認することができるが、日本年金機構では、インターネットで自分の記録を確認できる「ねんきんネット」を活用した「気になる年金記録、再確認キャンペーン」を展開しており、「持ち主不明記録検索」機能が加わっている。

　コンピュータに保存されている年金記録のうち、持ち主が見つかっていない記録について心当たりのある人に検索してもらい、記録回復につなげるための仕組みで、「氏名、生年月日、性別」の入力により、検索条件と一致する記録の有無が表示される。記録の内容を表示するものではないが、検索条件と一致する記録がある場合は、検索結果を年金事務所（街角の年金相談センター）に持参し、探している人の記録かどうかの確認をする。現在、日本年金機構ではこのキャンペーン内容等のお知らせを送付しており、年金記録の再確認をお願いしている。

　本件の妻が受給できる遺族年金は、2社分で約5年間の厚生年金記録が判明したので、その分が追加されて増額され、さらに、夫が受給していた老齢年金（22年間分）に約5年間の厚生年金記録が加算されて計算し直され、その差額分が未支給年金として支給されることになった。

＊亡夫の年金加入歴（昭和5年生まれ）

〔2013年6月24日号掲載〕

③ その他

遺族年金の対象拡大と生計維持要件

Q 「年金機能強化法」の内容として、平成26年4月から遺族基礎年金の支給対象が父子家庭にも拡大されることに伴い、第3号被保険者が死亡した場合を除くことが検討されていたが、どのようになったのか教えてほしい。　　　　（T県T市　A.I）

A ■パブコメ経て3号除外規定撤回

　現在の遺族基礎年金は、夫が死亡した場合の遺族は、「18歳年度末未満の子のある妻または18歳年度末未満の子であって年収850万円未満（所得では655.5万円未満）であること」となっているが、今回改正で夫と妻を「配偶者」に読み替えて、父子家庭も遺族年金の支給対象になる。

　この変更に伴い「死亡者が第3号被保険者であるときは、支給要件である生計維持に当たらない」という政令（施行令）案が平成25年11月15日にパブリックコメント（意見公募）の対象案件として、12月14日まで意見募集された。

　厚生労働省は、これまで遺族基礎年金の支給における生計維持の考え方を、機械的に男性を生計維持者として捉えていた。共働き世帯の増加を踏まえ、従来の「男性が家計を支えることを前提とした制度設計」から「男性も女性も家計を支える存在となり得ることを前提とした制度設計」への変更として、遺族基礎年金が父子家庭にも支給されるに及び、その世帯において実際に家計を支えていた人を男性・女性にかかわらず、生計維持者と捉えることが必要となる。

　こうした考え方の帰結として、第3号被保険者は、稼得能力を有する第2号被保険者に扶養される人であることから、第3号被保険者が死亡した場合には、遺族年金の支給の要件である生計維持に該当しないという整理となり、その旨を明らかにすることとしていた。

　しかし、平成26年1月10日に発表されたパブリックコメントの結果では、政府案に対する反対意見が多数を占め、生計維持要件の変更はされないことになった。

　こうした見直しを行った場合、主として男性の収入によって家計を維持されてきた家庭で、男性が失業や疾病などにより離職し、女性の被扶養者となった状態で死亡した場合にも遺族年金が支給されないこととなり、不合理であるとの指摘が出た。被扶養配偶者が死亡した場合には遺族年金の支給の対象外という措置を講じつつ、被扶養の捉え方を変えて、上記のような指摘に対応すると、死亡時点における生計を維持していたことの認定という政令に委任された範囲内で行うことが困難であることも考慮し、今回の政令改正では第3号被保険者が死亡した場合の取扱いの見直しは行わないとされた。

　この件については、筆者も以前から政府案が通れば大きな不合理が生じ、年金制度自体が歪んでしまい、大問題になる可能性があると考え反対を訴えていた。当年金マスター研究会も、それを取り入れて独自に反対の立場でパブリックコメントを提出し、同時に全国社会保険労務士会連合会にも具申し、連合会でも会長名で反対意見を提出していただけた。

　朝日新聞でも報道された（25年12月11日）ように、筆者の意見も反映された形での施行令改正となったが、いずれにせよ、近く第3号被保険者制度自体の見直しが浮上してくると感じる。

〔2014年3月17日号掲載〕

第3章 遺族給付

妻死亡時の夫に対する遺族年金

Q 私A（昭34.4.10生、年収700万円）は、妻（昭44.3.2生）と同じ会社で働き16年前に結婚した。子（平11.4.15生）は中学3年になり、3人で幸せに暮らしていたが、妻が平成26.5.10に急死した。夫にも遺族年金が支給されると聞いたので、私の遺族年金について法改正を含めて教えてほしい。　　　　　　　　　　（G県S市　A.Y）

A ■父子家庭にも遺族年金を支給、遺族厚生年金の支給額は変動

(1) 遺族基礎年金の支給

　従来、妻が死亡したとき夫には遺族基礎年金は支給されなかったが、法改正により平成26年4月からは18歳未満の子を生計維持しているとき、夫に遺族基礎年金が支給されるようになった。相談者Aの年金額（平成26年価格、年額）は、遺族基礎年金額772,800円に子の加算額222,400円が加算された合計額995,200円である。この遺族基礎年金の受給権は、子が18歳に達した日以後の最初の3月31日が終了したとき（平成30年3月）に消滅する。

(2) 遺族厚生年金の支給

　従来、妻が死亡したとき夫が55歳以上であれば受給権が発生（60歳までは支給停止）し、60歳から支給された。法改正により平成26年4月からは、妻死亡時、夫が55歳以上であれば、60歳前でも遺族基礎年金の受給権を有する場合は、遺族厚生年金の支給停止が解除され、支給されることとなった。したがって、Aには遺族基礎年金の受給権が消滅する平成30年3月まで遺族厚生年金が支給され、その後60歳に達するまで遺族厚生年金は支給停止となる。

(3) Aが60～64歳に達するまでの間

　Aが60歳に達すると遺族厚生年金が支給されるようになる。特別支給の老齢厚生年金の受給権が発生する64歳に達するまでは、遺族厚生年金のみが支給される。

(4) Aが64～65歳に達するまで

　Aが64歳に達すると特別支給の老齢厚生年金（報酬比例部分）の受給権が発生する。そのため特別支給の老齢厚生年金（報酬比例部分）と遺族厚生年金のいずれかを選択受給する。

　この場合、双方の年金額の多寡を比較して決めることになる。特別支給の老齢厚生年金を選択した場合には、年金が課税対象となること、在職老齢年金が適用されることおよび高年齢雇用継続基本給付金が支給されているときは調整額が年金から減額されることを考慮して年金額を計算することが必要である。

(5) Aが65歳に達したとき

　65歳に達すると、老齢厚生年金ⓐと老齢基礎年金ⓕが支給される。そのうえで遺族厚生年金ⓑは次のように計算されて支給額が決まる。

　まず、ⓑとⓒ（＝ⓑ×2／3＋ⓐ×1／2）を比較し、その高い方をⓓとする。

　次に、ⓐとⓓとを比較し、ⓓ－ⓐ＝ⓔとし、ⓔがプラスであれば、その額が遺族厚生年金の支給額となり、年金支給額はⓐ＋ⓕ＋ⓔとなる。

　ⓔがマイナスになれば、遺族厚生年金は、支給停止となり支給されない。

〔2014年6月30日号掲載〕

③ その他

受給者死亡に伴う年金の法律関係

> **Q** 9月10日に夫（87歳）が亡くなり、翌10月15日に夫名義の銀行口座に2か月分（8～9月分）の年金52万円が振り込まれてきた。現在私は、亡夫の遺族年金と未支給年金の請求手続きを準備中である。葬儀その他で出費が多いのが悩みである。法律に抵触しない故人の年金の管理の仕方について教えてほしい。　　　　（O県S市　G.W）

A ■未支給年金を請求し受給権を確定

(1) 受給権者の死亡と未支給年金

　年金は受給権者死亡によって失権する（厚生年金保険法14条、国民年金法9条）。年金は月を単位として計算される（厚年法36条、国年法18条）が、月の半ばに死亡しても、日割計算されず、1月分が支給される。しかし、受取権者は死亡しているので、この年金は受取権者のない財産ということになる。年金債権は一身専属性であるゆえに、相続債権とされないからである。この年金の未支給部分については、法定の順序に従い権利者が決まる（厚年法37条、国年法19条）。年金の受給権者の妻は未支給年金の第一順位の権利者として請求すれば、この未支給年金を受給する権利が確定する。問題は、未支給年金の受給権者と振り込まれた年金の名義人が異なることである。理論的には振り込まれた年金を一度返還し、未支給年金として改めて受給すれば解決する。しかし、それでは本問の解決にならない。

(2) 名義人と実質的権利者との差

　現在の段階では、銀行に振り込まれた2か月分の返還義務者は決定していない。しかし、妻が未支給年金請求書を提出して未支給年金の権利者が確定した段階では、すでに銀行に振り込まれている2か月分の年金の返還義務が妻に生じる。したがって、妻と年金機構の間では未支給年金の請求権者であると同時に返還義務者でもあるということになる。このような場合には、煩雑な手続を避けるため、振込金を未支給年金に振り替え充当することになる。これを定めているのが「債権の管理等に関する法律」第22条2項である。同法は、国の負う債務（権利者に支払うべき未支給年金）に充当できる国の債権（振込み済み年金の返還請求権）がある時は「これを充当しなければならない」として、これを国の義務として定めている。したがって、妻が現在準備中の未支給年金請求書を年金事務所に提出し未支給年金受給権者であることが確定した段階で、妻が、振り込まれた年金の権利者であることも確定する。よって、妻には亡夫の年金返納義務が免除される。後刻、年金機構から未支給年金保険給付振込通知書が送付される。

(3) 充当の条件

　この充当扱いには条件がある。夫の死亡により夫名義の預金が閉鎖されていないことである。もし預金が閉鎖されていると、各金融機関が定める一定の手続きを取らないと預金が引き出せない。しかも各金融機関が定める預金解除の手続きはかなり面倒で、場合によっては6～8か月間引き出せないこともあり得る。このような場合は妻の立場からみても、また事務手続きが特に簡単になるわけでもない点から考えても、充当手続きは意味がないので取られない。

〔2014年10月20日号掲載〕

第3章 遺族給付

遺族基礎年金と親権・養子縁組

Q 私の娘は5年前、夫の浪費が原因で離婚し、親権を得て長女を引き取った。娘と孫は私達夫婦と一緒に暮らしていた。6か月前に娘が死亡し、孫（14歳）に遺族基礎年金が出た。その後、元夫が親権の回復と孫の引取りを主張している。私達夫婦は孫を手放したくない。そこで、元夫に対抗するため孫と養子縁組をしようかと思うが、これによる孫の遺族基礎年金に影響はあるか。

（N県I市　K.A）

A ■祖父母が後見人になり年金権を維持

(1) 元夫の親権回復と遺族基礎年金

親権とは、子を監護、教育する権利である（民法820条）。年金とは直接の関係はない。しかし親権のなかには子の居所指定権が含まれている（民法821条）。これにより元夫は引取りを主張しているのである。もし孫が元夫と同居すれば、生計を同じくする父との同居となり、遺族基礎年金は支給停止になる（国民年金法41条2項）。祖父母が扶養していた状態に対し、親権を主張して引き取るという新たな扶養関係を生じた以上は、それに応じた、新たな法律関係を考えていかなければならない。

(2) 養子縁組と遺族基礎年金

養子縁組をすると、原則として遺族基礎年金は失権する（国民年金法40条1項3号）。これは養子縁組により養子は実子と同じ扱いになるためで（民法809条）、養父には養子に対する扶養の義務が生じる。そこで、新たに扶養する者が生じた以上は遺族基礎年金の必要性はないとみなし、失権するのである。しかし本ケースのように祖父母が孫を養子にした場合は、元々祖父母と孫の間には直系血族としての扶養義務があるため（民法877条）、新たに扶養義務者ができたわけではなく、例外的に遺族基礎年金の失権はないと規定される（国民年金法40条1項3号カッコ書き）。ただし、失権はなくても、同居が問題として残る。この同居は、今までは祖父母と孫の同居であるが、養子縁組によって法律的には父母と子の同居となる。そうすると生計を同じくする父母との同居となるので遺族基礎年金は支給停止になる（国民年金法41条2項。この条文に養父母が含まれることについては、厚生労働省年金局年金課に確認済）。これは、養子縁組により法律的には養子は実子と同じ扱いになる以上、新たな扶養関係が生じたことになる。したがって、それに応じて法律関係を考えることになる。

(3) 本ケースの特別事情と解決策

本ケースの場合、死亡した母親は自分に万が一のことがあっても娘が大学進学できるようにと考え、民間の保険を掛けていた。その保険金は現在、娘の名義で預金されている。もし父親が親権を回復すると、娘の預金の管理権も持つことになる（民法824条）。もともと浪費が原因で離婚した元夫である。祖父母はそのことに強い危惧を感じ、これを防ごうとして養子縁組を考えている。そこで、遺族基礎年金が支給停止になる養子縁組ではなく、未成年後見の申立をすることを勧めた（民法840条）。未成年後見人の権限は、ほぼ親権と同じである。祖父母が後見人となることにより、高校卒業までは遺族基礎年金は支給され、預金での大学進学も可能になると思われるからである。

〔2014年11月3日号掲載〕

関連制度　第4章

❶ 共済年金 …………………………………… 138

❷ 制度の新設、変更など …………………… 147

❸ その他 ……………………………………… 153

第4章 関連制度

厚生年金と共済組合のある女性の繰上げ請求

Q 私は、60歳を間近に控えている昭和28年4月25日生まれの女性。厚生年金と共済組合と国民年金の加入がある。収入がないため60歳で一部繰上げ請求した場合、年金額はどのようになるのか。
（N県S市　Y.N）

A ■加重平均して繰上げ年金額を計算

　本件相談者は、支給開始年齢の異なる年金制度の加入歴がある。老齢厚生年金は64歳から定額部分が受給できるが、退職共済年金は定額部分がない。「老齢基礎年金の一部繰上げ」を行うことにより老齢基礎年金の受給額を求めるには、それぞれの加入期間に応じて加重平均して減額率を求めることになる。計算式を挙げると以下のとおり。

＊一部繰上げの老齢基礎年金額

　（老齢基礎年金額）×〔（老齢厚生年金の①／②×厚生年金の期間／厚生年金と共済組合等の期間）＋（退職共済年金の①／②×共済組合の期間／厚生年金と共済組合等の期間）〕×（1－0.005×②）

＊65歳からの老齢基礎年金額加算額

　　老齢基礎年金額×（1－③）

（注）①＝繰上げ請求月から定額部分支給開始年齢到達の前月までの月数

　　　②＝繰上げ請求月から65歳到達の前月までの月数　③＝上記〔　〕の部分

　では、例をあげて説明しよう。厚生年金の加入期間が25年、共済組合の加入期間が10年、国民年金の加入期間が5年だったとする。

　786,500円×〔（48月／60月×300月／420月）＋（60月／60月×120月／420月）〕×（1－0.005×60月）
＝786,500円×〔（4／5×5／7）＋（2／7）〕×0.7＝786,500円×〔（4／7）＋（2／7）〕×0.7＝786,500円×6／7×0.7＝471,900円

　そして、65歳になると<u>老齢基礎年金額加算額</u>が加算される。

　786,500円×1／7＝112,400円

　また、60歳から受給できる老齢厚生年金・退職共済年金については、以下のとおり。

＊老齢厚生年金（報酬比例部分を50万円、定額部分を50万円とした場合）

① 報酬比例部分　50万円

② 定額部分の繰上げ調整額（本来の定額部分）の20％

　50万円×20％＝10万円

　合計①＋②＝60万円

＊退職共済年金（職域加算を2万円、報酬比例部分を20万円、経過的加算を2万円とした場合）

① 職域加算（本来の職域加算の94％）

　2万円×94％＝18,800円

② 報酬比例部分（本来の報酬比例部分の94％〔経過的加算の△30％を含む〕）

　20万円×94％－2万円×30％＝182,000円

③ 経過的加算　2万円

　合計①＋②＋③＝220,800円

〔2012年9月10日号掲載〕

① 共済年金

民間へ転職した地方公務員の年金

Q 22歳で大学卒業後、地方公務員として35年間働き、その後3年間、民間の会社に勤めている男性。60歳以降も正社員として会社に勤務する予定だが、働きながら年金を受給する際、在職老齢年金を計算する場合の支給停止となる基準額はどうなるのか。

（S県S市　M.O）

A ■支給停止額は厚年・共済で別計算

(1)　共済年金の支給事由は、国民年金や厚生年金と同様、老齢、死亡、障害の3つであり、老齢年金は退職共済年金と呼ばれる。退職共済年金の受給資格は、老齢基礎年金と同じく公的年金の加入期間が原則25年以上必要とされる。また、共済組合の加入期間が1年以上ある場合には60歳から特別支給の退職共済年金が支給され、加入期間が1年未満の場合は65歳から退職共済年金が支給される。

特別支給の退職共済年金は老齢厚生年金と同様、生年月日により支給内容が異なるが、性別による違いがなく、男女とも、男性の特別支給の老齢厚生年金と同じ生年月日により支給開始の年齢が引き上げられている。また、退職共済年金には、3階部分にあたる職域加算がある。

平成16年4月から、民間会社に転職した公務員に対して、公務員として加入した共済年金も厚生年金と同様に在職中の老齢年金として取り扱われることとなった。なお、公務員期間と民間会社での期間における老齢年金は、それぞれの窓口で請求手続きをしなければならない。

(2)　相談者は、大学を卒業し、地方公務員として加入した共済年金が35年、その後民間の会社で厚生年金保険加入期間が3年のため、共済年金と厚生年金の保険料納付期間は併せて38年。この場合、共済年金、厚生年金ともに在職老齢年金として支給されるが、共済年金と厚生年金は別々に算出されて支給される。現制度上では合算されることはない。

その場合、厚生年金の在職老齢年金と共済年金の在職老齢年金の計算は同一ではない。在職老齢年金額算出における支給停止となる「基準額」が、厚生年金と共済年金で異なるためである。

例えば、60歳代前半の厚生年金の基準額は28万円であるが、共済年金の基準額は46万円となっている。本件のケースでは、35年間の地方公務員時代の共済年金の基準額は46万円、3年間の民間会社での厚生年金での基準額は28万円で計算されることとなる。また、共済年金の職域部分については、全額支給となるため在職老齢年金の対象とはならない。

なお、基準額の46万円は、民間会社（厚生年金被保険者として）に転出した場合、もしくは他の共済組合で組合員等として働くという場合である。例えば、60歳以降も地方公務員としてそのまま職場に残った場合は、基準額は28万円として計算される。

被用者年金制度の一元化を図るための厚生年金保険法等の一部を改正する法律が、平成24年8月に成立し、今後、平成27年10月より厚生年金保険への一元化が施行されることで、共済組合における基準額も見直しが行われることになる。

〔2013年7月8日号掲載〕

第4章 関連制度

大学勤務者の在職老齢年金

Q 私は、昭和26年7月生まれの男性。博士課程修了まで大学に在籍していたので、国民年金に加入し保険料を10年間（120月）納めていた。博士課程修了後は、Ａ私立大学に20年間（240月）在籍した。Ａ私立大学では私学共済の組合員だった。その後、Ｂ私立大学に籍を移し、現在に至っている。Ｂ私立大学では厚生年金保険に加入している。60歳以後も収入は減らずに（年収1200万円）働き続けることができる。60歳以後もＢ私立大学で働き続けた場合、私の年金はどのようにもらえるか。　　　　　　　　　　（Ｈ県Ｋ市　R.W）

A ■共済年金の職域加算部分は支給停止されず

相談者は、60歳までに国民年金に120月、私学共済に240月、厚生年金保険に120月加入することになるので、60歳に達すると厚生年金保険から報酬比例部分が支給されることになる。ところが厚生年金保険法附則第11条に規定する在職停止の仕組みにより、報酬比例部分の年金は一部または全額が支給停止になる。相談者の場合、60歳以後もＢ私立大学で働き続けると、基本月額（4万円）と総報酬月額相当額（100万円）の額が大きいため、全額支給停止になる。

一方、私学共済からは、60歳到達時から給与比例部分が支給されるが、相談者の場合、やはり基本月額（6万円）と総給与月額相当額（100万円）の額が大きいため、同様に全額支給停止になる。

しかし、私学共済の給与比例部分が全額支給停止になっても、職域加算部分（月額12,000円）は支給停止されないことになっている。

また仮に65歳になって退職共済年金が在職により全額支給停止になっても、配偶者の要件を満たせば、加給年金額は全額支給される。

なお、私学共済の組合員期間があり、60歳以後も私学共済の組合員である場合、退職共済年金の給与比例部分は厚生年金保険と同様の在職支給停止が適用され、かつ職域加算部分は全額支給停止されることになる（昭和12年4月1日以前生まれの人は、70歳以後在職中の支給停止は行われない）。

60歳以後相談者が、①私学共済の大学に勤務する場合、②厚生年金保険の大学に勤務する場合に分けて、在職老齢年金が60歳台前半と後半とではどのように調整されるか整理すると、左表のようになる。

〔2010年5月31日号掲載〕

＜60歳台前半の在職老齢年金＞

大学の年金制度	年金種別	退職共済年金	老齢厚生年金
私学共済の大学に勤務する場合		※1	支給停止されない
厚生年金保険の大学に勤務する場合		※2	※1

＜60歳台後半の在職老齢年金＞

大学の年金制度	年金種別	退職共済年金	老齢厚生年金
私学共済の大学に勤務する場合		※2	支給停止されない
厚生年金保険の大学に勤務する場合		※2	※2

※1．支給停止基準額（厚生年金保険法附則第11条による支給停止）
※2．支給停止基準額（年額）
　＝｛(基本月額＋総給与月額相当額－47万円)×1／2｝×12

① 共済年金

65歳以上の共済年金受給者の再就職

Q 私は現在65歳。大学卒業後、3月で退職するまで共済の組合員であった。このたび、厚生年金の適用事業所に役員として就任する。私の年金はどうなるか。

（T都S区　Y.S）

A ■退職共済年金は一部支給停止に

(1) **退職共済年金を受給できる**　相談者の年金記録を確認したところ、大学を卒業してから65歳の年度末（3月31日）まで共済の組合員資格を有していた。相談者は3月31日で退職して共済の組合員資格を失うことから、「退職共済年金」を受給することができる。

配偶者も相談者と同年齢で、同じ期間の共済組合員資格を有している。したがって、相談者の年金には加給年金の加算がなく、下図のような構成になる。共済からの支給はⒶおよびⒷ。Ⓒの老齢基礎年金は年金事務所に請求しなければならないので、注意が必要である。なお、仮に配偶者が65歳未満で、相談者によって生計維持されていた場合は、上記の年金額に「加給年金額」が加算される。

| Ⓐ職域加算額 |
| Ⓑ退職共済年金（厚生年金相当額） |
| Ⓒ老齢基礎年金 |

(2) **厚生年金被保険者資格を取得する**　今回、相談者は、厚生年金適用事業所の常勤役員として就任することから、法人との雇用関係が生じる。厚生年金の被保険者資格は、①適用事業所に常時使用されていること、②労務の対償として、給与や賃金を受けること、③70歳未満であることが要件となる。相談者はすべての要件を満たすことから被保険者資格を有することになり、事業所を管轄する年金事務所に「資格取得届」を提出しなければならない。

(3) **老齢厚生年金の受給資格を取得する**　相談者は、すでに退職共済年金の受給権を有し、今回厚生年金保険の被保険者資格も有したので、老齢厚生年金の受給資格を検討する。

老齢厚生年金の受給要件は、①老齢基礎年金の受給権を有していること、②厚生年金保険の被保険者期間が1か月以上あること（ただし、65歳未満の者に支給する老齢厚生年金は1年以上の被保険者期間が必要）である。

相談者はすでに65歳を超え、老齢基礎年金の受給資格を満たしていることから、被保険者期間1か月で老齢厚生年金の受給権が生じる。

(4) **退職共済年金が一部支給停止になる**　昭和12年4月2日以降に生まれた退職共済年金受給者が厚生年金保険等の被保険者資格を有することになった場合、その間、給与や報酬と年金（職域加算額を除く）の合計額に応じて、年金が一部（または全部）支給停止されることがある。現時点（平成25年）での支給停止調整基準額は46万円となっており、給与等と年金の月額の合計額が46万円を超えない場合は支給停止されない。46万円を超える場合は支給停止に該当し、停止額（月額）は46万円を超える部分の額の2分の1となっている。

相談者が厚生年金の被保険者資格を有したら、加入する共済に、「年金受給権者再就職届」を提出しなければならない。なお、相談者は一部支給停止に該当することになった。

〔2013年11月11日号掲載〕

第4章 関連制度

追加費用期間に係る削減の考え方

Q 私は昭和14年5月生まれの男性である。昭和30年4月に市役所に就職し、平成4年12月28日に54歳で退職した。退職後は国民年金の納付を60歳まで続けた。勤務年数は38年弱である。現在退職共済年金を2,389,200円（加給年金389,200円を含む）、老齢基礎年金を満額778,500円受給している。先日、地方公務員共済組合から昭和37年12月前の部分の退職共済年金を27％減額するという通知が来た。減額される理由とその額を教えてほしい。

（K県K市　T.K）

A ■制度一元化のため旧恩給期間の税による追加費用を是正

(1) 旧制度の温存期間の是正が目的

現行の地方公務員共済制度が発足したのは昭和37年12月からである。それ以前にも地方公務員の年金制度は存在した。そしてこの旧制度の期間を持つ地方公務員が現行制度発足時に地方公務員として在職していた場合は、旧制度にあった恩給期間をそのまま通算した。

ただ問題は現行の地方公務員共済制度の年金保険料の組合員負担部分が4.4％であるのに対し、現行制度の前の制度の年金保険料の加入員負担部分が2.0％と低いことである。そこで残り2.4％に当たる費用を地方公共団体が負担して現行の制度と同金額を支給していた。

これが追加費用と呼ばれている。このたびの厚生年金との制度一元化に伴い、この負担金を取りやめることになった。厚生年金制度にはこのような特別期間について地方公共団体がその費用を負担する制度はないので、制度を共通にするためである。削減率の27％の根拠は、地方公務員共済年金の保険料は全体で8.8％になるので、この8.8％で地方公共団体の負担部分の2.4％を考えると、約27％に相当するからである。

(2) 改正の方式

一元化法は共済法そのものについては改正せず、付属法である地方公務員等共済組合法の長期給付等に対する施行法を改正するという方法を採った。そして従来の13条の後に13条の2を新設した（地方公務員等共済組合法の長期給付等に対する施行法13条の2、（以下、法という））。さらに細目については政令を制定した（地方公務員等共済組合法施行令等の一部を改正する政令227号、官報平成25年7月31日発行166号、（以下、政令という））。この政令にはかなり重要な事項が規定されていて、両者を合わせて読まないとこの削減措置の詳細は分からない。

(3) 削減の方法

削減の方法としては、形式的にはまず削減額の計算方法を規定し（法13条の2第1項）、これに対する特例として、経過措置としての削減制限という形になっている（法13条の2第1～3項）。この経過措置は、削減額があまりに大きくなると退職年金受給者の生活に大きく影響を及ぼすことになるので、これを避けなくてはならないとの配慮から設けられたものである。そこで、この削減の原則とその制限規定である経過措置は両者が関連し合っている一体のものなので、次の項目で説明し、各制定法条文と政令に従い、具体的な削減額の計算を試みることとする。

〔2014年2月24日号掲載〕

① 共済年金

追加費用期間に係る削減の計算方法

A ■相談者の場合、削減額は約15万円

　前頁に引き続いて、共済と厚年一元化に伴う共済年金額の削減の方法と額につき説明する。
① まず削減の上限として控除調整下限額がある。すなわちこの削減後共済年金が230万円以下の場合は削減することができない。これは地方公務員等共済組合法の長期給付等に対する施行法（以下、法という）13条の2による。

　その計算方法は以下のとおりである。退職共済年金の中に加給年金が含まれているときはこれを控除して考える（地方公務員等共済組合法の一部を改正する政令53条の16の9第1項：以下政令という）。老齢基礎年金も含まれる（法13条の2第1項）。老齢基礎年金は昭和36年からの組合員期間とする。ただし、20歳以上60歳未満の部分に限られる（政令53条の16の4第1項第1号）。230万円は固定した額ではない。各年度に規定する再評価率を掛け合わせて変化する（法13条の2第1項）。この内容は物価変動率を原則とする（政令53条の16の3第1項）。この金額は100円未満については50円で四捨五入し、100円に切り上げる（政令53条の16の3第4項）。
② 削減の計算方法は、上記の規定でまず計算する。ここで算出された額を控除前退職共済年金額という。削減額計算方法は、控除前退職共済年金額を共済全期間で割り、これに0.27を掛けて、1月の削減額を出す。それに成立前期間月数を掛け合わせることによる（法12条の2第1項）。この額が230万円を超過した場合に削減が行われる。
③ 削減額は控除前退職共済年金額の10％を超えることはできない（法13条の2第1項）。
④ 以上を前提として、本問に即して考える。

　まず控除前退職共済年金額を算出する。最初に共済支給額から加給年金額を控除する。2,389,200円－389,200円＝200万円となる。

　老齢基礎年金の対象額を算出する。昭和36年4月から平成4年12月までの期間であるから31年8月で380月となる。この間の老齢基礎年金の対象受給額は、778,500円×380／456｛昭和14年5月生まれの可能加入月数（国民年金法昭和60年附則別表4）｝＝648,750円となる。

　控除前退職共済年金額は、200万円＋648,750円＝2,648,750円となり、減額は、2,648,750円÷（共済全期間456月）×0.27×（成立前期間96月）＝150,561円となる。これは2,648,750円の10％より少なく、かつ2,648,750円から控除後の額は230万円より多い。そこで削減額は150,561円となる。

　したがって、支払額は2,648,750円からこの150,561円を差し引いた額を端数処理した2,498,200円となる。

〔2014年3月3日号掲載〕

第4章 関連制度

退職共済年金受給者の加給年金と振替加算

Q 妻（昭和22.3.8生）は現在、退職共済年金を受給している。私（夫）（昭23.3.15生）は在職中（給与15万円）で、65歳時で厚生年金加入期間が239月となる。65歳以降も勤務する場合、妻に加算されていた加給年金は私に振替加算として支給されるだろうか。

（T都O区　K.T）

A ■原則、振替加算は夫が退職または70歳になるまで支給される

　加給年金とは、厚生年金保険の被保険者期間（共済の場合は組合員期間）が20年以上ある人または中高齢の資格期間の特例を受けている人が、定額部分開始年齢に達した時点で、その人に生計を維持されている65歳未満の配偶者、18歳到達年度の末日までの子および20歳未満で障害等級1級、2級に該当する子がある場合に支給される。

　振替加算とは、配偶者が受けている老齢厚生年金（共済年金）や障害厚生年金（共済年金）に加算されている加給年金額の対象になっている人が65歳になると、それまで配偶者に支給されていた加給年金が打ち切られる。このとき加給年金額の対象者であった本人が老齢基礎年金を受けられる場合には、一定の基準により老齢基礎年金の額に加算がされる。これを振替加算という。

　対象となるのは、①大正15年4月2日から昭和41年4月1日生まれの人、②本人が老齢基礎年金のほかに老齢厚生年金や退職共済年金を受けている場合は、厚生年金保険または共済組合等の加入期間が240月（中高齢の資格期間の短縮の特例を受ける場合はその期間）未満であること等の条件を満たしている人である。

　相談の具体的内容は、妻は、地方公務員共済で60歳から厚生年金相当部分と職域年金相当部分、63歳から定額部分と加給年金（396,000円）が加算された年金を受給している。夫は60歳時で厚生年金加入期間179月（40歳以降の期間は89日）、国民年金261月である。夫は転職をくり返し、若い頃から妻には生活の苦労をかけており、70歳までは勤務したいと思っている。しかし、65歳以降も勤務した場合、厚生年金保険加入期間が240月を超えてしまう。240月以上の厚生年金期間があると振替加算は加算されないと聞いたが、この場合どうなるかとのことであった。

　年金額の基礎となる期間の（再）計算は以下の時期に行われる。①老齢厚生年金（特別支給の老齢厚生年金）を受ける年齢に達したとき、②退職し厚生年金保険や共済組合の被保険者（組合員）資格を失ったとき、③65歳に達したとき、④70歳に達したとき。

　相談者の場合、65歳時の厚生年金加入期間は239月で240月に1月満たないため、振替加算の対象となる。振替加算を受給するためには、「国民年金老齢基礎年金加算開始事由該当届」に必要書類を添えて年金事務所に提出する。振替加算は、老齢基礎年金受給権者の生年月日に応じて支給され、65歳に達した月の翌月から支給される。それまで妻に加算されていた加給年金は打ち切られ、夫に振替加算額として98,600円が支給されるようになる。ただし、夫が65歳以降で退職したとき、または70歳に達したときには、振替加算は打ち切られる。

〔2013年11月18日号掲載〕

① 共済年金

遺族共済年金の生計維持関係

Q 私は現在59歳。60歳の定年を迎える直前に息子（30歳・独身）を亡くした。息子は私立高校の教員で、私学共済の組合員であった。会社員である私の年収は、現在1,000万円であるが、定年後は、年金と再雇用先の給与（300万円）で暮らすつもりでいる。私たち夫婦は、息子の遺族共済年金を受給することができるのであろうか。

（Y県I市　A.S）

A ■死亡した者との生計維持関係で支給可否が判断される遺族給付

遺族共済年金は、組合員が死亡したときや、退職共済年金の受給権者または退職共済年金の受給資格を満たした人が死亡したときなどに、当該組合員に生計維持されていた遺族に支給される。

本件のように組合員であった息子（以下単に息子という）の父母が遺族の支給対象になる場合は、遺族共済年金は60歳まで支給停止になる。ただし、遺族厚生年金のように被保険者の死亡当時、母親の年齢が55歳以上であるという条件はない。

本件の場合、死亡した息子に相談者が生計を維持されていたかが問われる。

「生計維持」とは、生計を同じくし、かつ年収が850万円以内（または年間所得が655万5千円未満）という状態のことである。

支給対象となる父親は、現役の会社員であり、年収が1,000万円ということなので、生計維持要件である「年収850万円未満」を超えており、生計維持要件は満たしていないが、おおむね5年以内に年収850万円未満になるということなので、遺族共済年金を受給できる可能性がある。

厚生労働省では「生計維持関係等の認定基準及び認定の取扱いについて」（年発0323第1号平成23年3月23日）に「生計維持」について細かく規定している。

「生計維持認定対象者及び生計同一認定対象者が死亡した者の父母、孫、祖父母又は兄弟姉妹である場合」について次のように規定している。

①住民票上同一世帯に属しているとき
②住民票上世帯を異にしているが、住所が住民票上同一であるとき
③住所が住民票上異なっているが、次のいずれかに該当するとき
　イ現に起居を共にし、かつ、消費生活上の家計を一つにしていると認められるとき
　ロ生活費、療養費等について生計の基盤となる経済的な援助が行われていると認められるとき

つまり相談者が、死亡した息子と上記のような関係であれば、生計維持関係と認定され、遺族共済年金を受給できる可能性がある。

しかし、本件の相談のケースでは、息子が父母と同居していなかったものの、頻繁に実家に出入りし、家計を一つにしていたと主張したが、生計維持関係は認定されなかった。

これは、父母が息子の収入に頼らなくても生活できたこと、父親がこれから受給する年金額や退職金の額が世間並み以上に高いことから、遺族共済年金が必ずしも必要ではないと判断され、不支給となった事例である。

〔2014年4月28日掲載〕

第4章 関連制度

新公務員年金「年金払い退職給付」

Q 私は、45歳の地方公務員。平成27年10月から公務員の共済年金が厚生年金と統合するということだが、職域加算部分はどうなるのか。新しい公務員の年金である「年金払い退職給付」は、キャッシュバランス方式の制度ということだが、どのような制度か。

（K県Y市　S.S）

A ■職域加算は年金払い退職給付に

　共済年金は厚生年金との統合後、職域加算が廃止されるので、在職中の公務員は退職後、厚生年金のほかに、平成27年9月までの職域加算部分とその後の新たな年金部分の合計額が支給される。将来の公務員は、この新しい年金のみから給付される。給付の決め方は、将来の積立不足が発生するのを避けるため、キャッシュバランス方式が採用された。国家公務員、地方公務員のほかに、私学共済の教職員も対象となる。

　平成24年11月16日に法制定されたこの新たな年金は、「年金払い退職給付」と呼ばれ、平成24年4月～7月に開かれた有識者会議で導入が提言された。民間の企業年金と調和を図るため、従来からの確定給付年金、加入者が運用を決める確定拠出年金などが検討された。そのなかで、給付が安定的で、民間で広く普及しており、積立不足や掛金の追加拠出が発生しにくい確定給付年金のなかのキャッシュバランス方式が採用された。人事院の調査（平成23年）では、従業員50人以上の民間企業で、確定給付型の企業年金（確定給付企業年金、厚生年金基金）のうち22.7％、1,000人以上の大企業では、53.3％が採用している。

　キャッシュバランス方式の年金は、確定給付年金と確定拠出年金の両方の特徴を持ち、毎月の報酬の一定率の積立てに、国債などの市場利回りに基づく利息を加えていく制度である。国債の利回りは毎月変動するので、高金利のときには多くの利息が付き、低金利のときには利息が少なくなる。同じ勤続期間でも、時期が異なれば市場動向で受取額が変わる。この利息を付ける利率を指標利率と呼ぶが、有識者会議では、10年国債利回りの10年、5年、1年の平均の最も低い保守的な率を使い、上限は2％、下限は0.5％としている。運用はまとめて行い、個人ごとには行わない。しかし、個人ごとに仮想の口座を持ち、自分がいくら支給されるかわかるようになっている。

　現在の共済年金の資産は、厚生年金と旧職域加算のための資金に分けるが、この新しい制度では、発足時からの勤続に対し支払われるのでほぼゼロの資金から始め、主に国債で運用される予定である。運用と給付が連動するので、積立不足や追加拠出が発生しにくい工夫がされている。

　新しい制度には、職域加算相当として、労使合わせて報酬の1.5％を上限に拠出される。労使拠出のため、給付は、半分は有期年金（期間10年または20年より選択）で一時金でも受け取れる。残りの半分は、終身年金である。本人が死亡した場合、有期年金では、残余部分は一時金が支給されるが、終身年金では支給されない。65歳支給（60歳まで繰上げ可能）で、モデル年金額は約1.8万円、従来の終身年金のみでの約2万円よりも減額となる。

〔2015年1月19日号掲載〕

② 制度の新設、変更など

戦前～戦後の厚生年金保険制度

Q 戦前から戦後にかけての年金制度と当該期間の加入歴等に係る留意点を教えてほしい。
（K県Y市年金相談員　M.F）

A ■旧制度における就業場所・従事業務等の確認を

　労働者年金保険法（法律第60号。昭和17.6）施行時の強制被保険者は、健康保険法第13条に掲げる工場、事業場または事業であって常時10人以上の労働者を使用する事業所の男子（肉体）労働者を被保険者としており、勅令指定工場、事業場または事業の使用者、女子、船員保険の被保険者、外国人、勅令で指定される者（官業・民業共済組合員等）は適用除外であった。
　その後、昭和18年4月に常時5人以上労働者を使用する事業所の男子労働者が追加され、19年改正法により厚生年金保険法に名称変更された。強制被保険者の範囲は、健康保険法の適用事業所と同一となり、5人以上の事業所に使用される男子事務職員と女子従業員に拡大された。21年1月には外国人の適用除外条文が削除された。

(1) 戦時中の保険加入期間について

　旧厚生年金保険法（第59条の2）で「被保険者が陸海軍に徴集又は召集された場合、勅令によりその期間（召集された月から復員した前月まで）の保険料を免除する」（適用期間昭和19年10月1日～22年5月2日）という応召者、徴用者への優遇期間があった。
　このため、軍歴があったとしても、事業主と雇用関係が存続し、被保険者期間がある場合がある。他方、時代背景から恩給法に該当する者、旧令共済組合員に該当する者等いろいろな可能性があるので、履歴内容によっては軍歴証明書の交付を受けることが必要になろう。

(2) 軍歴証明等の申立て

　旧陸海軍軍人・軍属の軍歴は、恩給および各種共済組合の退職年金の通算対象となる。また、厚生年金保険法、国民年金法の改正に伴う旧令共済組合期間の通算対象になることから、該当する場合、その履歴の証明を受ける必要がある。
　陸軍軍人・軍属（高等文官・従軍文官、造兵廠等所属の雇傭人・工員を除く）の場合は、終戦時に本籍があった都道府県庁等や、陸軍軍属（高等文官・従軍文官）および海軍軍人・軍属の場合は厚生労働省社会・援護局業務課に履歴申立書を提出し、履歴証明書の交付を受ける。また、陸・海軍軍属（旧令共済組合員期間）の厚生年金裁定の場合は、原則年金事務所→日本年金機構経由である（詳細は、厚労省HP等）。

(3) 学徒動員や進駐軍施設等での就業期間

　学徒動員で働いていた期間は、加入期間とならない（昭和19.5厚生省告示「決戦非常措置要綱」に基づく通年勤労動員学徒）。また、昭和20年8月の終戦後、進駐軍施設で働く者は厚生年金保険加入者でなかったが、23年12月1日付厚生省保険局長通達により、翌24年4月1日から順次厚生年金保険が適用されるようになった。その後、26年7月1日に日米間で労務基本契約が締結され、就業場所により適用になる者（政府雇用者）、ならない者（米軍施設の直接雇用者等）に分かれたとされている。以上のような事情から、「当時働いていたのに厚生年金保険の加入期間になっていない」という事案は、就業場所、従事していた業務等について丁寧に確認することが必要である。

〔2010年4月5日号掲載〕

第4章 関連制度

時効特例給付額に物価スライド分を加算

Q 年金に関し、いわゆる「遅延加算金法」が施行されたというが、どんな法律で、その効果と請求手続き等について伺いたい。　　　　　　　　　　　（T都S区　H.M）

A ■年金記録回復に伴う物価上昇分の加算支給、平成21年4月30日以前支給分は請求を

　平成21年4月24日、年金保険に係る長い名前の二つの法律が成立している。一つは、いわゆる「遅延加算金法」で正式名称は「厚生年金保険の保険給付及び国民年金の給付の支払いの遅延に係る加算金の支給に関する法律」である。

　もう一つの法律は、「延滞金軽減法」といわれている「社会保険料の保険料等に係る延滞金を軽減するための厚生年金保険法等の一部を改正する法律」である。

　平成19年7月に、年金時効特例法により記録の回復に伴い過去5年より以前の分も遡って年金の支払いが可能となった。これに即し、「遅延加算金法」では、年金記録の訂正がなされたうえで受給権に係る裁定あるいは再裁定が行われ、本来の支給日より大幅に遅延されて支払われる年金（時効特例給付）の額が現在の価値に見合う額になるよう加算制度を設けた。つまり物価スライドを勘案し、物価上昇相当分を遅延加算金として支給することになった。

　「延滞金軽減法」の趣旨は、厚生年金保険料等の支払いに困窮する事業主等に配慮し、納期限から3か月については、延滞利率を従来の14.6％ではなく「前年の11月30日において日本銀行が定める基準割引率＋4％」の割合で計算しようとするものである。平成22年分は4.3％で計算されることになり、すでに平成22年1月1日に施行済みである。

　「遅延加算金法」は、これより遅れて平成22年4月30日より施行されている。加算金の支給は、請求手続き上「時効特例給付」の支払日により次の2通りの取扱いがなされる。

①　時効特例給付の支払が平成21年4月30日以前にあった場合は、26年4月30日までの間に下記請求手続きが必要となる。
②　時効特例給付の支払が平成21年5月1日以降に支払われた場合は、請求手続きは不要で自動的に支払われる。

＜請求を必要とする場合の手続・手順＞

㈲　日本年金機構から加算金額等が記入されたダイレクトメールが届く。
　ただし、ダイレクトメールの到着を待たずに今すぐでも手続きをしたい場合は、近くの年金事務所に相談のうえ、必要書類を提出（または郵送）することもできる。
㈹　必要提出書類
　「遅延特別加算金請求書」に次の場合に応じそれぞれの書類を添付し提出する。
ⅰ）手続人が年金受給者の場合
　・年金証書、振込通知書など基礎年金番号・年金コードが確認できるもの。
ⅱ）手続人が遺族の場合
　・死亡受給権者と支給を受けようとする者との身分関係を明らかにすることのできる戸籍謄本もしくは戸籍抄本
　・死亡受給権者と生計を同じくしていたことを証明する書類

〔2010年5月24日号掲載〕

② 制度の新設、変更など

年金時効特例法と年金遅延加算金法の運用

Q 妻Ａ子（当時77歳）は、平成９年６月に厚生年金の加入期間の記録漏れ分として過去５年分の年金を受給した。平成19年１月妻病死。同年12月に妻の時効特例給付支給の手続きを私（遺族である夫）が行い、平成20年９月に受給した。その後、遅延加算金請求手続きの連絡があったが、詳しいことを教えてほしい　　　　（Ｋ県Ｔ市　M.S）

A ■時効特例と遅延加算金は一体的

１．年金時効特例法

年金時効特例法は、平成19年７月６日に公布・施行された。年金記録の回復に伴って本来支給されるはずであった年金が、年金時効特例法に基づき、全期間に遡って支給されることになった。年金記録の訂正による年金の増額分は、時効により消滅した分を含めて、本人または遺族に全額支払われる。下記の者が支給対象となる。

⑴　すでに年金記録が訂正されている者
　　①年金記録の訂正により年金額が増えた者
　　②年金記録の訂正により年金の受給資格が確認され、新たに年金を支払われる者
　　③上記①および②に該当する者が、死亡している場合は、その遺族に未支給年金の時効消滅分が支払われる。
⑵　今後、年金記録が訂正される者
　　④年金記録が訂正された結果、上記①～③と同じように年金額が増える者

```
60歳        72歳        77歳
[5年を超える分時効][5年分支給][全額支給]
　　　↑
この部分も全期間支給されることになった。
```

２．年金遅延加算金法

遅延加算金法は、平成21年５月１日に公布（平成22年４月30日施行）された。年金記録の訂正がされた上で受給権に係る裁定が行われた場合において、本来の支給日より大幅に遅れて支払われる年金給付の額について、当時の年金（時効特例給付）が現在価値に見合う額になるよう、物価上昇相当分を遅延加算金として支給する。遅延加算金の対象となるのは、過去５年を超える未払い期間について支払われる年金で、非課税扱いとされる。

　　　　遅延加算金＝時効特例給付×加算率

①平成21年４月30日までの時効特例給付の受給者　⇨　請求手続が必要

対象者には日本年金機構から加算額を含め、必要事項が印字された用紙「遅延加算金請求書（未支給年金用）」が送付される。請求手続は、施行日から５年以内となっている（平成27年４月29日までに行うこと）

②平成21年５月１日～平成22年４月29日までの時効特例給付の受給者（経過措置対象者）
③平成22年４月30日以降の時効特例給付の受給者または受給権者　⇨　請求手続は不要

自動計算され未払年金に上乗せして支払われる。
この相談者の場合は上記①に該当するので、遅延加算金の請求手続が必要となる。

〔2012年１月23日号掲載〕

第4章 関連制度

法定免除期間に係る保険料の取扱い

Q 自営業を営む夫は呼吸器疾患で療養中。近く2年前に遡って障害基礎年金の権利が認められ、この間の障害基礎年金が一括支給される予定。遡って法定免除扱いとなることからこの2年分の保険料も遡って還付されるとのこと。しかし、将来症状が軽快し障害等級不該当となると障害基礎年金が支給されなくなる可能性もある。老齢基礎年金の計算上、法定免除期間は国庫負担相当分しか額に反映されないため保険料の還付を受けず納付済のままにしておきたいのだがそれは可能か。また、今後、保険料を納めることは可能か。 (Y市O区 H.O)

A ■遡及法定免除の保険料は追納で対応

第1号被保険者が障害基礎年金の受給権者に該当したときは、その該当月の前月からこれに該当しなくなる月までの期間分の保険料は、既納付分および前納分を除き、納付することを要しないとされている（国年法89条）。本件では、2年前に遡って障害基礎年金の受給権を有することになることから「保険料を納付する前に障害状態であった」ことになり、納付することを要しないとされた保険料は還付するほかない。

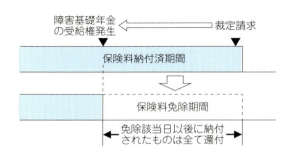

ただし、この場合でも当該法定免除期間に係る保険料を後日「追納」することは可能だ。また、通常免除期間の属する年度から2年度経過後に追納する場合、原則として保険料の免除を受けた当時の保険料の額に利子相当額を加算した額を納めることになるが、本件では遡る期間が2年間であることから追納に際し当該加算額はない。今後、保険料を納付する場合も「追納」により納めることは可能である。

とは言え、内部障害等では3年を超え遡って障害基礎年金の受給権を取得することもあり、いったん納めた保険料を一度還付され再度追納により納付する際には上記の加算額が発生するケースがある。また、法定免除に該当した後は通常の保険料納付や前納を行うことができず、いわゆる前納割引を受けることもできない。

平成24年8月22日に公布された年金機能強化法による取扱いにおいてはこの点が改善され、遡って法定免除に該当した場合においても、免除該当日以後の期間に係る保険料について、「強制的に還付するのではなく、本人の選択によりそのまま保険料納付済期間として扱うこと」や「法定免除に該当した後においても保険料を納付すること又は前納すること」などが可能となる（ただし、施行日は公布の日から2年の範囲内で政令で定める日）。

また、これに加え、保険料前納後に法定免除事由に該当した場合の前納保険料について、免除該当日以後に係る分の還付も施行日以後は可能となる（現在は免除該当日前に前納された保険料は免除該当日以後分も還付されない）。柔軟な納付環境の整備に期待が寄せられている。

〔2012年10月1日号掲載〕

② 制度の新設、変更など

年金の特例水準と減額調整

Q マスコミで話題になっている「過払い年金の解消」と称して、年金額が平成25年から段階的に減額されると聞くが、それはどのようなことか。また減らされる額はどうなるのか。
（O県U市　W.S）

A ■物価スライド特例措置の解消

　現在の年金額は、消費者物価指数の変動に基づき年金額を改定する物価スライドが適用されており、毎年、消費者物価指数を用いて年金額を改定している。これは、年金の実質価値の維持と年金受給者の生活の安定を目的としている。

　平成16年以前は、賃金や物価の伸びに応じて年金額の調整を行っていたが、同年の法律改正で、年金を支える人口の減少や平均余命の伸びを年金額の改定に反映させ、その伸びを賃金や物価の伸びよりも抑える仕組みの「マクロ経済スライド」を導入した。しかし、その後景気の低迷、デフレ経済の進行により現在まで「マクロ経済スライド」は適用されていない。また、マクロ経済スライドによる年金額の自動調整の仕組みは、過去の物価スライドの凍結による未処理分が、今後、対前年比の全国消費者物価指数が上昇し相殺解消されるまでは実施せず、その間は物価スライド特例措置によるとされた。

　一方、平成11年から15年までの消費者物価指数下落分（マイナス2.9％）のすべての改定を時の政府は高齢者の反発を恐れて行わず、1.2％のみのマイナス改定に止めた。その後も、物価の下落が続いたことから、現在は本来の年金額より2.5％高い水準の年金額が支給されており、過去の累計で約7兆円の過剰給付があると指摘されている。これが、一般的に「年金の過払い」といわれているものであり、年金財政を悪化させている。

　国民年金法等改正法では、この「過払い」分を3回に分けて段階的に解消することにしている。まず平成25年10月に1％減額し、続いて26年4月に1％、27年4月に0.5％引き下げる。

　これに伴う年金の減額は下表のように推移。

①ベースは平成24年度価額（25年9月まで同額）
(イ)　基礎年金額　：65,541円／月
(ロ)　厚生年金額　：230,940円／月

　厚生年金は、40年間勤務の男子、平均標準報酬月額を360千円、専業主婦の妻ありという標準的世帯をモデルにしている。

②25年10月以降は次により算定し、その後は年度ごとの調整率で同様な算定を行い、減額する。
(イ)　基礎年金額：804,200円×0.968（0.978×0.99（▲1％））≒778,500円÷12＝64,875円／月
(ロ)　厚生年金額：360千円×0.917×7.5／1000×480×1.031×0.968（0.978×0.99（▲1％））≒1,186,100円÷12≒98,841円／月
98,841＋(64,875×2人)＝228,591円／月

【年金減額の推移】（年金額単位：円、▲印は減額）

年　月	基礎年金	厚生年金
平成24年4月～	65,541	230,940
平成25年10月～（▲1％）	64,875（▲666）	228,591（▲2,349）
平成26年4月～（▲1％）	64,200（▲675）	226,216（▲2,375）
平成27年4月～（▲0.5％）	63,866（▲334）	225,040（▲1,176）

〔2013年2月18日号掲載〕

第 4 章 関連制度

被保険者資格の遡及手続と保険料徴収権

Q 35歳の会社員。「国民年金保険料の納付可能期間延長のお知らせ」を受け取った。平成18年4月～12月まで（以下「当該期間」という）の各月の保険料納付状況に△印がある。「国民年金の加入手続きをしていないと思われる期間等で記録確認の上、後納保険料の納付の可否を確認する必要がある期間」との説明があり、加入記録に空白があることがわかった。派遣労働者として勤務していた期間であり、遡って厚生年金に加入することは可能か。また、加入できない場合はどうしたらよいか。　　　　（S県T市　A.H）

A ■遡り被保険者資格取得の確認可能

⑴　対応は、保険料の給与控除の有無で分かれる。厚生年金の被保険者資格取得は、厚生労働大臣の確認により効力が発生する（厚年法18条1項）。確認の前提として事業主に届出を義務付けている（厚年法27条）が、被保険者自身が国に確認の請求をすることもできる（厚年法31条1項）。資格取得の時期は、適用事業所に使用されるに至った日としており（厚年法13条1項）、2年以上前であっても遡って資格取得の手続きをすることは可能である（時効はない）。

　一方、国の保険料徴収権は、2年で時効により消滅する（厚年法92条1項）。すなわち、当該期間が厚生年金の被保険者期間として確認されても、時効消滅後に保険料を納付することはできず、年金額には反映しない（厚年法75条）。

⑵　厚生年金特例法（H19.12.19施行）が制定された。給与から厚生年金保険料が控除されていたにもかかわらず、事業主の資格取得未届が分かった場合、年金記録確認第三者委員会に対し年金記録訂正の申立てができる。事実認定され年金記録訂正がなされると、時効消滅する前に事業主の届出があったものとして法75条但書が適用され、時効消滅した保険料に係る被保険者期間も年金額に反映される（特例法1条）。この場合、事業主は、納付すべきであった保険料（以下「特例納付保険料」という）の納付が奨励される（特例法2条）。厚生年金特例法のポイントは、保険料の給与控除があったという点にある。

⑶　当該期間に保険料の給与控除の事実がなく厚生年金特例法の適用を受けることが難しい場合は、国民年金の後納制度を奨めたい。年金確保支援法（H23.8.10公布）において、国民年金保険料の納付可能期間を延長する後納制度が3年の時限的措置として制定された。平成24年10月1日から平成27年9月30日までの間、申込みによって10年まで遡って納付できる。

　今回の「お知らせ」は、過去10年間に未納や未加入期間がある人で後納制度の利用が可能と思われる人に郵送されている。申込みは任意であるが、年金額を増やす機会として捉えることができる。平成26年度中に後納する場合、平成18年度分の1か月の保険料は14,840円であり、平成26年度分の保険料15,250円よりも低額となっている。同封の「国民年金後納保険料納付申込書」を提出し、審査が通ると「国民年金後納保険料納付申込承認通知書」と納付書等が郵送される。ただし、相談者の場合、事前に国民年金被保険者の資格取得届出の手続きが必要となる。

〔2014年8月25日号掲載〕

傷病手当金の併給調整

Q 昭和27年12月生まれの男性。58歳のときに発病し、3か月間治療したがさらに悪化した。59歳になった月から1年間、健康保険の傷病手当金をもらっている。本年12月に60歳で定年になるが、定年後の傷病手当金と他の制度との関係はどうなるか。

（M県S市　Y.M）

A ■傷病手当金より厚生年金が優先支給

(1) 老齢厚生年金との関係

　傷病手当金は会社定年退職後もあと6か月は受給できる。また、特別支給の老齢厚生年金も60歳から受給できる。両者の関係では老齢厚生年金が優先される。傷病手当金は支給停止になる。ただし、傷病手当金の方が金額の多いときはその差額が支給される（健康保険法108条4項）。この場合、実際上注意すべきは老齢厚生年金の手続きをなるべく早く行うことである。もし遅れると、その間の傷病手当金内の老齢厚生年金分を後日返還請求される。事前にこのことが分かっていればよいのだが、後で分かると返還に苦労することがある。

(2) 雇用保険との関係

　雇用保険の離職の場合の基本手当と傷病手当金は、併給されることはない。基本手当は働く能力がありながら職がない状態が受給の条件だが、傷病手当金は働く能力がないことが受給の要件だからである。したがって、両者は相矛盾する関係になっていて両立することはない。そこで、両者を受給するには、まず傷病手当金を期間が終了するまで受給し、その後体力が回復して働ける状態に戻ったときに基本手当を申請すればよいことになる。ただし、健康が回復するまでに1年以上かかるとその間に基本手当の受給期間が終了してしまうので、あらかじめ基本手当の受給期間の延長を申請しておく必要がある（雇用保険法13条）。

(3) 障害厚生年金との関係

　定年退職後3か月が経つと、初診日から1年6月の経過になり障害認定日になる。その時点で一定以上の障害状態にあれば障害厚生年金が受給できることになり、障害厚生年金と傷病手当金の併給調整が問題になる。この場合も障害厚生年金が優先される。したがって健康保険の傷病手当金は支給停止になる。ただ傷病手当金の方が支給額として多いときは、その差額が支給される（健康保険法108条2項）。また、障害厚生年金が受給できるときは手続きをなるべく早くする必要がある。遅れるとその間の傷病手当金内の障害厚生年金分を返還請求される。

(4) 障害厚生年金と老齢厚生年金の関係

　障害厚生年金が支給される場合、老齢厚生年金とのどちらか一つを選択する必要がある。選択の際に考慮すべき要件は以下のとおりである。

　①障害厚生年金は非課税であるが老齢厚生年金は雑所得として課税される。②老齢厚生年金には障害者特例が適用される結果、定額部分が加わる（厚生年金法附則9条の2第1項）。これに対して障害厚生年金は2級以上でないと障害基礎年金は支給されない。③障害厚生年金は場合によっては定期的に診査を受け、等級の確認手続きを行う必要がある。これに対して特別支給の老齢厚生年金で障害者特例の適用を受けた場合は、このような面倒な手続きは必要ない。

〔2012年12月17日号掲載〕

第 4 章 関連制度

中国残留邦人等の老齢基礎年金

Q 叔父はいわゆる中国残留邦人で、満額の老齢基礎年金がもらえるはずだが、振込額はそれよりも少ない。年金支払通知書では通知書の④の支払調整額欄に金額が記載され、これまでの年金支払いが多く、分割して返還しているということのようだが、どういうことか。老齢基礎年金以外の年金の受給権は過去も現在もない。（K県S市　S.U）

A　■制度導入前の繰上げ支給分を調整か？

　中国残留邦人等への満額の老齢基礎年金の支給が実現したが、この制度が導入される前に、すでに繰上げ請求によって65歳前から老齢基礎年金を受給していて、その分を分割して返還する形での調整をしていることが考えられる。

　質問のように、一定の要件を満たす中国残留邦人や樺太残留邦人（以下、「特定中国残留邦人等」という）には、満額の老齢基礎年金を受給できる制度がある。これは、長期にわたり中国等に残留せざるを得なく、日本語が不自由なため就労が困難で、帰国前の期間について年金保険料の追納ができないだけでなく、帰国後の期間についての納付もままならず、年金を受給できない事態が生じているといった特別な事情を踏まえて設けられたものだ。

　具体的には、帰国前の期間を含めた被保険者期間（最大40年）に対応する保険料相当額を政府が一時金として支給し、ここから未納分の保険料を追納することで満額の老齢基礎年金を支給することとしている（実際には、政府が直接保険料を納付し、すでに自身で支払った保険料相当額は本人に支給される）。

　ところが、この制度の導入が平成20年1月施行であったため、これ以前に繰上げ請求により65歳前から減額された老齢基礎年金の支給を受けている人がおり、この人々についてどのように取り扱うかが課題になった。そこで、これらの65歳前から老齢基礎年金の支給を受けている特定中国残留邦人等を特例の対象者として、次の取扱いを選択できることとした。

　一つは、繰上げ支給を受けた年金をそのままにし、引き続き減額された年金を受け続けるという取扱いである。この場合、65歳以降かつ一時金によって保険料が追納された後は、満額の老齢基礎年金からこれまで繰上げに用いていた減額率で減じた額で支給される。

　もう一つは、繰上げ支給を受けた年金を返還して満額の老齢基礎年金の支給を受けることとするという取扱いである。保険料の追納が65歳以上か65歳前の時点かによって調整する額の算定は異なるが、満額の老齢基礎年金から一定期間、調整する金額を差し引くこととするものだ。調整が終了した時点から満額の老齢基礎年金を受けることができるようになり、今回の質問はこのケースに該当すると思われる。

　なお、後者の取扱いの調整額は調整方法申出書で相談者が希望した割合で決まっており、例えば、3分の1調整を選択した場合は、年金の各支払月の支払額の3分の1に相当する額が調整され控除されるが、調整方法申出書を再提出することでその割合を変更することも可能である。

〔2013年9月30日号掲載〕

その他　第5章

1. 年金分割 …………………………… 156
2. 被保険者期間 ……………………… 166
3. 基金 ………………………………… 176
4. 保険料 ……………………………… 185
5. 社会保障協定、外国年金 ………… 199
6. 船員特例、沖縄特例 ……………… 205
7. 税、特別徴収 ……………………… 210
8. 手続き、ほか ……………………… 221

第5章 その他

年金分割のための情報通知書

Q 年金分割のための情報の提供を年金機構から受けられると聞いたが、情報の提供を受ける方法やその内容等について説明願いたい。　　　　　　　　（M県H市　N.N）

A ■主な内容は按分割合の範囲や対象期間等

　離婚分割に当たって、当事者の双方または一方は、離婚後の年金の状況や分割すべきかどうかを判断するために必要な情報として、「年金分割のための情報通知書」（以下、情報通知書という）を請求することができる。ただし、離婚分割の請求後や離婚分割の請求期限（原則離婚後2年）経過後は認められない。

(1)　情報通知書の請求方法
　情報通知書の請求方法は「年金分割のための情報提供請求書」に一定の添付書類を用意して年金機構に提出することで可能である。また、情報の内容や被保険者の種別に変更がない等の場合には、前回の請求から3か月経過後でないと再請求は認められないことがある。

(2)　情報通知書の内容
　情報通知書の主な内容は次のとおりである。
　　(イ)氏名、生年月日、基礎年金番号　　(ロ)情報提供請求日、婚姻期間
　　(ハ)当事者それぞれの対象期間標準報酬総額　　(ニ)按分割合の範囲　　(ホ)対象期間

(3)　情報通知書の内容の説明
(イ)　記載された対象期間標準報酬総額は、対象期間の末日に適用される再評価率で計算される。対象期間の末日とは、一般的には婚姻期間の末日を指す。しかし離婚前であれば婚姻期間の末日が到来していないため、この場合は「情報提供を請求した日」を対象期間の末日とする。さらに総報酬制導入前の期間については1.3倍された金額で計算されている。
(ロ)　按分割合とは、当事者双方の対象期間標準報酬総額の合計額に対する第2号改定者（分割を受ける者）の対象期間標準報酬総額の割合をいい、按分割合の範囲は、下限は第2号改定者の持分が分割後に減ることがなく、上限は2分の1を超えないものとされている。
(ハ)　対象期間は、いわゆる婚姻期間（婚姻が成立した日から婚姻が解消された日までの期間）であるが、事実婚の場合等には、第3号被保険者の期間が対象期間となる。
(ニ)　現在、離婚による分割制度は、平成19年4月施行の制度（離婚分割）のほかに平成20年4月施行の制度（3号分割）の2つがあり、前者の離婚分割を請求したときは、後者の3号分割を請求したものとみなされることになる。離婚分割は、3号分割の効力発生後の状態から行うため、情報の提供も3号分割を実施したことを前提に行うことになる。このため離婚分割にあたり、3号分割に係る期間がある場合は、対象期間標準報酬総額および按分割合は、3号分割があったものとみなして情報の提供を行うことになる。

(4)　情報通知書の提供を受ける者
(イ)　離婚前に当事者の一方が単独で情報提供の請求をしたときは、請求した当事者だけに情報提供し、他方の当事者には通知しない。
(ロ)　離婚後であれば、当事者の一方が単独で情報提供の請求をしても、情報の提供は当事者の双方に対して行われることになる。　　　　　　　　　　　　〔2012年3月12日号掲載〕

① 年金分割

共働き夫婦の場合の年金分割

Q 50歳の地方公務員、25歳から共済年金に加入している。妻は2歳年下、結婚前から仕事に就き、今も厚生年金に加入している。現在、離婚に向けて協議中で妻から年金分割の要望があり、速やかに離婚を成立させたいので、分割請求には応じる予定でいる。何か注意点はあるか。
（H道B市　K.T）

A ■年金分割は被用者年金ごと個別に手続きが必要

　年金分割の相談は一見簡単なように思われても、複雑な要素があってそう簡単ではない。

　この相談者の場合、妻からの分割請求に応じるのはかまわないが、年金分割はそれだけではない。年金分割は、夫が外で働き妻が家事に従事しているような中高齢の夫婦が離婚すると、社会の男女の雇用環境や給与格差等から、妻は経済的に不安定になりやすいという背景から、「共同生活中に得た共有財産を分割する財産分与は、原則半分割」という流れを受け、年金分割においても、婚姻期間における夫と妻の標準報酬総額の合計の半分割を上限として分割ができる仕組みとなった。現在、夫が被用者年金の被保険者で妻が国民年金の第3号被保険者という家庭のほかに、夫も妻も被用者年金の被保険者となっている共働きの家庭も少なくない。離婚に至る事情もそれぞれのなかで、分割請求手続きをどう行えば妥当なのか、双方が共によく理解する必要がある。

　さて、本件の場合は共働きであり、妻に第3号被保険者期間（2008年4月以降の期間に限るが）が存在しないため、合意不要のいわゆる「3号分割」ではなく、要合意の「合意分割」の仕組みによる。ただ、夫は共済年金、妻は厚生年金と、別制度に加入している。いまだ共済年金と厚生年金制度は一元化されていないため、分割請求も各被用者年金制度ごとに行わなければならない。

　もちろん、夫から、妻の厚生年金の分割請求を行わなくてもかまわないが、その場合は二人の標準報酬という財産は、妻が全体の半分以上を持つことになる（表①欄）。しかし、妻から、夫の共済年金の分割請求があった場合でも、妻の厚生年金も分割請求を行わなければ、双方の標準報酬総額の合計は半分割とならないことに注意がいる（表②欄）。

　仮に、2年の請求期限後に厚生年金の分割請求を失念したと申し立てても、共済年金の分割請求をした事実をもって、厚生年金の分割請求をしたものとみなされることはない。

　実務では、共済年金と年金事務所へ、半分割で合意した証を添付する等の、それぞれに対して別個に分割請求の手続きを行わなければならない。

表　共済年金と厚生年金の両方に夫妻で対象期間標準報酬総額がある場合の分割例

		共済年金の対象期間標準報酬総額		厚生年金の対象期間標準報酬総額	
		夫	妻	夫	妻
分割前：両者の持ち分		123,600,000円	0	0	88,600,000円
分割後	① 妻へ半分割	61,800,000円	61,800,000円	—	—
	それぞれの持ち分	61,800,000円	61,800,000円	0	88,600,000円
	② 妻へ半分割／夫へ半分割	61,800,000円／—	61,800,000円／—	—／44,300,000円	—／44,300,000円
	それぞれの持ち分	61,800,000円	61,800,000円	44,300,000円	44,300,000円

〔2011年7月18日号掲載〕

第5章 その他

年金分割に合意した際に必要な書類

Q 60歳の女性。夫の厚生年金を半分割する口約束で協議離婚した。その後、仕事に追われ、分割請求手続きを怠っているうちに、請求期限の2年まであと2か月と迫った。先日、合意文書作成のため、元夫に連絡をとったところ、「そのようなことを言った覚えがない」と言われた。期限が迫るなか、これからでも分割請求はできるか。

(H道A市　J.S)

A ■年金分割の請求期限は離婚後2年

年金分割の請求期限は離婚後、原則2年である。そのため分割相談では、離婚届けを出す前に合意の証である「按分割合を定めた書類」を用意しておくこと、というアドバイスは欠かせない。

例えば、合意があって離婚成立したが、分割の請求手続きを行う前に元夫が死亡したような場合、按分割合の内容が公正証書等から客観的に明らかなときは、死亡後1か月以内ならば分割請求が可能である。しかし、離婚が成立したものの、合意を協議中に死亡したような場合は分割請求はできないし、離婚しているため遺族年金も請求できないことになる。そのため、前出のアドバイスが欠かせない。

なお、「按分割合を定めた書類」とは、氏名等のほかに、標準報酬の改定(分割請求のこと)に合意した旨、合意した按分割合が記載された、以下の書類をいう。

◎当事者間で合意したときの書類
①公正証書の謄本もしくは抄録謄本
②公証人の認証を受けた私署証書
◎当事者間で合意できないときの書類
③家事審判手続きで按分割合を定めた確定審判の謄本または抄本
④家事審判手続きで家事審判が確定したことを証する書類
⑤家事調停手続きで按分割合を定めた調停調書の謄本または抄本
⑥離婚訴訟の附帯処分による確定判決の謄本または抄本
⑦離婚訴訟の附帯処分による判決が確定したことを証する書類

相談者の場合、まだ2年の期限内にあるため、速やかに家事審判や家事調停の申立てを行うようアドバイスしたところ、すぐに家事審判の申立てを行った。しかし、元夫が指定された審判日に出頭せず、また、離婚にあたって婚姻期間中に配慮すべき特別な事情も見あたらないことから、按分割合は半分割という判断が下され、まもなく確定審判の謄本が交付された。2年ぎりぎりであったが、相談者は無事、分割請求を終えることができた。

なお、審判等の申立てが2年内に行われた場合で、その処分の確定が遅れ、2年以上経過したときでも、その確定日から1か月以内なら分割請求は可能という特例がある。

また、現在、年金事務所等の窓口に当事者(代理人も可)双方が出向き、そこで双方から合意の意思確認がされれば、上記の「按分割合を定めた書類」は不要となっている。

しかし、離婚という特殊な事情を考えれば、確かな合意の証を用意しての手続きが万全と考える。

〔2011年7月25日号掲載〕

① 年金分割

離婚時みなし被保険者期間の適正な把握

Q 離婚分割では、標準報酬と被保険者期間が分割されるが、分割されたお金と期間は、本来のものと取扱いにどのような違いがあるのか。　　　　（T県O市　M.A）

 ■離婚分割では標準報酬を分割、期間については加算

　お金については、標準報酬が按分割合に応じて分割されるが、期間については「離婚時みなし被保険者期間」（以下「みなし期間」という）が加算される。

　「みなし期間」とは、対象期間のうち、第1号改定者（分割をする者）の被保険者期間であって第2号改定者（分割を受ける者）の被保険者期間でない期間であり、この期間は第2号改定者の被保険者期間であったものとみなされる。つまり、みなし期間は過去に遡って未納期間が納付期間になることはなく、あくまで年金額を計算する期間のみに算入されるものである。

　離婚分割では、その影響を報酬比例部分の年金額に限定し、それ以外の部分については影響させないとの考えから、「みなし期間」と本来の「被保険者期間」とは取扱いを異にする。

①加給年金は原則240月以上の被保険者期間を加算要件としているが、「みなし期間」はこの要件期間には算入しない。

②在職老齢年金の計算では、標準賞与額は離婚分割前の標準賞与額で計算する。（分割後の標準賞与額で計算すると、年金額が減ることがあるが、これが避けられる）

③離婚分割を受けた後に死亡した場合、長期要件の遺族厚生年金の被保険者期間には、「みなし期間」を計算に含める。

④いわゆる300月みなしの障害厚生年金を受けている者が離婚分割をしたときは、「みなし期間」はその計算の基礎としない。（「みなし期間」を含めると受給額が減る可能性があるが、これが避けられる）

⑤年金の受給資格は、保険料納付済期間と保険料免除期間を合算して25年以上必要だが、「みなし期間」は受給資格期間には算入しない。（いわゆる厚生年金の中高齢者の特例、被用者年金の特例についても同様である）

⑥60歳代前半の特別支給の老齢厚生年金は、1年以上の被保険者期間が必要だが、「みなし期間」はこの期間には算入しない。

⑦年金額の計算では報酬比例部分のみの金額に算入され、定額部分には算入しない。

⑧被保険者期間が44年以上ある人は長期加入者の特例要件を満たすが、「みなし期間」はこの期間には算入しない。

⑨外国人の脱退一時金の受給には6カ月以上の被保険者期間が必要であるが、「みなし期間」はこの期間には算入しない。

⑩振替加算は原則240月以上の被保険者期間があるときには支給停止されるが、これを判定する期間に「みなし期間」は含める。（振替加算を受けている者は、離婚分割により年金額が減ることがある）

⑪「みなし期間」に初診日があっても障害厚生年金は支給されない。

⑫障害厚生年金で、保険料納付要件の判定期間に「みなし期間」は算入しない。

〔2010年8月2日号掲載〕

離婚分割と振替加算の関係

Q 夫の老齢厚生年金に加給年金が加算されていたが、私（妻）が65歳になると支給停止となり、私の老齢基礎年金に振替加算が支給されることとなった。その後、私が67歳のときに離婚し、年金の分割を行った。私より夫の方が長く会社勤めをしていたため、離婚分割により私に支給される年金額は増えると想定していたが、減ってしまった。その理由を教えてほしい。

（S県E市　K.F）

A ■離婚分割より多い振替加算停止額

　振替加算は、昭和41年4月1日以前生まれの加給年金額加算対象者となっている配偶者（本件においては以下「妻」）が65歳到達時、妻が年上の場合は夫が老齢厚生年金の定額部分または老齢基礎年金の支給開始時、生計を維持している妻の老齢基礎年金に振り替えて加算支給される金額である。一方、離婚時の年金分割は、平成19年4月以降の離婚が対象となる合意分割制度、平成20年5月1日以降の離婚が対象となる3号分割制度の2種類があり、婚姻期間中の厚生年金記録（標準報酬月額・標準賞与額）を当事者間で分割することができる制度である。

　一度、妻に振替加算が行われた場合、原則、妻の年金として一生涯支給され、離婚しただけでは支給停止とならない。ただし、離婚分割を行い離婚時みなし被保険者期間を有した際に、その期間と妻自身の厚生年金被保険者期間が20年（中高齢期間短縮特例適用の場合は15～19年）以上、または共済年金組合員期間が20年以上となった場合、振替加算は支給停止となる。

　離婚時みなし被保険者期間とは、実際には厚生年金保険には加入していないものの、離婚分割を受けて新たに厚生年金保険の保険料納付となった期間であり、妻も厚生年金保険に加入していたとみなされる期間である。

　本件は、離婚分割した結果、妻の老齢厚生年金は増額されたが、その増額以上の金額の振替加算額が支給停止となり、年金額が減ってしまったという特殊な事例だと考えられる。

　補足として、妻自身の厚生年金被保険者期間と離婚時みなし被保険者期間が20年（中高齢期間短縮特例適用の場合は15～19年）以上となった場合、日本年金機構本部において自動的に振替加算を支給停止する処理が行われるため、別途届出をする必要はない。一方、共済組合の組合員期間を有する妻が年金分割を行ったことにより、共済組合期間と離婚時みなし組合員期間が20年以上となった場合も振替加算が支給停止となるが、この場合、別途、妻から「国民年金　老齢基礎年金加給額不該当届（様式223号）」を年金事務所に提出する必要がある。

　様々な事情により離婚を決意しなければならないこともある。その際には今回紹介した事例が、年金の基礎知識としてお役に立てば幸いである。また、年金の記録は今回の事例のように個々人によって様々であるため、最寄りの年金事務所または「街角の年金相談センター」の社会保険労務士に相談していただきたい。

〔2013年1月28日号掲載〕

① 年金分割

離婚分割は慎重に！　振替加算部分の損得

Q 昭和20年5月生まれの妻（65歳）。現在、振替加算の付いた年金を受けているが、同い年の夫との離婚を考えている。年金分割のための情報通知書によれば、私と夫の対象期間標準報酬総額は、それぞれ厚生年金が2千万円と6千万円だが、離婚分割を受けることで私の年金額に不利益があるなら内容を教えてほしい。　　　（S県C市　S.I）

A ■分割対象以外の年金が不利になることもある

　一般的に、分割を受ける側は、報酬比例部分の年金受給額が増えることはあっても減ることはないが、分割を受けることで、分割対象である老齢厚生年金以外の年金が影響を受け、不利益になることがあり得る。

(1)　離婚分割の効果

　離婚分割の効果として、夫の標準報酬が、厚生年金の加入月ごとに按分割合に応じて妻のものになり、結果として妻の標準報酬に夫から分割された分が上乗せされ、妻の年金が増える。また、夫から分割を受けた期間のうち、新たに妻の厚生年金の加入期間とみなされる期間は「離婚時みなし被保険者期間」（以下「みなし期間」という）として扱われる。

　このため、妻の厚生年金の被保険者期間が「みなし期間」の月数分増えたものとみなされ、増額した報酬比例部分の年金以外の年金受給額に影響を及ぼすことがある。

　「みなし期間」の扱いは本来の厚生年金の被保険者期間と比べ次のような違いがある。

　①受給資格期間には算入しない、②加給年金の要件である期間には算入しない、③振替加算を支給停止する期間に算入する、などがあり、今回の場合、③がポイントになる。つまり、離婚分割により夫から分割される「お金」部分については按分割合に応じて上乗せされるが、「期間」部分については夫分のすべてが上乗せされ、振替加算が支給停止されることになると予想される。

(2)　離婚分割後の年金

　按分割合を最大の2分の1とした場合、従前額保障を見込まないで、対象期間に限定し年金額を見ると、妻の報酬比例部分の額は分割前の約11万円強（2千万円×1000分の5.562）から分割後は倍の約22万円強（4千万円×1000分の5.562）と見込まれる。つまり分割により報酬比例部分の額は約11万円強の増額と計算される。

　一方、「みなし期間」が上乗せされることで妻の振替加算が停止され、現在の金額で11万円強の減額となり、結果として、増える年金より減る年金の額が大きくなる。

(3)　結論

　今回の年金額比較では、従前額保障を考慮していない比較で、多少乱暴なところもあるため概略金額として見る必要がある。結果としては、振替加算を受けている場合には、分割をする側だけでなく、分割を受ける側も年金額が減ってしまうことがあり得る。

　つまり、分割により当事者双方が損をすることになるため、離婚分割は慎重に検討することが必要である。また、離婚協議では年金以外の部分で金銭的な解決を図ることも考えられる。

〔2010年7月26日号掲載〕

第5章 その他

3号期間を含む離婚年金分割の取扱い

Q 私は平成18年4月3日に結婚し、平成22年4月5日に離婚した。離婚は離婚訴訟になった。この訴訟の中で相手側から離婚年金分割の要求が出て、全婚姻期間を合意分割とし分割割合を2分の1とすることにした。この全婚姻期間中私は会社員として勤務し、妻は専業主婦であった。全婚姻期間を通じて私の標準報酬は60万円である。離婚年金分割標準報酬改定通知書を見ると、平成20年4月から平成22年3月までは私の標準報酬が15万円になっていた。どうしてか。　　　　　　　　　　　　　　　　（H県O市　S.M）

A ■3号分割と合意分割の併存が原因

　結論からいうと、夫の標準報酬が15万円になったのは、次による。この場合は厚年法78条の20が適用される。3号分割と合意分割が併存している平成20年4月から平成22年3月までの期間は、夫15万円、妻45万円となり、平成18年4月から平成20年3月までの期間は、逆に夫45万円、妻15万円となる。

　なぜ、このようなことが起きるのだろうか。本ケースの最大の問題点は、平成20年の4月から3号離婚分割制度が施行されたのに、その期間を含んで重ねて合意分割がなされたことにある。実際上このような特殊な分割が起きるのは、訴訟以外にはまずないであろう。合意文書の作成をするのは公証人と年金事務所職員である。両者が3号分割期間を無視することは考えられない。離婚訴訟では主要な争点が財産分与と慰謝料なので、年金分割はまれにこのような事例が起こり得る。

　次に厚年法78条の20の内容を見てみると、第1項は「3号分割の可能である期間の全部または一部を対象期間として、合意分割の規定による標準報酬の改定請求をしたときは、合意分割の請求とともに3号分割の請求があったものとみなす」としている。つまり両制度が二重に適用される。第2項は「合意分割の対象は、3号分割の改定後の標準報酬とする」と規定する。すなわち、3号分割を優先的に適用し、次に合意分割を適用する。これらの規定に従えば、まず3号分割で60万円の標準報酬は30万円になる。次にその30万円を合意分割で15万円にする。したがって、平成20年4月から平成22年3月までは、夫15万円で妻45万円となる。

　以上のように二重適用される期間は、本来2分の1ずつであるのに妻の方に多く分配されることになる。そこで、この部分を他の期間で調整する必要がある。それにはまずどのくらい多くなっているか計算する。その後、その額をそれ以外に2年間の各月で分割返済してもらえばよい。したがって計算は以下のようになる（金額単位はすべて万円）。

　15×2年（24月）＋45×2年（24月）＝360＋1080＝1440÷2＝720（本来の配分）。720－360（夫の実際の受取額）＝360。妻は360万円余分に受け取っているので二重適用以外の期間の2年でこの分を調整することになる。360÷2年（24月）＝15。夫は60万円の半分の30万円が本来の取り分であるから、これに毎月15万円加えれば2年で調整できることになる。そこで、30＋15＝45万円が夫、30－15＝15万円が妻ということになる。　　　　　〔2013年12月9日号掲載〕

① 年金分割

専業主婦が、離婚後有利に年金受給するには

Q 私は、現在55歳で国民年金に35年加入中だが、会社員の夫と離婚予定。専業主婦の私が夫から受ける分割年金は65歳から45万円、分割年金を含め65歳前からの年金を有利に受け取る方法はないか（2分の1で分割）。

（I県R市　Y.K）

A ■厚年に加入し、基礎年金を繰上げ

⑴　分割年金を受給できるときとは

　夫から保険料納付記録の分割を受けた妻は、妻自身が老齢基礎年金の受給資格を満たし、妻自身の年金（報酬比例部分）を受給できる年齢になったときから、分割年金を受給できる。

　事例の妻が60歳までに国民年金に40年加入した場合、65歳から老齢基礎年金と夫からの分割年金45万円を受給できるが、65歳前5年間は無年金。夫からの分割年金を早く受給し、受給総額を増やしたい場合、以下の方法がある。

①　厚生年金に1年以上加入する

　老齢基礎年金の受給資格を満たし厚生年金に1年以上加入の場合、妻は60歳から報酬比例部分を受給できる。仮に、事例の妻が60歳になるまでに厚生年金に3年加入した場合、60歳から報酬比例部分と分割年金を受給できる。3年分の厚生年金の増加もさることながら、5年間の分割年金を早く受給できるメリットがある。

②　65歳前に老齢基礎年金を繰上げ請求

　仮に妻が60歳になるまで厚生年金に3年加入、60歳0カ月で老齢基礎年金を全部繰上げ請求した場合、60歳から報酬比例部分と分割年金と減額された老齢基礎年金を受給できる。

⑵　繰上げ制度のデメリットなども考慮

　65歳からしか分割年金を受給できない妻から、夫からの分割年金を早く受給したいと相談を受けた場合、厚生年金に1年以上加入は、相談者自身の働く決心で65歳前の受給総額が約225万円（45万円×5年）増え有利で効果的だ。一方、繰上げ支給に伴うデメリット（生涯減額になる等）の説明は欠かせない。

⑶　年金分割の仕組みと相談者の立場を理解

　年金分割の制度の仕組みの理解と、相談に来られた方の事情の理解は少し違う。相談員としては、平成19年度の離婚時の年金分割と20年度施行の3号分割の2つの制度の仕組みを説明。併せて相談者の個別の事情の聴き取り、年金額を増やす方法の選択肢を示したい。最終的な判断は相談者自身であることは言うまでもない。

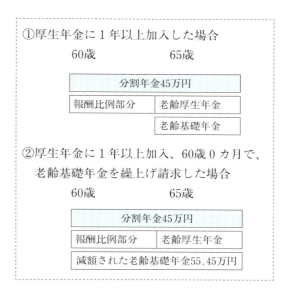

①厚生年金に1年以上加入した場合

②厚生年金に1年以上加入、60歳0カ月で、老齢基礎年金を繰上げ請求した場合

【参考】昭41.4.2以降生まれの女性は、国年のみの加入であっても、繰上げ受給した場合は、その時点から減額分割した年金が受給できる。

〔2010年8月9日号掲載〕

第5章 その他

重婚的内縁関係における合意分割

Q 先日、別居中の夫と離婚の協議を進めていたところ、あろうことか夫は私との婚姻期間中に別の女性を被扶養配偶者として第3号被保険者の届出をしていた。私は夫との婚姻期間中、継続して厚生年金保険の被保険者であったが、その標準報酬は決して高くないため、離婚の際にはいわゆる合意分割をと考えていた。ここで、夫が私以外の女性を第3号被保険者として届け出た期間について、分割の対象となるのか否かが不安になる。法律上どうなるかを知りたい。

（A県Y市　T.H）

A ■重婚的内縁期間は分割の対象外

結論から言えば、法律上の婚姻期間であってもあなた以外の女性を夫が第3号被保険者として届け出ている期間があれば、その期間は分割の対象となる対象期間から除かれる。

厚年則78条の2第1項1号は、「離婚」の場合における合意分割の対象期間を、原則としては「婚姻が成立した日から離婚が成立した日までの期間（法律上の婚姻期間）」としながらも、同項ただし書において、法律上の婚姻期間であっても、当該婚姻期

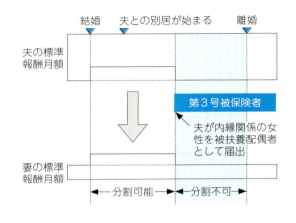

間中に当事者以外の者が当該当事者の一方の被扶養配偶者である第3号被保険者であった期間と重複する期間があると認められるときは、この婚姻期間からその重複する期間を除くとしている。

本件の場合、「当事者以外の者」は「夫が第3号被保険者として届け出た女性」であり、「当該当事者の一方」は「夫」である。

これは、合意分割における按分割合が「配偶者の一方（便宜上「妻」とする）の配偶者の他方（便宜上「夫」とする）の家事や育児の負担軽減に係る寄与度、つまりは夫の保険料納付に対する貢献度」により決定されることを旨とするためであり、本件のように法律上の婚姻関係が継続していても、夫と別居し、かつ、夫が別の女性を被扶養配偶者にしているような期間について、法律上の妻が夫の保険料納付に貢献した部分があるとは評価できないためである。

なお、法律上の婚姻期間から「夫が別の女性を第3号被保険者として届け出た期間」を除いた残りの期間については、たとえあなたが夫と別居し、かつ、夫があなた以外の女性と同居していた期間であっても、あなたと夫との関係がその夫婦としての実態を失い形骸化しているときを除き、合意分割の対象となり得る（重婚的内縁関係の場合、原則として届出による婚姻関係を優先する（平23．3．23年発0323第1号ほか））。

しかし、前述の合意分割の趣旨に鑑みれば、別居期間について、夫の保険料納付に貢献したと評価され夫との間で合意が形成される部分は大きくないかもしれない。

〔2011年8月29日号掲載〕

① 年金分割

家裁における離婚分割審判の手続

> **Q** 私は夫であるXと1年半前に協議離婚した。年金分割については離婚時に決めることができず、その後もXと話し合っているが、Xは分割に応じてくれない。友人から、離婚して2年経つと年金分割はできなくなると聞いた。年金分割をしてもらうにはどうしたらよいか。
> （T都M区　T.Y）

A ■家裁に分割の審判を申し立てる

(1) 年金分割の標準報酬改定請求

年金分割をするには、年金事務所に標準報酬の改定請求をしなければならず、その期限は離婚した日の翌日から2年を経過した日である。平成20年4月以降の3号分割については、相談者が単独で改定請求できるが、平成20年4月前の合意分割については、X（前夫）との間で按分割合を決めないと改定請求をすることができない。

(2) 前夫が合意分割に応じないときの対応

前夫Xがこのまま年金分割を拒否し続ければ、離婚後2年を経過する事態が生じかねない。家庭裁判所に年金分割を求める審判を申し立てれば、Xが同意しなくても裁判所が按分割合を決めてくれる。審判申立ては、離婚後2年以内にしなければならない。

審判申立てにかかる費用は、申立て手数料1,200円、通信費等を合わせて2,000円程度である。

手続は、年金事務所で「情報通知書」をもらい、相手方住所地を受け持つ家庭裁判所（相談者の場合は東京家庭裁判所）に行き、「年金分割を求める」審判を申し立てる。審判により按分割合が決められた確定証明書を年金事務所に持参する。

家庭裁判所の審判で決められている按分割合は、対象期間における保険料納付に対する夫婦の寄与の程度は、特別の事情のない限り互いに同等と見るのが相当であるとして、ほとんどが50％のようである。

審判申立てから確定までには1か月以上はかかるので、審判中に離婚後2年を経過することも起こり得る。しかし、審判中に離婚後2年を経過しても、審判確定後1か月以内に改定請求手続をすれば、年金分割してもらえる。

(3) 改定請求期限以外に考慮する事項

改定請求の期限以外に次のことも考えて対応した方がよい。

①分割後の標準報酬・年金額の改定　年金分割により相談者の標準報酬が改定されるのは、改定請求の翌月からである。相談者がすでに年金を受給していれば、改定請求の翌月から受給額が増額される。したがって、審判確定後、早く改定請求した方が得である。

②前夫の死亡の場合は、その死亡が分割確定前か確定後であるかによって次のようになる。

　(イ)審判で按分割合を決めてもらう前にXが死亡したときは、分割をされる相手方がいなくなるので、審判を受けることができなくなる。Xが亡くなるのはまれであろうが、手続は早くするに越したことはない。

　(ロ)審判で按分割合を決めてもらった後にXが死亡したときは、審判確定後1か月以内に改定請求をすれば、請求日より前にXが死亡していた場合でも年金分割をしてもらえる。

〔2012年3月19日号掲載〕

第5章 その他

第3号未届期間に係る特例の効力発生期間

Q 私（S34.4生まれ）は、平成13年5月に初診日のある腎臓疾患により、平成21年1月から人工透析を開始（身障者手帳1種1級に該当）。平成9年3月までの年金加入歴は、保険料納付済期間が94月、保険料免除期間が6月の合計100月しかない。平成9年4月から第3号被保険者になったものの届出を行っていなかった。このたび、障害基礎年金を請求しようとしたところ、保険料納付要件の特例にも該当せず、受給資格なしと言われた。本当に年金はもらえないのか。　　　　　　　　　　　　（N県S市　C.A）

A ■3号未届効力発生は、届出日以降

本件のポイントは、第3号被保険者の未届期間は特例により、遡って保険料納付済期間に算入されると誤解してしまったことにある。そこで次の2つについて確認する。

(1) 障害基礎年金を受けるための保険料納付要件

初診日の前日において、当該初診日の属する月の前々月までに、当該被保険者期間に係る保険料納付済期間と保険料免除期間とを合算した期間が当該被保険者期間の3分の2以上あること（原則）。ただし、初診日が平成28年4月1日前による傷病については、当該初診日の前日において、当該初診日の属する月の前々月までの1年間に保険料未納期間がないときは、保険料納付要件を満たしていることとする（昭和60年国年法附則第20条第1項）。

(2) 第3号被保険者の未届期間に係る特例

原則は、第3号被保険者になっているにもかかわらず届出を行わずに、後日、届出を行った場合は、当該届出を行った日の属する月の前々月までの2年間のうちにあるものしか、保険料納付済期間に算入されない（国年法附則第7条の3第1項）。

次に特例として、平成17年4月1日以前の期間については、届出の遅滞についてその事由を問わず特例の届出をすることができる（平成16年同法附則第21条第1項）。<u>当該届出が行われたときは、当該届出が行われた日以後、当該届出に係る期間が保険料納付済期間に算入される</u>（同法同条第2項）。

(3) 本件事例の検証

初診日の前々月までの第3号被保険者の未届期間（平成9年4月～平成13年3月）は、48月となるため、数字の上では、①の保険料納付要件の特例である「直近1年間に未納期間なし」に該当することになる。（なお、原則要件にあてはめると、176月必要となるため不可➡下図参照）

ところが、第3号被保険者の未届期間が保険料納付済期間に算入されるのは、その届出をした日以後となる（下線部分参照）。これにより、本件の場合は平成9年4月から平成13年3月の期間は保険料納付済期間に該当しないため、結論として、障害基礎年金の保険料納付要件の原則・特例のいずれも満たしていないことになる。障害年金だけに本人の落胆は大きく悲劇と言わざるを得ない。

s54.4（20歳）	H9.4	H13.3※
264月×2/3＝176月 必要 （納付94月＋免除6月＝100月）	3号未届 （48月）	
◀―――被保険者期間：264月―――▶		

※H13.3 は初診日の前々月に該当

〔2011年5月16日号掲載〕

第3号被保険者不整合記録対応の動き

Q サラリーマンの妻の切替え漏れ（第3号被保険者不整合記録）の問題や対応策についていろいろ耳にするが、わかりやすく知りたい。　　　　　　（S県N市　S.H）

A ■主婦年金追納法立法化で対応

「国民年金第3号被保険者不整合記録」とは、「夫婦間での年金記録に不整合記録がある」こと。つまり、夫（厚生年金加入の第2号被保険者）の被扶養配偶者である妻（第3号被保険者）が、夫が退職して厚生年金の資格を喪失したにもかかわらず、1号被保険者への種別変更（切替え）手続きをしていなかったために3号被保険者の記録のままになっている場合等を指す。3号から1号への被保険者の種別変更は、住所地の市区町村の国民年金担当窓口にて手続きをすることにより変更される。夫の2号喪失に伴って、自動的に妻の3号が喪失する仕組みにはなっていないために、この手続きを放置しておくと記録上、妻はいつまでも3号であり続ける。

年金請求時には年金事務所等の窓口で記録確認をし、そこで不整合記録が判明した場合には、正しい記録に訂正する。しかし、窓口での確認漏れもかなりあり、また、受給前の人の記録は確認できていない状況にもあった。この時点で3号から1号へ変更されると変更された1号期間は保険料が未納扱いになってしまう状態になる。その結果、本人が思っていたよりも年金額が下がる、または受給資格〔原則25年〕を満たせなくなることもあった。

この問題の救済策については種々の経緯を経て平成23年5月に、法律改正によって代替救済策を行うとのことで、社会保障審議会の特別部会と民主党のワーキングチームで検討されたが、法案提出までには至らず、再度検討のうえ、11月22日に閣議決定された。しかし、今国会では継続審議となり「主婦年金追納法」（第3号記録不整合問題に対処するための国民年金法の一部を改正する法律）の制定は、来年まで持越しとなった。

法案の概要は、不整合期間について「カラ期間」（年金額には反映されないが受給資格に算入することができる期間）とし、本人の希望により過去10年間（60歳を過ぎている場合は、60歳前10年間）の保険料の特例追納を3年間の時限措置で認める、としている。特例追納は、年金確保支援法の後納保険料の扱いに準拠したものであると思われるが、実際に不整合記録が多いのは10年以上前であるから救済されるのはごく一部ではないかと思われる。その理由は、平成9年に基礎年金番号を導入するまでは、国民年金（1号）への加入勧奨をほとんど行わず、その後、基礎年金番号で確認ができた人のみについて加入勧奨を行い、平成17年以降は、職権変更を行っている、との厚生労働省の資料からである。

また、すでに年金を受給中の人に対しては、特例追納の納付期限日以降、追納状況に応じて、その後（将来）の年金額を減額するとし、過去5年の過払い返還は不要とした。よって、今後不整合記録が発見されても特例追納の納付期限日までは減額されないし、さらに特例追納をしたくても不整合記録が10年以上前の期間である場合には、追納ができない等の問題が残る。

〔2011年12月26日号掲載〕

健全性・信頼性確保法による３号記録不整合の解決

Q 現在65歳の女性。19歳で結婚し、当初夫は会社員で私は専業主婦であった。夫は私の40歳時に会社を辞め、その後は自営業となった。私は夫が会社を退職後、届出をしなかったので、全期間第３号被保険者となっている。私には年金の受給権は一切ないのか。
（F県N市　R.H）

A ■記録訂正を届出し受給権確保へ

(1) 公的年金制度の健全性及び信頼性の確保のための厚生年金保険法等の一部を改正する法律（健全性・信頼性確保法）が平成25年７月１日より施行され、これにより３号記録不整合の問題は一応の解決をみることになった。改正法が規定しているのは、本ケースのように本来１号被保険者であるべきなのに、記録上３号になっている場合である。

(2) 相談者は、まず記録の訂正を届け出る必要がある（附則９条の４の２）。この法律の狙いは、実際と年金記録が不整合になっている状態を、本人の申出によって確認し、それによって記録を正しく訂正することである。しかし、本ケースの場合で本人が自ら記録の訂正を申し出ると、記録が訂正され、40歳から60歳の間は１号で保険料未納という記録になり、その間の保険料を納付もできない。したがって、保険料納付済み期間は20歳から40歳までの20年のみになり、年金受給権を失ってしまう。このような結果になるのに、自発的な届出を期待することは実際上困難である。

そこで同法では様々な特典を付けて届出を促すことにした。①この届出により、学生の保険料納付特例制度（90条の３）と同じになる。すなわち、本来１号期間であるが３号とされていた期間の20年については、受給資格期間として算定する扱いとされる。これにより本ケースでは、年金受給権は維持できることになる（附則９条の４の２、２項）。②50歳から60歳間の保険料の特例納付が認められる。これにより相談者は自分の保険料未納期間について、本来はできない期間の保険料を納付して、年金額を増加することができる。ただし、この特例納付は平成30年３月31日までの措置である。③年金額は、この特例納付期間の終了までは減額されない。これにより、平成27年４月から平成30年３月までに資金を用意すればよいという準備期間となる。逆にこの期間を過ぎても届出をしないと、特典がなくなるので注意が必要である。④この期間経過後は未納期間年金額の10％を限度として減額される（附則９条の４の５）。したがって、本ケースでは、全く特例納付をしなくても10％しか減額されない。本年（平成26年）額で言えば、772,800円×20/40＝386,400円減額のところ、10分の１の77,280円減額で済む。⑤なお、本ケースとは関係ないが、障害基礎年金および遺族基礎年金について、不整合期間中は保険料納付済期間とみなすことになっている。ただし、特例納付を申し出るとこの規定は適用されない（附則９条の４の４）。

(3) また、この規定には遡及適用の規定が設けられていない。したがって、これらの規定の適用を受けるのは施行日の平成25年７月１日以降記録の訂正を受けた者に限られることになる。

〔2014年７月28日号掲載〕

② 被保険者期間

第3号特例届期間中の障害基礎年金

Q 私は、昭和42年1月20日生まれの女性。過日、障害基礎年金を申請したところ「第3号特例届期間中の障害であるので障害基礎年金が支給されない。またいわゆる年金確保支援法（国民年金施行令等の一部を改正する法律）でも救済されない」と言われた。なぜなのか、その理由を知りたい。
（O県O市　M.F）

A ■保険料滞納期間や第3号届出手続きの遅延がネックに

　障害年金を受給するためには、保険料納付要件として次の①または②のいずれかを満たす必要がある。
　①初診日の前日において初診日の属する月の前々月までに保険料の滞納が被保険者期間の3分の1を超えていないこと。
　②初診日の属する月の前々月までの直近1年間に保険料の滞納がないこと。
　相談者は障害基礎年金を申請しているが、診断書によると初診日は平成15年8月となっている。相談者の被保険者記録照会表を確認すると、国民年金のみの加入であるが、保険料の滞納期間が多く、上記①の要件は、残念ながら満たしていない。
　上記②については、平成13年1月から平成16年9月まで、第3号被保険者特例届出（以下「3号特例届」という）扱いとなっており、一見すると満たしているように思える。しかし、よく確認すると、この3号特例届は、平成18年12月にされている。
　特例届を行った場合は、届出を行った日以後、保険料納付済とされる。したがって、受給資格要件である②については、その期間については保険料の滞納期間とされるため、保険料納付要件を満たすことはできない。
　また、質問にある「平成23年の年金確保支援法の施行により、今回のような場合、当初から保険料納付済期間として取り扱われ、受給資格要件を満たすのではないか？」については、以下のとおりとなる。
　年金確保支援法の3号該当届と従来から行われている3号特例届は、よく混同されるところである。年金確保支援法は、3号期間として管理していた期間と重複する3号期間以外の期間が事後的に判明した場合等における当該重複期間に引き続く3号期間等については、当初から保険料納付期間に算入するとされる。
　一方、当初から3号期間として管理されていなかった期間（未届期間）または3号特例期間として管理されていた期間は、年金確保支援法が適用されず、これまでと同様に2年を超えた期間については3号特例期間として管理される。
　相談者の場合は、平成13年1月から平成16年9月までの期間は、当初、3号未届期間であり、その後、平成18年12月に3号特例届をしている。したがって、この期間は年金確保支援法が適用されず、3号特例期間として管理されることになる。
　よって、この第3号特例届を行った日以後、保険料納付済とされるため、残念ながら障害基礎年金の保険料納付要件の上記②を満たすことができないことになる。

〔2014年1月27日号掲載〕

第5章 その他

見落としがちなカラ期間

> **Q** 私は来年で60歳になる女性。国民年金保険料をかなり払っていない期間がある。厚生年金が5年で、国民年金は60歳まで納めても12年の合計17年。年金は25年以上の加入がないともらえないと聞いたが、私はもらえないのか。　　　　（T県N市　E.H）

A ■カラ期間を含めると受給できる

　年金受給資格は原則25年以上加入と定められている。この25年には、①保険料を納めた期間、②保険料を免除された期間、③保険料を猶予された期間、④厚生年金や共済組合に加入していた期間があり、⑤カラ期間（正確には「合算対象期間」といい、受給資格に加えることができるが、年金額の計算には加えない期間のことをいう）を含めてよいことになっている。

　本件相談者は年金加入期間が17年であるので、カラ期間の有無について確認が必要となる。年金加入歴を見てみよう。

　「＊注1」は、20歳になった昭和48年4月から昭和49年3月までの1年間が短大生であったとのことで、当時は学生であった期間はカラ期間になる。「＊注2」は、婚姻後のサラリーマンの妻であった期間（被用者年金制度の配偶者の期間）が昭和54年4月から昭和58年3月までの4年間あり、カラ期間になる。「＊注3」は、夫が退職をした昭和58年4月から昭和61年3月までの3年間は夫が厚生年金に20年以上加入をした（受給資格を満たした）後の配偶者の期間になり、当時は厚生年金の受給資格を満たした後の配偶者の期間はカラ期間になる。

　よって、カラ期間は合計で8年あることが判明。自身の年金加入期間である17年を加えると25年になり、年金の受給資格は満たすことになる。もしカラ期間がなかったとしたら、受給資格に8年不足していることになるから、60歳以降に8年間の国民年金の任意加入をしなければ受給資格ができないので、カラ期間の有無の確認は重要な確認事項になる。

　本件相談者のように、カラ期間を含めて受給権を満たす方には、事前送付の年金請求書は送られて来ないため、年金事務所等で「年金請求書」（様式第101号）を入手する必要がある。カラ期間を証明するための書類として、学生であった期間については「在籍証明書」、被用者年金制度の配偶者であった期間および厚生年金の受給資格を満たした後の配偶者の期間については「配偶者の年金手帳・戸籍謄本」が必要となる。

　なお、消費税が10％となった月より受給資格期間が25年から10年に短縮される予定である。

〔2012年12月3日号掲載〕

② 被保険者期間

年金が取り消されそうになった事例

Q 大正12年10月生まれの女性（89歳）。年金記録確認第三者委員会（以下、第三者委員会という）に年金記録確認の申立てを行ったところ、8か月間の国民年金保険料の納付が認められたが、受給していた国民年金の通算老齢年金と厚生年金の通算老齢年金について裁定取消の知らせが届いた。どうしたらよいのか。　　　（O県B市　I.M）

A ■カラ期間と重複し、受給権が消滅

　56歳から60歳になるまで国民年金に任意加入をしていたが、その納付月数について第三者委員会に年金記録確認の申立てをしたところ、8か月間の国民年金保険料の納付が認められた。

　年金事務所から「年金額仮計算書」が届き、国民年金が年額約2万円増える旨が記載されていたが、再度書類が届き、先日送った「年金額仮計算書」に誤りがあったことが判明したので「正しくは、国民年金通算老齢年金と厚生年金通算老齢年金が取消しになり、今までお支払いした老齢年金のうち、時効消滅していない分をお返しいただくことになります」と書かれていて、返納額が約270万円となっていた。

　理由は、当初の年金受給は、国民年金は納付が8年3か月、厚生年金は納付が9年、合算対象期間（カラ期間）が1年で受給資格を満たしていたが、第三者委員会のあっせんにより、8か月間の国民年金保険料の納付が認められたために、国民年金の納付記録は8年11か月になるが、その期間がカラ期間と重複していたため、カラ期間は4か月になり、1年未満であるから受給資格に通算されず、受給資格の18年に1か月不足して受給資格を失い裁定取消しになる、というもの。

　結果としては、年金事務所での再裁定を行わずに、以前どおりの年金が受給できることになったが、本来であれば第三者委員会に申立てを行う前に、納付記録が認められた場合にはどうなるのかを確認したうえで申立てを行うべきであった。社会保険労務士等の専門家に依頼すべきであった案件である。

【上段：記録訂正前、下段：記録訂正後の状況】

昭36年4月　　　　　　　　　　　　　　60歳

国年	厚年	カラ期間	国年
5年	9年	1年	3年3か月

国年	厚年	カラ期間	国年
5年	9年	4か月	3年11か月

　ところで、同様の内容について、平成24年12月に「第三者委員会からのあっせんによる記録訂正により年金額等が減額となる事案」として、おおむね次のような取扱いが出ている。

① 年金記録の訂正

　第三者委員会からあっせんを受けた事案については、年金額等が減額になるか否かにかかわらず、年金事務所において年金記録の訂正を行い、申立人に記録訂正結果の通知をする。

② 再裁定等の取扱い

　年金受給者については、申立人に「年金額返納額仮計算書」を提示、「年金額の再計算についての承諾書」の提出を求めた上、申立人から「年金額の再計算についての承諾書」の提出がない場合は、再裁定の処理を保留する。

〔2013年5月20日号掲載〕

第5章 その他

記録確認でカラ期間が実期間となった例

Q 最近、新たに年金機構から『あなたの気になる年金記録をもう一度確認を』の葉書がきた。そこで昔の厚生年金の期間で脱退手当金をもらったことを思い出した。このことが、私の年金資格に何か影響しないだろうか。　　　　　　　（K県A市　S.H）

A ■年金の実期間として復活もあり得る脱退手当金のカラ期間

　脱退手当金とは、厚生年金保険の保険給付で、厚生年金保険の加入期間が5年以上あり、60歳になっても何の給付も受けられないまま加入をやめた昭和16年4月1日以前に生まれた人に対し、例外的に支給される一時金である。昭和61年の基礎年金の導入によって、1か月の加入でも老齢厚生年金が受けられるようになったため、脱退手当金制度は廃止された。

　脱退手当金を受け取ると、その計算の基礎となった期間は被保険者期間とはみなされなくなる（旧厚生年金法71条）。ただし、その期間のうち新法施行時（昭和61年4月1日）の年齢が60歳未満で同日前にすでに脱退手当金を受けている者が、昭和61年4月から65歳に達する日の前日までの間に国民年金の保険料納付済期間または保険料年免除期間を有した場合は、昭和36年4月から昭和61年3月までの期間は合算対象期間（カラ期間）として取り扱われる。

　ただし、昭和61年4月以後に脱退手当金を受けた場合、その金額計算のもととなった被保険者期間は、合算対象期間に参入されず年金制度未加入期間として扱われる。

　今回の相談事例は、女性についての特例で昭和39年4月から昭和43年3月の厚生年金期間について脱退手当金が支払われていたが、その支払い時期は約1年後の昭和44年6月とされていた。この相談者は、昭和44年4月から従前とは別のB社に厚生年金被保険者として再度勤めていて、現在の年金はその記録について厚生年金を受けていたものであることが判明した。

　この事例では、今回の確認により、支払ってはいけない脱退手当金が支払われたのは社会保険事務所側の誤りとして脱退手当金期間が復活し、追加して年金支払を受けることになった。また、すでに受けていた脱退手当金は時効により返還しないでよいとされた。社会保険事務所が、「脱退手当金の受給権は、受給権者が被保険者となった時消滅する」という昭和60年改正前附則第72条による脱退手当金の支払いに際し、当人が被保険者であることの確認が不十分なために生じたものである。

　なお、注意としては、再就職が昭和44年4月で脱退手当金の支払い時期が昭和44年6月とあるが、当人が被保険者になる前の昭和44年3月までに脱退手当金の請求をしていたら、上記の条文にて請求時点での社会保険事務所側の誤りはなく、脱退手当金期間が復活しないことになる。

　請求時期の確認が重要になるが、本件は記録上では請求時期が記録として残っていないため、今回のように支払い時に被保険者期間のためとして脱退手当金期間が復活したもので、このところ年に数件同様の相談を経験している。また、脱退手当金の期間は「カラ期間」となるが、その期間に厚生年金基金の加入期間を有することも多いので、基金について請求漏れがないように注意する必要がある。

〔2013年8月5日号掲載〕

② 被保険者期間

任意加入者の保険料未納期間がカラ期間に

Q 70歳の女性。経済的に苦しく役場に相談に行ったところ、再度年金の記録を確認するように言われた。年金事務所で調べてもらったところ、老齢基礎年金を受給できるということで、請求の手続きをするようにとのこと。65歳の時には受給資格期間を満たしていないので年金は支給されないと言われていたが、一体どういうことか。

(K県U町　S.I)

A ■保険料未納期間が受給資格期間に

本件は、「国民年金に任意加入したが保険料を納めなかった期間（ただし、20歳以上60歳未満の期間）」があったが、平成26年4月の法改正によって、これが、新たに受給資格期間に算入することができる期間とされ、受給資格期間を満たすことができた事例と考えられる。

老齢年金を受給するためには、大前提として、少なくとも25年（300月）の受給資格期間を満たさなければならない。保険料未納期間が長いと受給資格期間を満たすことができず、結果、年金を受給することができなくなる。

受給資格期間に算入できる期間には保険料納付済期間、保険料免除期間、合算対象期間（いわゆるカラ期間）があるが、今回の法改正で新たに「国民年金に任意加入したが保険料を納めなかった期間」が合算対象期間に追加された。

年金制度は原則、強制加入だが、例外もあり海外居住者の一部は年金制度に加入してなくてもよい。また過去には、学生だった期間や厚生年金などの被用者保険制度の被保険者等の配偶者であった期間（たとえば、会社員の妻で専業主婦であった期間）なども、加入しなくてもよかった。制度上、加入してなくてもよいとされている期間なので、合算対象期間として受給資格期間に算入することができることになっている。

国民年金に加入しなくてもよい期間は、希望すれば加入（任意加入）することもできる。任意加入し保険料を納付すれば保険料納付済期間となり受給資格期間に算入され、反対に、任意加入したにもかかわらず保険料を納めなければ未納期間となって受給資格期間には算入されなかった。しかし、「任意加入しなかった」ことと「任意加入したが保険料を納めなかった」とは、結果として「加入しなくてもよい期間に保険料を納めなかった」と同じ状況であるため、公平のため今回の改正によって、合算対象期間に算入されることになったのである。

今回の質問のように、300月の受給資格期間を満たせなかった人が、「任意加入したが保険料を納めなかった期間」を算入することで300月に達することができれば年金を受給することができるようになる。つまり、すでに支給開始年齢に達しているので、法改正の平成26年4月1日時点で受給権が発生したとみなされる。

昭和61年3月までに会社員や公務員の妻で専業主婦だった人に今回の改正の対象者が多いのではないかと思われる。合算対象期間は原則として本人の申出に基づき算入されるものなので、親戚、友人、知人などで同様の境遇の人には、再度、受給資格を確認するようすすめてほしい。

〔2014年6月2日号掲載〕

第5章 その他

短時間労働者の被保険者資格

Q ある電気部品メーカーの総務部員。パートタイマー（短時間労働者）を厚生年金に加入させたいが、パートタイマーの場合、労働時間によって被保険者資格が左右されるようだが、なぜか。また、法律が改正されてその取扱いが変わるというが、いつからどのように変わるのか。　　　　　　　　　　　　　　　　　（M県R町　T.M）

A ■平成28年10月から週20時間以上労働で厚年被保険者に

(1)　短時間労働者の厚生年金保険への加入基準・被保険者資格は、常用的使用関係にあるか否かを勘案し認定されるとし、現行、次のいわゆる「4分の3要件」をもって運用されている。

　1日または1週の所定労働時間および1月の所定労働日数が、当該者が就労する事業所において同種の業務に従事する通常労働者の所定労働時間および所定労働日数の4分の3以上であれば被保険者として取り扱われる。

　つまり、通常労働者の所定労働時間が週40時間である場合は、短時間労働者は週30時間以上である者のみが厚生年金保険の被保険者になる。就労時間が短い者は常用労働者に該当せず、被保険者資格はないとする。

　しかし、厚生年金保険法ではその9条に「適用事業所に使用される70歳未満の者は厚生年金保険の被保険者とする」とあるだけで、政令（同法施行令）、省令（同法施行規則）にも、そしてまた通達でも、被保険者となる基準を就労する労働時間で縛る定めは見当たらない。また、同法12条は被保険者の資格に関する適用除外規定であるが、就労時間が短いからといって被保険者資格を適用外とする定めも見当たらない。

　「4分の3要件」の定めは、昭和55（1980）年6月6日付で当時の厚生省保険局保険課長、社会保険庁医療保険部健康保険課長、社会保険庁年金保険部厚生年金課長の連名で出された「内翰（ないかん）」で示されている。ただし、「4分の3要件」はあくまでも目安であって、所定労働時間が4分の3に満たないことをもって一律に短時間労働者が被保険者に該当しないとする絶対的要件ではないとする。

　しかしながら、現実として「一般的には」などとの断り書きを付けながら「4分の3要件」は当然の規定として罷りとおっている。

　内翰とは行政機関において必要事項を伝達するために、国から地方自治体に対して送付される文書だが、実質的に国民の権利を制限し、新たな義務を課すなどの直接的な影響力を持つ。

(2)　平成24（2012）年8月に制定された社会保障と税一体改革関連法の「年金機能強化法」では、消費税の2段階引上げが行われた翌年の平成28年10月から短時間労働者に関する厚生年金保険被保険者資格の改定が見込まれている。

　改正内容は短時間労働者の新たな被保険者資格要件として、①週20時間以上就労する者、②月額8.8万円（年収106万円）以上、③勤務期間1年以上、④従業員数501人以上の企業であることなどが盛り込まれている。

　新要件は3年以内に見直すと改正法で規定されているが、就労時間要件は緩和されても中小企業勤めの短時間労働者は厚生年金保険の被保険者になり難い。　〔2013年7月22日号掲載〕

② 被保険者期間

任意加入と満額の老齢基礎年金

Q 私は、今年60歳になった専業主婦。国民年金のみ加入している。保険料の納付は、38年（456月）および平成14年4月から16年3月まで半額免除2年（24月）である。あと何月国民年金に任意加入すれば、65歳から満額の年金額がもらえるか教えてほしい。

（S県S市　T.K）

A ■12か月任意加入で満額支給

(1) 国民年金の任意加入の対象者
次の①～③のすべての条件を満たす人が任意加入の対象者となる。
①国内に住所を有する60歳以上65歳未満の人　②老齢基礎年金の繰上げ支給を受けていない人
③20歳から60歳までの年金保険料の納付月数が480月未満の人

(2) 老齢基礎年金の計算
老齢基礎年金の計算式（S16.4.2以降生まれ）は772,800円×保険料納付月数÷480であって保険料免除期間のある人は、次の支給率を免除月数に掛けて算出し、保険料納付月数に加える。

- 平成21年3月以前の4分の1免除月数は5/6、半額免除月数は2/3、4分の3免除は1/2、全額免除は1/3
- 平成21年4月以降の4分の1免除月数は7/8、半額免除月数は3/4、4分の3免除は5/8、全額免除は1/2

※平成21年4月から基礎年金の国庫負担割合が1/3から1/2へ引き上げられ、支給率が変更になっている。※保険料免除期間は10年以内（老齢基礎年金を受給するまで）なら追納できる。

(3) 相談者の任意加入月数の計算例
納付、免除（乗算前）、任意加入の合計加入月数が480月内なら通常の計算だが、480月を超える場合は特殊な計算（次のカコミ②）となる。

《手順・計算のポイント》
①納付率の高いほうから、480月以内の月数と480月超の月数に分ける（当然任意加入の月は要納付月となる）。②480月以内の月数は国庫負担あり、480月超の月数は国庫負担なしの乗率で月数を換算する。③乗算後の月数合計は480月が上限。

求める任意加入月数をX月とする。相談者の合計月数は(480＋X)月＞480月
まず、納付率の高いほうから、480月以内の月数と480月超の月数に分ける。

- 納付月数　　456月＋X月
- 半額免除24月のうち480月以内の月数　　480月－(456月＋X月)
  半額免除24月のうち480月を超えた月数　　24－{480月－(456月＋X月)}

平成21年3月以前の場合、半額免除の月数については、480月内は2/3（1/3の国庫負担分を含む）、480月超は1/3（1/3の国庫負担分なし）の乗率で月数を換算する。

- 乗算後の月数合計で480月が上限となるXを求める。(国年法27条)

(456月＋X月)×1＋{480月－(456月＋X月)}×2/3＋[24月－{480月－(456月＋X月)}]×1/3≦480月　　この算式を解くとX＝12月

相談者は12か月任意加入すれば満額受給できる。　　〔2015年1月26日号掲載〕

第5章 その他

国民年金基金の仕組み

Q 私は、昭和38年9月生まれの47歳の女性。主人は自営業で、夫婦共々、国民年金に加入している。将来を考え、国民年金基金に2人で加入して、将来の年金を増やそうと思っている。国民年金基金は、どのような年金かを教えてほしい。（K県A市　H.N）

A ■国民年金を補完する年金

　国民年金基金は、自営業者等の国民年金第1号被保険者が、国民年金に加え、所得等に応じて加入口数や給付の型を自らが選択することにより、老後の所得保障の充実を図ることを目的とした制度である。サラリーマンには、厚生年金保険、厚生年金基金等の基礎年金の上乗せがあるのに対し、自営業者等の国民年金第1号被保険者については、国民年金のみであることから、基礎年金の上乗せの制度として、平成3年に導入された。月額400円納付して200円×納付月数分の年金額が上乗せされる付加年金には同時に加入できないので、年金額を充実させたいのなら国民年金基金がお勧めである。

　国民年金基金に加入できるのは、20歳以上60歳未満の自営業者などの国民年金の第1号被保険者である。したがって、厚生年金保険や共済組合に加入しているサラリーマン（国民年金の第2号被保険者）や厚生年金保険や共済組合に加入しているサラリーマンの被扶養配偶者（国民年金の第3号被保険者）は加入できない。ただし、国民年金の第1号被保険者であっても、国民年金の保険料を免除されている人（一部免除等を含む）や農業者年金の被保険者は加入できない。国民年金基金の加入は、国民年金の保険料を納付することが前提となるので、滞納中は基金へ納付された掛金は還付される。

　国民年金基金には地域型と職能型の2種類があり、両方への加入はできない。国民年金基金への加入は任意だが、一度加入すれば自己都合で任意に脱退することはできない。しかし、会社に勤務したり、その地域から転居するなど、加入資格を喪失した場合は、脱退することになる。加入期間15年未満で脱退した場合、国民年金基金連合会に移管され、国民年金基金連合会から年金が支払われる。

　主な給付は、公的年金等控除の適用がある老齢年金で、国民年金基金のメリットとなっている。1口目は終身年金のみ（年金月額2万円が上限）で一生涯受け取ることができる。また、加入者が死亡したときの家族への遺族一時金（全額非課税）の有無等も選択できる。希望に応じて2口目以降も加入でき、確定年金が終身年金の年金額を超えないようにすれば、確定年金（5年、10年、15年）にも加入できる。

　払う掛金の上限は月額68,000円、全額が社会保険料控除の対象となり、これも大きなメリットの1つである。自己または自己と生計を一にする配偶者その他の親族の負担すべき社会保険料を支払った場合も、自己の社会保険料控除の対象となる。前納もでき、4月から翌年3月までの1年分前納で0.1か月分割引となる。

　年度内1回に限られるが掛金の増口ができ、減口は制限がないが掛金をゼロとすることはできない。自分のライフプランにあった給付の型や掛金を選んでほしい。

〔2010年12月13日号掲載〕

③ 基金

厚生年金基金の仕組み

Q 私は、昭和27年10月生まれの男性。2年前に厚生年金基金のある会社を退職して、基金から一時金を受け取った。その後、届いた「ねんきん定期便」を確認したところ、厚生年金基金に加入していたので、その分、年金額が少なく表示されていると聞いた。厚生年金基金について、どのような年金かを教えてほしい。　　　　　　（T都S区　A.N）

A ■国の厚生年金を代行する企業年金

　厚生年金基金とは、国の老齢厚生年金の報酬比例部分を国に代わって支給する（代行部分）とともに、企業の実情に応じて独自の上乗せ給付（プラスアルファ部分）を行うことにより、従業員により手厚い老後保障を行うことを目的とした企業年金である。

　再評価およびスライド部分は代行部分には含まれておらず、国の厚生年金から支給される。プラスアルファ部分は、代行部分の上乗せと「加算部分」から構成されており、「基本部分」は、国の老齢厚生年金（報酬比例部分）の代行部分の上乗せを加えたものとなっている。加算部分では企業が独自に設計した年金や一時金が支給できるので、企業の退職金制度としても活用されている。このような仕組みのため、国からの老齢厚生年金は少なくなってしまうが、それ以上に基金から基本部分の年金が支給され、加えて加算部分の年金もあるため、基金に加入していない者に比べると手厚い年金を受給することができる。

　国の厚生年金に比べると有利な点が多く、厚生年金の支給要件である原則25年以上の加入期間を満たさなくても、加入期間が1か月以上あれば受給できたり、賃金で年金が減額されてしまう在職老齢年金が適用されていない基金もある。

　中途退職で基金の加入期間が短い場合は、基本部分の年金支給義務が企業年金連合会に引き継がれる。

　その際には企業年金連合会から「年金の引き継ぎのお知らせ（年金支給義務承継通知書）」が会社を退職した時の住所に送付されてくるので、年金を受け取るためには企業年金連合会に請求をする必要がある。加算部分からは、別途脱退一時金が支給されるが、脱退一時金を企業年金連合会等に移せば、通算企業年金として受給することもできる。

　「ねんきん定期便」には、厚生年金基金分の年金額は記載されないが、これまでの「年金加入履歴です」と書かれた用紙の下の8番の加入月数のところにカッコ書きで基金加入期間が記載される。記載があれば、見込額の他に受け取ることができる年金がある。

厚生年金基金の仕組み

〔2010年12月20-27日号掲載〕

第5章 その他

変貌する厚生年金基金制度

Q 私は、昭和27年10月生まれの男性。2年前に厚生年金基金のある会社を退職して、基金から一時金を受け取った。その後、届いた「ねんきん定期便」を確認したところ、厚生年金基金に加入していたので、その分、年金額が少なく表示されているという。厚生年金基金は、どのような年金制度なのかを教えてほしい。 　　　　　　（T都S区　A.N）

A ■厚年基金は他制度に移行

(1) 厚生年金基金の仕組み

　厚生年金基金とは、国の老齢厚生年金の報酬比例部分を国に代わって支給する（代行部分）とともに、企業の実情に応じて独自の上乗せ給付（プラスアルファ部分）を行うことにより、従業員により手厚い老後保障を行うことを目的とした公的年金の性格を持つ企業年金である。

　プラスアルファ部分は、代行部分の上乗せと企業独自の給付である「加算部分」から構成されており、この代行部分の上乗せと代行部分を合わせて「基本部分」と呼んでいる。加算部分では企業が独自に設計した年金や一時金が支給できるので、企業の退職金制度としても活用されている。このような仕組みのため、国からの老齢厚生年金は少なくなってしまうが、それ以上に基金から基本部分の年金が支給され、加えて加算部分の年金もあるため、基金の加入者は手厚い年金を受給することができる。

　国の厚生年金に比べると有利な点が多く、厚生年金の加入期間に関係なく加入期間が1か月以上あれば受給できたり、賃金で年金が減額される在職老齢年金が適用されない基金もある。

　中途退職で基金の加入期間が短い場合は、基本部分の年金支給義務が企業年金連合会に引き継がれる。その際には企業年金連合会から「年金の引き継ぎのお知らせ（年金支給義務承継通知書）」が、会社を退職した時の住所に送付されてくるので、年金を受け取るためには企業年金連合会に請求をする必要がある。加算部分からは、別途脱退一時金が支給されるが、脱退一時金を企業年金連合会等に移せば、通算企業年金として受給することもできる。

　「ねんきん定期便」には、厚生年金基金の年金額分は記載されないが、これまでの「年金加入履歴です」と書かれた用紙の下の8番の加入月数のところに括弧書きで基金加入期間が記載される。記載があれば、見込額のほかに受け取ることができる年金がある。

(2) 厚生年金基金制度の見直し

　本制度の運用は、バブル期においては経済成長に支えられ、大幅利益を確保できて順風万帆疾走していた。しかしバブル崩壊後、資産運用リスクが増し、企業の代行部分が重荷に変貌した。そこで国は確定給付企業年金法（平成14年施行）により、代行返上を可能にした。その後リーマンショック等を経て、金利低下による年金資産状況の悪化は一層著しさを増し、制度そのものの存続が危ぶまれる事態にまでになっている。

　このため、平成26年4月から「代行割れ」している厚生年金基金の早期解散を視野に入れ、他の厚生年金基金もできる限り他制度に移行させる見直しが実施される予定である。

〔2014年2月3日号掲載〕

③ 基金

基金の代行割れと代行返上

Q 私は、昭和27年10月生まれの男性。私の会社は厚生年金基金があって加入しているが、基金の「代行割れ」、「代行返上」などの言葉をよく耳にする。語感からして不安を抱くが、どういうことか。
（T都S区　A.N）

A ■代行割れの度合で解散基金も

(1) 確定給付型年金の足枷

　厚生年金基金は、加入者の賃金および勤続年数等をベースに将来の給付額があらかじめ確定している確定給付型の年金である。このため基金は、給付に必要な掛金を年金数理計算により算出し、計画的に積立て運用する仕組みとなっている。運用環境が良好で年金資産が予定どおり運用されていれば問題は生じない。しかし、運用環境が悪化し、予定した運用利回りが確保できなくなれば積立不足が生じる。

　確定給付型では母体の企業に運用責任があり、積立不足が生じた場合は企業が掛金を追加拠出し、その穴埋めをしなければならない。代行部分についても同じである。

(2) 代行割れのリスク

　厚生年金基金の「代行割れ」とは、基金の持つ年金資産がその代行部分の給付に必要な額（最低責任準備金という）を割り込んでしまう状態をいう。バブル崩壊後、企業においては厚生年金基金の資金運用環境が悪化し、その多くが「代行割れ」に陥っていた。「代行割れ」基金は平成23（2011）年度末では全基金数の半数を超え、平成24（2012）年度末で好転はしたが、まだ多くの基金が代行割れに陥っている。

　「代行割れ」は母体企業にとっては基金財政の不足分を負担しなければならないリスクであり、加入者にとっては先行き基金の上乗せ給付の消失危機が待ち受ける。代行割れが起こらないような仕組みにすべきであろうが、基金のプラスアルファ部分（上乗せ給付）を国に返し、確定給付企業年金へ移行する代行返上が平成14（2002）年の確定給付企業年金法の施行によって可能となっている。そして、次項(3)で示す法的措置が2014年4月から施行される予定。

(3) 基金見直し法の施行

　新たに、基金見直し法（正式名称：公的年金制度の健全性及び信頼性の確保のための厚生年金保険法等の一部を改正する法律）が2014年4月1日から施行されるが、そのポイントは以下のとおりである。基金の最低責任準備金（代行返上の場合、国に移換すべき額）をベースにした財政状況に応じ、基金を①「代行割れ」、②「代行割れ予備軍」、③「健全」に区分し、代行割れリスク度合いに応じた対応が採られることになった。なお、解散後の新制度再建がしやすい措置も同時に施行される。

ⅰ）①の代行割れ基金は法施行日から5年以内の早期に「解散」を進める。代行割れ基金が解散しない場合は国が解散を促す「清算型解散」を適用する場合もあり得る。

ⅱ）②の代行割れ予備軍基金は代行返上や解散で他制度に移行。法施行日から5年後以降は解散命令がある。

ⅲ）③の健全基金は原則「存続」可。「代行返上」や「解散」で他制度に移行する選択も可。

〔2014年2月10日号掲載〕

第5章 その他

「年金」をより明確にした確定給付企業年金

Q 私は昭和47年10月生まれ。今まで会社で導入していた適格退職年金をやめて、確定給付企業年金が導入されることになったが、会社の説明では、今までの制度とほとんど変わらないということだった。確定給付企業年金はどのような年金なのか。適格退職年金との違いについても教えてほしい。
（Y県T市　K.N）

A ■受給権の保護を目的に設立

　確定給付企業年金とは、受給権の保護等を目的として設立された「確定給付企業年金法」を基に運営される企業年金で、基金型（300人以上要）と規約型の2種類がある。平成23年9月1日時点で基金型が611件、規約型が10,808件、合計で11,419件まで増えているが、厚生労働省、財務省、金融庁、農林水産省、経済産業省、中小企業庁で構成する「適格退職年金の円滑な移行の推進に関する連絡会議」が2008年12月から2009年1月にかけて、適格退職年金を持つ企業約3万社を対象に移行に係る実態調査を実施したところ、以下の5つの理由により適格退職年金の移行先として主に選択されている。
① 確定給付年金のため移行が容易である
② 確定した給付額で従業員保護ができる
③ 労使合意により、自由な給付設計が可能
④ 運用次第では掛金拠出負担も軽減される
⑤ 個別資産管理が可能となる
　しかし、確定給付企業年金は企業にとってハードルが高い面もあり、「新制度の掛金が上昇する」「給付設計の要件が厳しい」「事務費や財政検証抵触によるコストの増加に懸念」の課題もある。税制面では、適格退職年金と同様で、事業主が拠出する掛金は損金算入することができ、加入者が退職したときに給付される年金には公的年金等控除、一時金は退職所得控除と、税制上の優遇措置が得られる。
　適格退職年金では、運用環境の悪化等で積立不足が拡大し、解約時に十分な資産が確保できなかった問題があったが、確定給付企業年金では、受給権保護の仕組みが明示され、年金資産の財政検証を毎年行い、一定の不足がある場合には掛金を見直す「積立義務」が制度化されている。また、企業や運用機関の「受託者責任」や行為準則、具体的には従業員に対する忠実義務、利益相反行為の禁止などが明確化されている。企業が従業員に対し制度内容を周知させる必要があり、掛金納付状況、資産運用状況、財務状況について、加入者への情報開示と厚生労働大臣への報告が義務づけられている。これらはいずれも適格退職年金では求められていなかった。
　適格退職年金は「退職」を給付事由とする制度であり、退職金制度の内枠で実施しやすかったが、確定給付企業年金は、あらかじめ定められた年金額を規約で定める年齢（老齢）に達したときに原則支払う。加入20年で年金、3年で一時金の受給権を加入者に与える必要があり、適格退職年金に多かった「定年時のみの支給」等は認められない。
　各種規制緩和により実施選択できる内容が拡大しており、給付額の決定要素に客観的な指標（定率、国債、消費者物価上昇率等）による変動を反映させる機能が備わっているキャッシュバランスプランが可能となっている。
〔2011年9月19日号掲載〕

③ 基金

加入者が自己責任で運用する確定拠出年金

Q 会社に新たに確定拠出年金が導入されることになった。説明会が開催されたが、企業型年金と呼ばれ、日本で多くの企業に普及していると聞いた。しかし、今後は自分で年金を運用する必要があるようだ。確定拠出年金はどのような年金なのか。本当に日本で普及しているのか。他の企業年金との違いについても教えてほしい。　　　（I県N市　H.F）

A ■新たな選択肢の拠出建企業年金

　確定拠出年金とは社会経済情勢の変化に対応するため、従来の確定給付型の年金に加えて新たな選択肢として設立された「確定拠出年金法」を基に運営される年金制度である。

　企業が掛金を拠出する「企業型」と加入者が掛金を拠出する「個人型」がある。平成23年7月末の企業型の規約数は3,835件、実施事業主数15,117社で、加入者数も平成23年6月末で約400.6万人と、前回紹介した確定給付企業年金と比較しても、着実に増加している。一方、平成23年6月末の個人型の加入者数は128,121人と伸び悩んでいる。

　相談者の会社で導入した企業型の主な仕組みは、

① 企業が、あらかじめ定められた掛金を、従業員ごとに拠出。掛金には拠出限度額があり、他の企業年金がない場合が月額51,000円、他の企業年金がある場合が月額25,500円、拠出された掛金は従業員ごとに明確に区分される。

② 従業員は自ら運用指図を行い、掛金を運用する。掛金と運用損益の合計額は資産管理機関によって管理される（社外積立）。勤続3年未満の退職を除き、掛金と運用損益の合計額は従業員に帰属、企業は没収できない。

③ 規約に定める年齢（60歳以上）に達したときに、老齢給付（年金、一時金）が行われる。他に、規約の定めで、死亡一時金、障害給付金および脱退一時金の給付を行うことができる。

　どちらかというと、企業の財務的な要請から導入される面が多いが、加入者にとってもメリットはある。企業側と従業員側からみたメリット・デメリットとして、(1)企業側では、DBの運用リスクや退職給付債務から解放されるというのがメリットであり、デメリットとしては、退職事由による支給制限ができないこと、掛金の拠出限度額に制限のあること、制度運営や投資教育等の事務負荷があること、一方、(2)従業員側にとってのメリットとしては、個人別年金資産の明確化、運用商品選択の自由、年金資産のポータビリティ確保、税制上の優遇措置、他の企業年金のような退職事由による減額がないことなどがある反面、受給開始が60歳以降となること、受給額が未確定であること、運用資産が少ない場合の運用意欲の低下懸念などがデメリットとしてある。

　税制面では、適格退職年金や確定給付企業年金と同様で、事業主が拠出する掛金は損金算入することができ、加入者が退職したときに給付される年金には公的年金等控除、60歳以降に支給される一時金は退職所得控除と、税制上の優遇措置が得られる。ただし、60歳以前にもらう脱退一時金は一時所得となるので、留意する必要がある。〔2011年9月26日号掲載〕

第5章 その他

年金での受給も可能な中退共

Q このほど、適格退職年金を止めて、中退共の制度に移ると会社から説明があった。年金ではなく退職金制度とのことだが、以前より減ってしまう退職金の不足分は会社が補填するので安心してほしいといわれた。中退共とはどのような制度か。年金はもらえないのかについても教えてほしい。
（F県S市　K.M）

A ■中小企業のための掛金建退職金

　中退共とは中小企業向けに設けられた社外積立の退職金制度で、正式には中小企業退職金共済という。昭和34年に制定され、中小企業退職金共済法に基づき勤労者退職金共済機構が運営している。事業主が毎月の掛金を機構に納付し、従業員が退職したときに、機構がその従業員に直接退職金を支払う仕組みとなっている。

　加入できる中小企業の要件は業種ごとに異なり、小売業：常用従業員50人以下または資本金等5千万円以下、サービス業：常用従業員100人以下または資本金等5千万円以下、卸売業：常用従業員100人以下または資本金等1億円以下、その他業種：常用従業員300人以下または資本金等3億円以下となっている。中小企業でなくなると解約する必要があるが、解約手当金相当額を加入者の同意を得て確定給付企業年金や特定退職金共済へ引き渡しできる。

　基本的には従業員のための制度であり、個人企業の事業主、その配偶者および同一生計の家族従業員は加入できない。ただし、家族従業員で、その就労実態が他の従業員と同様など、事業主との間に雇用関係があれば加入できる。また、法人企業の役員も原則加入できない。

　中退共は掛金建ての制度で、適格退職年金や確定給付企業年金のような給付建ての制度ではない。掛金月額は5千円～1万円（千円単位）、1万円～3万円（2千円単位）の16種類と限定されているが、パートタイマー等短時間労働者であれば2千円、3千円、4千円も可能。掛金月額実績として5千円が半数を超えている。加入者全員が5千円という制度も多い。事業主が拠出する掛金は損金算入することができる。

　国から掛金助成があるメリットがあり、掛金月額の2分の1が加入4月目から1年間助成される「新規加入掛金助成」と、18,000円以下の掛金月額の増額分3分の1が1年間助成される「掛金増額助成」があり、適格退職年金からの移行の場合は、新規加入掛金助成はない。

　退職金は、1年加入しないともらえず、1年以上2年未満で掛金元本を割ってしまうが、2年以上3年6か月以下であれば掛金元本が支払われ、3年7か月以上で利息や中退共の運用実績による付加退職金が加算される。長期勤続を優遇しているため、短期加入の場合は注意する必要がある。また、短期加入の場合は掛金助成の返還も求められる。

　退職金は、基本は一時金で退職所得控除の対象だが、60歳以上であれば、5年（退職金80万円要）または10年（退職金150万円以上要）の分割払（年4回払、2、5、8、11月の15日）も可能であり、年金でもらえ、公的年金等控除の対象となる。全額分割払だけでなく、一部分割払も可能。ただし、利息は予定利率1％を基準としているため、年金の給付利率が高い適格退職年金に比べると、一時金は同じでも年金額は少なくなる可能性がある。

〔2011年10月3日号掲載〕

③ 基金

確定拠出年金のマッチング制度

Q 私は、確定給付企業年金と確定拠出年金を導入している会社に勤務しているが、マッチング拠出が近く導入される。マッチング拠出は、昨年（平成23年）成立した年金確保支援法の目玉のようだがその内容を知りたい。　　　　　（Ｏ県Ｍ市　Ｎ.Ｈ）

A ■所得控除のメリット効果大

　確定拠出年金の企業型は、平成23年8月4日に年金確保支援法が成立し、従来は会社のみが負担していた確定拠出年金の掛け金を従業員も平成24年1月から併せて入金ができるようになった。これがマッチング拠出である。

　マッチング拠出のメリットは、従業員の所得控除（小規模企業共済等掛金控除）であり、運用益も非課税で、その効果は大きい。毎月1万円を拠出した場合、運用利回りを2％、積立期間を40年とすれば、その積立額は約732万円となる。同じ条件で、所得税20％を控除した8000円を拠出し、さらに利子課税20％が控除されると運用利回りは1.6％となり、積立額は約536万円となるため、その差は200万円近くにもなる。ただし、メリットばかりではなく、企業側が留意すべき点もある。

　基本的な考え方は、「加入者の意思の尊重」であり、マッチング拠出を規約に定める場合は、当該掛金の拠出は、加入者自らの意思により決定できるものでなければならず、その額は、加入者が拠出できる最大の範囲で設定できるよう努めなければならない。また、確定拠出年金としての基本骨格として、原則、60歳まで給付はできず、中途引き出しができない。加入者掛金の額と事業主掛金の額の合計は、拠出限度額（月2万5500円、確定拠出年金のみの導入なら月5万1000円）を超えてはならず、加入者掛金の額は事業主掛金の額を超えてはならない制約も存在する。掛金は毎月一定額を拠出する必要があり、前納・追納は禁止されている。

　掛金の額は、給与比例のように、掛金額が変動しかねない設定方法は認められず、複数の具体的な額から選択できるようにしなければならない。変更は原則として年1回で、その変更月を規約に明記する必要がある。さらに、一定資格（職種・勤続期間・年齢）を設け、加入者掛金の額の決定または変更方法に差をつけることは「不当に差別的」扱いに該当し違反となる。また、事業主によって加入者掛金の額の指定がなかった者にデフォルトの加入者掛金を設けること、あるいは、加入者掛金を毎年自動的に増減する制度とすることは、「事業主によって不当に制約されるもの」に該当し違反となる。

　さらに、事業主などに給与天引き、本人拠出分の限度額管理、年末調整等などの事務負担がかかるという点についても留意する必要がある。

　このような制約は決めごととして許容できる場合でも、導入にあたっては、財形や社内預金、持株制度等、他の従業員貯蓄制度との比較はするべきであり、また、そもそも従業員がどれくらいマッチング拠出を利用してくれるか、運用成績が悪い場合のフォローの体制、マッチング拠出のための投資教育も検討する必要がある。税メリットを優先したいなら、リスクのある運用をさせないために、元本確保型の運用商品だけで運用させることも検討の余地がある。

〔2012年5月21日号掲載〕

第5章 その他

厚年基金中途脱退者の在職老齢年金

Q 昭27年8月22日生まれの女性。現在特別支給の老齢厚生年金を受給している。また、20歳代での厚生年金基金加入が50月あり、その基金分として企業年金連合会から年金を受給している。来月から正社員として勤めることになったが、その基金の年金も今のまま受給できるのだろうか。　　　　　　　　　　　　　　（T都N区　E.Y）

A ■中途脱退者の基金は全額支給

⑴　一般的には、厚生年金基金の加入期間が10年未満であり、脱退（退職）時の年齢が60歳未満である場合の厚生年金基金は、企業年金連合会に引き継がれ、中途脱退者として企業年金連合会から年金として給付を受けられる（ただし、中途脱退者となる要件はそれぞれ加入していた厚生年金基金の規約により異なっているので、加入していた基金に確認してほしい）。

　特徴として、①厚生年金基金より引き継いだ国の老齢厚生年金の代行部分とプラスアルファ部分を企業年金連合会から「基本年金」として受給できる、②プラスアルファ部分の金額は、加入していた厚生年金基金の規約により異なる、③厚生年金基金に加入していた期間が1か月以上あれば受給することができる、④支給開始時は支給開始年齢（生年月日に応じて60歳から65歳）に到達した月の翌月分から支払われる。

⑵　解散基金加入員も企業年金連合会から基金として給付を受けられる。

　特徴として、①企業年金連合会が厚生年金基金に代わって国の老齢厚生年金の代行部分を「代行年金」として支払う。プラスアルファ部分については、解散時に残余財産がある場合は分配金として分配される。解散した基金の加入員は、分配される残余財産を一時金で受け取るか、将来年金として受け取るか選択することができる、②国の老齢厚生年金の受給手続きが終了していない場合は、受給できない、③国の老齢厚生年金等の受給権が発生した人には、発生した翌月分から支払われる。

⑶　在職老齢年金の停止額を計算する場合、中途脱退者の基金であっても、解散基金の加入員の基金であっても、厚生年金基金に加入しなかったと仮定して計算される。そして、その額を国の老齢厚生年金分から支給停止し、支給停止しきれない額を基金部分で支給停止する仕組みである。しかし、中途脱退者の場合、国の老齢厚生年金の代行部分である基金分については、基金分に停止額が発生しても、支給停止はなく全額支給される。

　調査の結果、今回の相談者の基金は中途脱退者の基金ということであり、在老の停止額にかかわらず、基金分については全額支給される。

　なお、基金の年金は、年金額に応じ年1～6回、それぞれの支払期月の1日に前月分までの年金が支給される（下表参照）。

年金額	支給回数
6万円未満	年1回
6万円以上15万円未満	年2回
15万円以上27万円未満	年3回
27万円以上	年6回

支払日が月の初日（1日）で金融機関の休日に当たる場合は、国民年金・厚生年金・共済年金と違い、休日明けの金融機関営業日となる。

〔2014年3月31日号掲載〕

④ 保険料

失業、無収入の場合の国民年金保険料

Q 30歳男性、10年勤めた会社を退職して現在失業中である。再就職するまで年金の保険料の支払いは困難だが、無職のときでも国民年金保険料を払わなければならないか。
（M県A市　T.Y）

A ■保険料特例免除を申請する

経済的理由などで国民年金保険料を納付することが困難な場合には、免除申請をすることによって保険料の納付が免除になるが、被保険者本人、配偶者、世帯主の前年（1月～6月までは前々年）の所得が一定基準以下であることが必要である。今回のように今までは収入があったが現在失業中の場合などは特例免除を申請することにより、通常であれば審査の対象となる本人の所得を除外して審査を行い、保険料が免除される。

特例免除は申請する年度または前年度において、退職（失業）、倒産、事業の廃止、天災などの事実がある場合に対象となる。

(1) 特例免除申請できるケース

例えば、60歳未満で会社を退職か失業した場合、厚生年金から国民年金に変更が必要であるが、その際、収入がなくなるなど経済的な理由で保険料が払えない場合、通常の免除申請では前年の所得で判断され却下されることもあるため、特例免除申請の適用を受ける必要がある。今まで妻が第3号被保険者だった場合などは夫婦で1か月3万200円もの保険料を払う必要があるた

≪世帯構成別の所得および収入の「めやす」≫

世帯構成	全額免除	一部納付		
		3/4免除	半額免除	1/4免除
単身世帯	57(122)	93(158)	141(227)	189(296)
2人世帯(夫婦のみ)	92(157)	142(229)	195(304)	247(376)
4人世帯(夫婦、子2人)	162(257)	230(354)	282(420)	335(486)

出典：日本年金機構HP、単位万円、カッコ内は収入額

め、この制度を利用する人は多い。また、夫が60歳以上で定年退職し、妻が60歳未満で3号から1号被保険者に変更が必要な場合も同様に夫の退職を理由とした特例免除申請を適用することができる。

ただし、一般の申請免除と違い全額免除・若年者納付猶予に該当しても継続免除の対象にはならない。翌年度は、必要書類を添付して再度申請が必要である。

(2) 特例免除の手続き

住民登録がある市区町村の国民年金の窓口に「国民年金保険料免除・納付猶予申請書」を提出。所得審査の後、約2か月後に結果通知（はがき）が届く。免除申請と同時に国民年金1号被保険者への加入の手続きをした場合は免除結果より先に国民年金保険料の定額納付書が届く。その後、免除結果通知と部分免除に該当した場合は減額された保険料納付書が届くので注意が必要。

(3) 申請手続きに必要なもの

平成22年度中の申請であれば、21年3月31日以降に離職したことが確認できる証明書（雇用保険被保険者離職票、雇用保険受給資格者証等）、その他に年金手帳と印鑑が必要。

〔2010年8月30日号掲載〕

第5章 その他

マクロ経済スライド未実施の理由

Q マクロ経済スライドとは何か？一向に実施されたと聞いたことはないが、まだ実施されていないとしたら、それはどうしてなのか。　　　　　　（N県I市　M.M）

A ■マクロ経済スライドの仕組みを確認

マクロ経済スライドは、平成16年の年金改正で決められた年金を調整する制度であるが、平成22年度現在において、まだ実施されていない。また今後の実施時期を明言するのも難しい。

平成16年の年金改正の柱の一つは、急激に進む少子高齢化社会を前に、持続可能で安心な年金制度を構築することであった。その具体策として、給付と負担についての考え方が、それまでの「給付に合わせて保険料を上げていく」というものから、「将来の保険料負担を増大させないために保険料水準を固定し給付の方を調整する」という考え方に変更された（図表1）。その給付を調整する手段として、改正後の年金計算式（本来水準）にマクロ経済スライドという仕組みが取り入れられた。

年金給付調整の仕組みは概略、次の手順により行われる。

年金は、原則として新規裁定者（68歳到達年度前の人）は賃金（＝名目手取り賃金変動率）の変動に応じて、既裁定者（68歳到達年度以後の人）は物価（＝物価変動率）の変動に応じて年金額が毎年度改定される。

マクロ経済スライドが実施される一定期間は、それら実際の賃金・物価の変動率から、公的年金の被保険者数の減少率や平均余命の延びを勘案した調整率を差し引いた率で、年金改定を行うことになる。つまり、実際の賃金・物価の上昇率よりも低い率で年金改定が行われることになり、年金に目減りが生じるわけである（図表2）。

以上のような改正後の年金計算の仕組みを老齢基礎年金の計算式で確認すると、図表3のようになり、老齢厚生年金の計算式で確認すると図表4のようになる。

図表1　保険料水準の固定

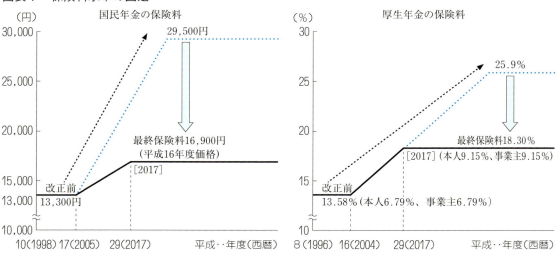

④ 保険料

　マクロ経済スライドが実施されるのは、改正後の年金（本来水準）の方が特例水準を上回り、給付額となった一定期間である。しかし、平成22年度までは、特例水準の年金額の方が改正後の本来水準の年金額を上回り、特例水準の額が給付額とされている。

　特例水準にはマクロ経済スライドという仕組みは適用されない。その結果、平成17年度からマクロ経済スライドの調整期間には入っているものの、実際にはスライド調整された本来水準の年金が支給される状況には至っていない。

　このような調整開始の考え方は老齢厚生年金も同様であるが、老齢厚生年金の場合、具体的には指数（16年政令第298号第11条）を判断基準として調整を開始する。

　平成21年財政検証結果では、基本ケース（出生中位、経済中位）でみると平成24年度から給付調整を開始する見込みと試算されている。だが、今後の賃金・物価の上昇が試算どおりに推移するとは限らないため、スライド調整された本来水準の年金が実際いつから支給開始されるかは現段階では明言できない。

図表2　スライド調整の原則

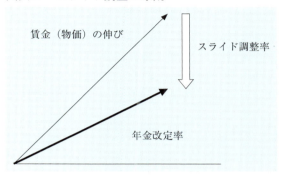

図表3　老齢基礎年金（本来水準）の計算

老齢基礎年金の満額値
　＝78万900円　×　改定率

1．原則
　　改定率＝前年度の改定率×名目手取り賃金変動率
　　※　68歳到達年度以後は名目手取り賃金変動率が物価変動率に代わる
2．調整が行われるとき
　　改定率＝前年度の改定率×名目手取り賃金変動率×調整率
　　※　68歳到達年度以後は名目手取り賃金変動率が物価変動率に代わる

図表4　老齢厚生年金（本来水準の本来式）の計算

報酬比例部分＝　平均標準報酬額　×　5.481／1,000　×　被保険者月数

毎年度、再評価率を改定する
1．原則
　　再評価率＝前年度の再評価率×名目手取り賃金変動率
　　※　68歳到達年度以後は名目手取り賃金変動率が物価変動率に代わる
2．調整が行われるとき
　　再評価率＝前年度の再評価率×名目手取り賃金変動率×調整率
　　※　68歳到達年度以後は名目手取り賃金変動率が物価変動率に代わる

※　老齢厚生年金の場合は、改定率ではなく再評価率が毎年度改定される。

〔2010年5月17日号掲載〕

第5章 その他

初めてのマクロ経済スライド発動

Q 平成27年4月からの年金額について、メディア等では、本来水準の年金額に変わると言っているが、どういうことか。詳しく教えてほしい。　（A県O市　M.A）

A ■27年度の年金額は0.9％引上げ

　年金支給額は、平成27年度からは「特例水準の年金額」から「本来水準の年金額（平成16年改正基準）」による計算方法に変わる。特例水準解消のための法律により、27年度が調整の最終年になり、▲0.5％が実施される。これにより特例水準が完全に解消され、本来水準になる。平成26年の物価上昇率は＋2.7％、名目手取り賃金変動率は＋2.3％であったが、物価上昇率よりも名目手取り賃金変動率が低かったため、名目手取り賃金変動率により年金額が改定される。さらに、マクロ経済スライド（▲0.9％）が初めて適用され、結果として＋1.4％（特例水準からは＋0.9％）の改定になった。

　マクロ経済スライドとは、平成16年の年金制度改正で導入され、賃金や物価の改定率を調整して年金の給付水準を調整する仕組み。現役被保険者の減少と平均余命の伸びによって「スライド調整率」が設定され、その分を賃金や物価の変動により算出される改定率から控除するものである。「人口動態スライド」とでもいえばわかりやすいだろう。マクロ経済スライドによる調整は特例水準が解消され次第、実施することが法律で定められている。厚生年金では約10年、基礎年金では約30年実施される予定。マクロスライド調整率▲0.9％の算出は次による。

　▲0.9％＝公的年金被保険者数の変動率（▲0.6％）［平成23～25年度の平均］＋平均余命の伸び率（▲0.3％）

　これらにより、平成27年度の年金月額は下表のようになる。

	平成27年度	平成26年度
A国民年金額	65,008円（＋608円）	64,400円
B厚生年金額	221,507円（＋2,441円）	219,066円

A国民年金額は、老齢基礎年金（満額）1人分。B厚生年金額は、夫婦2人分の老齢基礎年金を含む標準的な年金額。

　上表の平成27年度のAおよびBの年金額は具体的には以下の算式をベースにして算出される。

☆A　国民年金額（老齢基礎年金額）
780,100円≒780,900円［平成16年水準額］×0.999（0.985×1.014）［改定率］

☆B　厚生年金額（老齢厚生年金額）
［報酬比例部分］
・総報酬前
　平均標準報酬月額（平成27年度再評価率）×乗率（9.5～7.125）×平成15年3月以前の加入月数
・総報酬後
　平均標準報酬額（平成27年度再評価率）×乗率（7.308～5.481）×平成15年4月以降の加入月数
［定額部分］　1,626円（1,628円×0.999）×1.875～1.000×加入月数

　なお、これとは別途に10月から共済年金と厚生年金制度の一元化によって、年金額の算出が100円単位から1円単位に変わる。　〔2015年3月16日号掲載〕

④ 保険料

賞与の届出漏れの保険料控除に関わる対策

Q 「ねんきん定期便」が届き記録を確認したところ、賞与支給明細書から厚生年金保険料が控除されていたが記録に反映されていないようだ。どのようにしたらよいか。
（T県年金相談者　O.S）

A ■通常、記録回復の申立てをする

　「ねんきん定期便」が届くようになって以来、賞与支給時の厚生年金保険料控除（以下、「保険料控除」という）に関する質問が多く寄せられるようになっている。

　賞与支給時の保険料控除については、2つの期間に分けて考える必要がある。

　まず、平成7年4月から平成15年3月までの期間に支給された賞与からの保険料控除は「特別保険料」といい、その当時の厚生年金保険料率よりも低い料率を用いて計算されたもので、保険給付の計算の基礎にならないこととされていた。したがって、「特別保険料」が控除された期間は「標準報酬月額と標準賞与額の月別状況」（以下、「月別状況」という）には記載されていない。空欄である。

　次に、平成15年4月から総報酬制の導入により、同年4月以降賞与支給時に保険料控除される金額は、「標準賞与額（賞与支給額から千円未満の端数を切り捨てた金額）」に、毎月の保険料と同じ料率を用いて計算されるようになり、同時にその納付記録は保険給付の計算にも反映されることになった。なお、標準賞与額には上限があり、1回につき150万円以上得ていても1500千円と記載されている。このことから、平成15年4月以降に賞与支給があり、保険料控除がされていたにもかかわらず、月別状況の標準賞与欄に該当する標準賞与額（以下「記録」という）が記載されていない場合は、次の2つの場合を考える。

①事業主（会社）の事務処理ミス、経営不振等の事情で年金保険事務所（旧、社会保険事務所）に賞与支払届を提出していない。

②当該事務所で何らかの処理ミスがあったこと。

　①の場合、当該事業主（会社）が現存する場合は、事業主（会社）から年金事務所に賞与支払届を提出してもらい、かつ保険料を納付してもらい保険給付の計算に反映させる記録とすることができる。しかし、当該事案が保険料を徴収する権利の時効2年を経過している場合や当該事業主（会社）が消滅している場合、あるいは②に該当すると推認される場合は、年金記録確認第三者委員会に申立て（受付窓口は年金事務所）を行い、保険給付の計算の基礎となる記録として認めてもらう必要がある。

　また、事業主が時効後に賞与支払届を提出し、厚生年金保険法第75条前段の規定により、保険給付の計算の基礎となる記録とされていない場合も、同じく年金記録確認第三者委員会に申立てを行い、当該記録を取り消し、保険給付の計算の基礎となる記録に回復する措置を取ることが必要である。

　なお、実際に支給された賞与支給額に相当する保険料控除がされている場合は問題が生じないが、保険料控除が低かった場合は、その保険料控除に見合う賞与額に基づき記録が決定される。

〔2011年3月28日号掲載〕

障害2級認定者の国民年金保険料納付

Q 今年、障害基礎年金を請求し、認定日の平成19年8月に遡って2級に認定された。しかし、障害年金は症状が改善すると支給が止まると聞いた。老後に障害の年金が止まると困るので、少しでも老齢年金が多くもらえるよう国民年金の保険料を今後も払い続けたい。これまでどおり納めればよいのか。また、今まで払った保険料はどうなるのか。

（Y県S市　M.Y）

A ■法定免除で保険料は還付

(1) 障害年金2級以上に認定された場合、認定日の前月以降の国民年金保険料は法定免除となる。平成18年9月29日付庁保険発第0929001号通達にあるように、障害認定日以降に支払った保険料は還付されることになっている。そのため、これまでどおりの方法で保険料を納めるとその保険料は還付されてしまう。

国民年金の1号被保険者が障害年金2級以上に認定された場合は、市区町村の国民年金担当窓口に「国民年金保険料免除理由該当届」を提出する。厚生年金の被保険者が退職し、国民年金の1号被保険者になった場合も同様である。

そして遡って法定免除となった期間は、追納という方法により保険料を納めることができる。しかし、法定免除に該当したことにより、納めた保険料がいったん還付され、そのあと追納制度により納め直す場合、3年度を超えた保険料は加算金の付いた金額を納めることになる。

よって、追納の案内をする際は、加算金が付く場合があること、老齢基礎年金が支給されるようになると障害基礎年金と老齢基礎年金はどちらか選択受給になるということを説明しておかなければならない。

(2) 認定日以降に一部免除の期間がある場合であるが、国年法89条（法定免除）カッコ書きに「第90条の2第1項から第3項まで（保険料の一部免除）の規定の適用を受ける被保険者を除く」とある。よって、一部免除の保険料を納付した場合は法定免除の対象とならず、保険料は還付されない（図のA）。一部免除の保険料が未納の場合は、一部免除の規定の適用を受ける被保険者に該当しないことになり、納付期限が時効消滅していれば、その期間は法定免除となる（図のB）。時効消滅していなければ一部免除の保険料は納付することができる（図のC）。

〔2011年11月14日号掲載〕

④ 保険料

後納保険料制度（新設）の仕組み

Q 会社の総務部で社会保険を担当している。平成23年8月に成立した「年金確保支援法」の内容について、少し詳しく教えてもらいたい。できれば、企業年金の改正部分以外を中心にしてほしい。
（T都F市　M.K）

A ■新たに後納保険料制度を導入

　年金確保支援法は、平成23年8月4日に成立し、8月10日から施行されている。正式な法律名は「国民年金及び企業年金等による高齢期における所得の確保を支援するための国民年金法等の一部を改正する法律（平成23年8月10日法律第93号）」になる。その内容について主な部分を2回に分けて記したい。

１．国民年金保険料の納付可能期間の延長（後納保険料）は3年間の時限措置

　「平成24年10月1日までの政令で定める日から起算して3年を経過する日までの間において国民年金の被保険者または被保険者であった者（国民年金法による老齢基礎年金の受給権者を除く。）は、厚生労働大臣の承認を受け、その者の国民年金の被保険者期間のうち、国民年金の保険料納付済期間及び保険料免除期間（一部免除未納を含む）以外の期間〔任意加入期間を含む〕（承認の日の属する月前10年以内の期間であって、当該期間に係る国民年金の保険料を徴収する権利が時効によって消滅しているものに限る。）の各月につき、後納保険料を納付することができるものとする。」となっている（下図参照）。この制度は3年間の時限措置である。

　後納保険料の額は、当該各月の国民年金の保険料に相当する額に政令で定める額を加算した額とする。なお、当該加算額は、追って政令で定める予定である（おそらく免除期間における追納と同じ加算額と思われる）。

　承認を行うに際して、承認を受けようとする者が納期限までに納付しなかった国民年金の保険料であって、これを徴収する権利が時効によって消滅していないものの全部または一部を納付していないときは、当該保険料の納付を求めるものとする（求めるものとするだけなので、納付しない限り承認されないということではない）。

　後納保険料の納付は、先に経過した月の国民年金の保険料に係る後納保険料から順次に行うものとする。

　後納保険料の納付が行われたときは、納付が行われた日に、納付に係る月の国民年金の保険料が納付されたものとみなす（よって、後納保険料の納付により年金受給権が発生する場合の受給権発生日には注意が必要である）。

　参考までに、過去10年間の保険料を納めていなかった人が、10年分の保険料を納めるとすると約180万円弱になる。

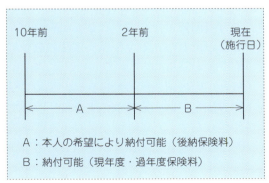

〔2011年12月12日号掲載〕

3号被保険者に係る重複期間の取扱い

Q 会社の総務部で社会保険担当をしている。平成23年8月に成立した「年金確保支援法」の内容について、少し詳しく教えてもらいたい。できれば、企業年金の改正部分以外を中心にしてほしい。　　　　　　　　　　　　　　　　　　　（T都F市　M.K）

A ■重複後の期間は保険料納付済期間にカウント

２．第3号被保険者期間の取扱いの変更

「第3号被保険者期間と重複する<u>第3号被保険者期間以外の期間が事後的に判明した場合等</u>における当該重複期間に引き続く第3号被保険者期間等については、引き続き保険料納付済期間に算入する」こととされた。

平成21年8月の通知では、「第3号被保険者期間と重複する<u>第2号被保険者期間が裁定後に判明した場合～</u>」となっていたが、一部修正された。よって、①受給者に限られていた扱いが被保険者も対象になった。②2号期間が「3号期間以外の期間」とされ、1号期間が判明した場合も重複期間後の3号期間は保険料納付済期間に算入される。

具体的な事務の取扱いは次のようになる。

⑴　3号期間として管理していた期間と重複する3号期間以外の期間が事後的に判明した場合は、被保険者等から、以下の届を提出することにより、重複期間に引き続く3号期間等について、保険料納付済期間として取り扱う。したがって、3号特例届出は不要になる。
　㈤　国民年金第3号被保険者（種別変更・種別確認）該当届（年金確保支援法用）
　㈻　「第3号被保険者期間に関する生計維持関係申出書（年金確保支援法用）」

⑵　3号期間として管理していた期間と重複する3号期間以外の期間に引き続く3号期間等は、当初から保険料納付済期間とされるため、障害基礎年金等の納付要件を確認する場合には、通常の3号記録と同様に取り扱う。

⑶　年金確保支援法を適用し、当初から保険料納付済期間であった3号期間として訂正した場合の記録訂正は、年金時効特例法に規定する「記録した事項の訂正」に該当するため、消滅時効した年金の支払いがある場合は、時効特例給付および遅延特別加算金を支給する。

過去に障害基礎年金または障害厚生年金（以下「障害年金」という）の請求を行ったが、保険料納付済期間でないものとして記録訂正がなされたことにより、納付要件を満たさず不支給処分となった者が、年金確保支援法の施行により納付要件を満たす場合については、以下のとおり取り扱われる。

①障害年金の請求書の受付日は、改めて受け付けた日とする。
②障害認定日による請求の場合は、改めて受け付けた日が受付日となるため、障害認定日で受給権が発生した場合で受付日より5年経過して消滅時効した年金については、時効特例給付および遅延特別加算金が支給される。
③事後重症による請求は、改めて受付した日が受付日となるため、65歳に達している場合または本人が死亡している場合は、請求できない。

〔2011年12月19日号掲載〕

④ 保険料

国民年金保険料の後納制度

Q 某金融機関の年金相談を担当している。最近「国民年金保険料の納付可能期間延長のお知らせ」(以下「お知らせ」)についての問合せが増えている。どのような点に注意して説明すればよいか。
（M県K市　S.Y）

A ■まず、受給資格の有無を確認

「年金確保支援法」の施行により平成24年10月1日から平成27年9月30日までの3年間に限り、国民年金保険料の納付可能期間が2年から10年に延長される「後納制度」が実施されることとなった。そのため24年8月より順次、納付が可能な方に後納可能月数等を記載した「お知らせ」が送付されている。これについて以下に注意事項を列挙する。

(1) 受給資格の取得

後納制度を利用することにより、①年金額が増える、②受給資格が得られる、③後納と任意加入により受給資格が得られる、このような方は、ぜひ、納付を検討していただきたい。一方、④後納制度を利用しても受給資格が得られない恐れのある方にも送付されている。例えば、63歳で年金加入期間が9年、かつ後納可能期間が53歳から60歳までの7年間の場合は、70歳までの7年間を任意加入したとしても、25年の受給資格要件を満たすことができない。このような場合は、他に海外任意期間や平成3年4月前の学生期間など合算対象期間を含めて受給資格を得られないか、確認する必要がある。

(2) 国民年金の加入手続きの必要性

「お知らせ」において「△」が表示されている期間は、国民年金未加入期間のため、後納を希望される場合は国民年金への加入手続きが必要である。ただし、この間が海外居住期間である場合は、後納制度の対象とはならない。

(3) 「滞納」と「未納(後納対象)」の対応順位

未納保険料は最も古い分から納付することになるが、未納保険料と2年以内の滞納保険料に納付の優先順位はない。後納可能な期限がすぐに到来する場合は、未納保険料の納付を優先するべきである。しかし、「あと半年分だけ納付したい」といった申出を受けたケースでは、納付合計金額を比較する必要がある。例えば、平成14年度と平成22年度の保険料を比較した場合、14年度の方が1か月160円低額である。ただし、現年度については、障害年金や遺族年金の納付要件を検討する場合は、「直近1年要件」が反映される。そのため、一概に金額のみでは比較できない部分もあるので、相談者の実情に合った説明が求められる。

(4) 納付期限

後納制度の今年の納付期限は、平成25年3月31日である。ただし、最も古い平成14年度だけは、14年10月分は24年10月31日、14年11月分は24年11月30日というように、月ごとに期限が到来する。納付期限が迫っているものに関しては早急に申込み・納付を行いたい。

後納制度を利用すれば、受給資格が必ず得られると思っている人や、すでに年金を受給しているのに必ず後納保険料を納付しなければならないと思っている人もいるので、相談者の状況、ニーズにあった丁寧な対応が必要である。

〔2012年10月8日号掲載〕

第5章 その他

総報酬制実施前の特別保険料と年金額

Q 59歳男性。年金を請求するに当たり給与明細をすべて保存していたので記録を詳細に確認したところ、平成14年以前の賞与で厚生年金保険料を徴収されていたにもかかわらずその記録がなかった。なぜ記録がないのか、その時期の賞与は年金額にどのように反映しているのか。
（T都E区　K.K）

A　■年金額に反映されない特別保険料

　質問の期間は平成7年4月から平成15年3月までについてである。この期間は賞与（年3回以内）から特別保険料として厚生年金保険料が1％（労使折半）、健康保険が0.8％（事業主0.5％、被保険者0.3％：政管健保）で徴収されていた。

　特別保険料は、保険料率を1％と低く設定する代わりに年金の給付金額には反映しない保険料として取り扱われた。社会保険事務所への届出は事業所ごとの支払った人数と保険料の総額を届け出るもので、賞与についての個人別記録は届けられていない。そのため年金記録には反映させようがない。徴収された特別保険料は通常の厚生年金保険料と同じように扱われ、給付や制度の維持へと充てられた。賞与を支給する際に特別保険料という項目ではなく、厚生年金保険料、社会保険料控除等、給与と同じ項目で徴収している事業所もあった。

　賞与が年金額計算に反映されるようになったのは平成15年4月1日の総報酬制の導入からであり、平成7年3月以前は賞与（年3回以内）から保険料は徴収されていない。

　賞与から特別保険料を徴収することになった背景には、保険料の負担を抑制するために賞与を高くし、報酬月額を低めにする報酬体系を取る会社が増えたからだ。これは合法的に社会保険料を抑制する最も効果的な方法の一つであった。

　そのために減った保険料収入を補う必要があり、報酬月額に係る保険料率を引き上げる代わりに賞与から保険料を徴収することになったが、特別保険料が徴収されてもこの報酬体系での保険料抑制は続いた。この報酬体系では年収が同じでも賞与の割合が低い人ほど保険料負担が重くなり、賞与が多いほど報酬月額に反映されない保険料が多くなる。年収に占める賞与の割合によって年金の受給額が異なる等の不公平が生じていた。

　旧厚生省は平成11年に厚生年金保険の保険料負担に関して算定基礎を報酬月額ベースから賞与を含む年収ベースに改める方針を打ち出し、平成12年の年金制度改正で、賞与の多寡による被保険者の負担の公平をより徹底することを目的として、賞与からも報酬月額と同じ保険料を徴収するとともに、賞与も年金計算の算定基礎とする総報酬制が決まり、平成15年4月から導入された。

＜総報酬制の導入前後比較＞

		H15/3以前	H15/4以降
報酬月額	保険料率	17.35％	13.58％
	上限額下限額	上限62万円 下限9万8千円	同左
賞与	保険料率	1％（給付には反映せず）	13.58％
	上限額下限額	なし	上限150万円 下限　なし

〔2012年3月26日号掲載〕

④ 保険料

外国籍の内縁者と任意加入保険料

Q 59歳の外国籍の女性。20年前に来日。現在は永住権を確保し、長年、国民年金に加入しサラリーマンの恋人（65歳）と同棲している。保険料は彼が払ってくれている。先日、正式に結婚していなくても第3号被保険者になれると聞いた。払い過ぎた保険料は60歳以降に任意加入する保険料に充当できるか。　　　　　　　　　　　　　（T都A区　R.Q）

A　■任意加入保険料には充当できない

　第3号被保険者とは、第2号被保険者に扶養されている年収130万円未満の20歳～59歳の配偶者のことで、国籍・永住権の有無、国内居住の条件はない。質問のとおり、「配偶者」＝「夫」および「妻」には、婚姻の届出をしていないが、事実上婚姻関係と同様の事情にある者を含むものと明記されている（国民年金法第5条第8項）。

　しかし、まず注意する点は、単に「同棲」しているだけでは、「内縁・事実婚」とは言わず、相談者は第3号被保険者には該当しない。「内縁・事実婚」の定義は、婚姻意思を持って共同生活を営み、社会的には夫婦と認められているにもかかわらず、婚姻届を出していないために法律的には正式の夫婦と認められない男女の関係で、公序良俗に反しないものを言う。

　相談者の「サラリーマンの恋人」を、本件では「主人」と表記する。さらに確認する必要があるのは、現在65歳の主人のことで、厚生年金に加入できるのは通常70歳までであるが、65歳に到達した時点で、老齢厚生年金・老齢基礎年金の受給権を得ていたのであれば、その時点で、相談者は、第3号被保険者の資格を喪失することになる（改正法附則第3条　国民年金法第7条第2項）。

　相談者が、国民年金第3号特例届けに添付する証明書類は多岐にわたるが、まずもって内縁関係の成立を証明しなければならないので、以下のものを取り揃える必要がある。

①主人の戸籍謄本・住民票（世帯全員の続柄が表示されたもの）
②相談者の外国人登録原標記載事項証明書、母国が発行した戸籍謄本に類する書類に日本語訳を添えたもの、該当期間の非課税（課税）証明書（区役所が発行できるかぎり）など
③内縁関係の申立書、第三者（主人の勤務先、近所、民生委員など）の証明書

　相談者の年金加入履歴の一部が、第1号被保険者から第3号被保険者に記録訂正された場合、いったん納めた国民年金の保険料は、管轄の年金事務所から郵送される還付請求の手続きに沿って後日、相談者に返金されることになる。

　金額は納付当時の額のままである。当然ながら、利息が付くこともない。相談者は、60歳以降も任意加入することを希望のようだが、質問のように、過払い金を将来の保険料に充当することはできない。

　20年前に来日した相談者の年金保険料支払い済み期間は未だ25年に達していないが、相談者は社会保障協定締結国出身であり、来日前の合算対象期間を含めて、すでに年金の受給資格を満たしていると思われる。より多くの年金を受け取るためにも、60歳～64歳は、任意加入することを勧めたい。確定申告による所得税額の計算は住所地を管轄する税務署等で相談を受け付けているので不明な点は相談されたい。　　　　　　　　　　　〔2012年4月9日号掲載〕

第 5 章 その他

学生納付特例と若年者納付猶予制度

Q 私は現在21歳の大学2年生であるが、大学を退学し1年間働いて学費を貯め、他の大学への編入を考えている。この間全く国民年金保険料は払えそうもない。これによる何か不利益はあるのだろうか。
（A県H市　A.T）

A ■無年金化招く保険料の未納放置

　現在のように保険料を納めず、また何も手続きしない状態を保険料未納と言い、「未納」状態を放置しておくと低年金、無年金を招く恐れがある。20歳で国民年金に強制加入（国民皆年金制度という）となるので、現在21歳の相談者は未納状態である。年金というと真っ先に老齢年金を思い浮かべるが、ほかにも障害年金・遺族年金がある。万が一、不幸にして事故に遭った場合、未納状態では年金の受給要件を満たすことができず、当然これらの年金は支給されない。特に若くして障害者になった場合、障害年金が受給できないと、その後の生活にかなりの困難が生じる。また、老齢年金についても満額の約80万円を受給するには40年間保険料を納める必要があり、納付期間が足りないと1か月単位で減額される。そして、原則、納付期間が25年に満たない場合は無年金状態となってしまう。

　このように未納状態を放置することは、不慮の事故の際に保障が受けられないだけでなく、将来の老齢年金が減額される要因となることから極力避けることが重要である。経済的に保険料を納付する余裕がない場合、「免除申請」を行うことで未納状態を防ぐことができるが、免除申請の基準は本人の所得のみならず、世帯主等の所得も審査の対象となるため、相談者が自宅で両親と生活していて、両親に一定の収入がある場合には、免除の適用を受けることができない可能性が高い。

　このような状態の解消を目的に学生納付特例制度がある。対象となるのは、「一定の所得以下の学生」（本人所得が118万円＋扶養家族数×38万円＋社会保険料控除等）で、本人の申請によりこの制度が適用される。ただし、退学して学生でなくなると、この制度の対象外となり、代わりに「若年者納付猶予制度」の対象となる。

　若年者納付猶予制度の要件は、「30歳未満で、本人と配偶者の前年の所得が一定額以下」であること。相談者は独身なので57万円が基準額となる。免除を受けた期間の老齢年金は、国の負担分で2分の1（もしくは3分の1）が年金額に反映されるのに対し、学生納付特例・若年者納付猶予では、受給要件には反映されるが、年金額には反映されない期間（合算対象期間という）となり、1か月単位で減額されることになる。

　このように将来の年金が減ってしまうのを防ぐには後で保険料を納めること（追納）が必要であり、10年前までの期間について、先に期限が到来する部分から保険料を納めることができる（3年以上前の保険料は、当時の保険料に加算額が上乗せされた金額となる）。

　社会人になって経済的に余裕ができたら追納するとよい。退学後に1年間働いて学費を貯めるとのことであるが、この間に厚生年金に加入した場合、同時に国民年金にも加入となるので、これらの制度の適用は不要である。なお、重要な点は、これらの制度は毎年度申請することを必要とする点である。
〔2012年6月11日号掲載〕

④ 保険料

非正規雇用者の国民年金保険料免除申請

> **Q** 私は32歳のフリーター。国民年金保険料は払っていない。収入が少なく安定しないので免除申請をしたら、非該当になった。最近一人暮らしを始めたので、このままでいいのかますます不安になる。どうしたらよいのだろうか。　　　（S県K市　H.S）

A ■再度の免除申請を行う

　国民年金保険料は本人が納付するのが基本だが、本人に収入がない、あるいは少ない場合は世帯主、配偶者が連帯して負担することになっている（国年法第88条）。しかし、成人している子どもの保険料を世帯主が負担するのはなかなか難しい現状があるため、「学生の納付特例」や「30歳未満の若年者に対する保険料の納付猶予制度」があり、学生である期間や30歳未満の期間については納付を猶予し、10年間追納ができるようになっている。

　本件相談者の場合は学生でなく、かつ30歳を過ぎているのでこのような納付猶予制度を活用することはできない。この場合には一般の免除制度で申請（申請免除）することになる。申請免除は、本人、世帯主、配偶者の所得が一定以下の場合、申請により1年間（7月から翌年6月まで）の月々の国民年金保険料が所得に応じて全額免除、4分の3免除、半額免除、4分の1免除となる制度である。相談者は一度免除申請をして非該当であるので詳細を尋ねてみると、どうやら父親である世帯主の所得が一定基準を超えているようである。このままでは未納状態となり将来の年金額が少なくなったり、障害年金受給に支障が出ることもあるため、納付する方向で検討するしかないが、最近一人暮らしを始めたということは、世帯主は父親ではなく自分となり、免除申請を行った当時とは状況が異なってきている。そこで、もう一度申請免除を行ってみたらどうか。免除の判断は申請を行ったときの状況によるので、父親の所得は審査対象ではなくなり免除が承認される可能性が出てくる。

　免除申請の受付期間は、平成23年7月～24年6月の1年間（23年度）については24年7月末までであり、24年7月～25年6月の1年間（24年度）については7月から申請できるため、7月中に限っては2年度分について申請可能となっている。大至急申請されることを勧める。審査の対象となる所得について、23年度の免除については22年中の1年間の所得であり、24年度の免除については23年中の1年間の所得であるが、所得の情報は翌年1月1日（23年中の所得は24年1月1日）に住所地のある市町村が持っている。申請時点で転居のため市町村が異なる場合には、前住所地から所得証明（課税・非課税証明）を取り寄せる必要が出てくることもあるので注意されたい。

　上記以外にも修正申告などで扶養人数や所得、各種控除内容を変更した場合、また、世帯主・配偶者が退職した場合（23年度は23年3月31日以降の退職日を証明できる離職票などを添付する）等状況が変わったときは、一度申請して非該当となっていても再度の申請で該当となる場合もあるため、諦めずに年金担当窓口や年金事務所に相談することを勧める。

〔2012年7月23日号掲載〕

3号不整合期間の特定保険料

Q 数年前にサラリーマンの妻の問題（運用3号や不整合記録問題）がクローズアップされたが、現在、その救済策が行われ、特例追納の制度も4月から実施されると聞いた。詳しくお教え願いたい。
（T県N市　A.U）

A ■特例追納を3年の時限措置で実施

　第3号被保険者の不整合期間に係る特例追納する保険料（特定保険料）については、以下のとおりである。特定保険料の納付申込は平成27年2月1日から始まっており、特例追納の保険料納付は、4月1日から3年間の時限措置なので、該当する場合は請求手続きを忘れずに行われたい。なお、納付書は平成27年4月上旬から送付される予定。

年度（平成）	特定保険料	（参考）当時の保険料
24年度	15,070円	14,980円
23年度	15,220円	15,020円
22年度	15,430円	15,100円
21年度	15,160円	14,660円
20年度	15,090円	14,410円
19年度	14,960円	14,100円
18年度	14,930円	13,860円
17年度	14,880円	13,580円
16年度以前分	15,430円	特定保険料のうち、最も高い額とする

1．第3号被保険者の不整合期間

　サラリーマンの妻の切替え漏れの問題を「国民年金第3号被保険者不整合記録問題」といっているが、内容的には「夫婦間での年金記録に不整合記録がある」ことを指していう。

　この問題への対応には、次の3点がある。①特定期間（カラ期間）とすること、②特例追納の実施、③年金額は減額（平成30年4月以降）され、その減額幅は最大10％とすること。

2．特例追納に係る留意事項

(1)　特例追納の案内の送付

　不整合期間が把握できた人に、2月中旬より、日本年金機構から順次お知らせを送付中。

(2)　年金額の改定・支払に関する留意点

　老齢基礎年金の受給権者が特定保険料の納付を行ったときは、原則として納付が行われた日の属する月の翌月から年金額が改定される。

(3)　申し込む際の留意点

　①　改正法の施行日（平成25年7月1日）以後に不整合記録が訂正され、時効消滅不整合期間を有することになり、老齢給付を受給している「特定受給者」については、平成30年3月31日までの間、時効消滅不整合期間を保険料納付済期間とみなすことになっており、不整合記録の訂正前と同等の年金額が支給される。また、平成30年4月以降の「特定受給者」に支給する老齢基礎年金の額は、特例として、従前の年金額の9割が保障されるため、特例追納後の訂正後の年金額が減額下限額に満たないときは、特例追納しても年金額に反映されない。

　②　改正法の施行日前に不整合記録が訂正され、施行日において正しい年金額で年金を受けている人が特例追納した場合は、年金額は特例追納の翌月から改定される。ただし、平成28年2月末日までに特例追納した場合の老齢基礎年金の増額分は、平成28年5月の支払い時にまとめて支払われる。

〔2015年3月23日号掲載〕

⑤ 社会保障協定、外国年金

社会保障協定の概要

　現在締結されている社会保障協定の概要と、制度の違いによる留意点を教えてほしい。
（T都年金相談員　K.F）

A　■協定発効済は12か国（2010年12月）

　社会保障協定は、海外で働く日本人または来日して働く外国人の、「社会保険制度の二重加入（保険料の二重払い）の防止」、および保険料が掛け捨てとならないための「年金加入期間の通算」を主な目的としている。2010年12月で社会保障協定が発効している国は、次の12か国に上る（※印は12月1日発効予定）。

〔ドイツ、イギリス、韓国、アメリカ、ベルギー、フランス、カナダ、
　オーストラリア、オランダ、チェコ、アイルランド※、スペイン※〕

⑴　一時派遣と2つのルール
　各国社会保障協定の基本的仕組みは同じだが、協定相手国によって異なる取扱いがある。
　協定の相手国に企業から派遣される場合、社会保険制度の二重加入を防ぐため原則として相手国の社会保障制度のみに加入する。ただし、派遣期間が5年以内の見込みの場合は「一時派遣」の取扱いとなり、引き続き派遣元の社会保障制度のみに加入し、相手国の社会保障制度の加入は免除される。自営業者が海外で事業を行う場合等も同様である。なお、ドイツとオーストラリアの場合は当初から5年を超える派遣期間の予定であっても、派遣開始から5年間（ドイツの場合は60暦月）までは「一時派遣」と同様、派遣元の社会保障制度に加入し、派遣先の社会保障制度の加入は免除される。この場合、相手国によっては次の2つのルールのいずれかが適用されるケースがある。なお、各ケースとも相手国から日本への派遣は同様に取り扱われる。
《インターバル・ルール》　オランダとフランスは、日本からオランダまたはフランスに派遣するのが2回目以降である場合、前回の派遣期間が終了した時点から次の派遣の開始まで少なくとも1年以上経過していなくてはならない。
《6か月ルール》　アメリカ、カナダについては、日本から派遣される場合、6か月以上継続して日本で就労または居住し、日本の社会保険制度に加入していることが条件となる。
⑵　多様な年金加入期間の通算
　協定相手国に派遣され、相手国の年金制度に加入したが、期間が短いため年金受給要件を満たさない場合は、日本の年金加入期間を通算して受給期間を満たせば、加入期間に応じた相手国の年金を請求できる。日本での加入期間が短く日本の年金の受給要件を満たさないときも同様である。この際、相手国と日本で二重に加入していた期間については、いずれか一方の加入期間として扱う。ただし、イギリス、韓国については年金加入期間の通算について無協定のため、当該国の加入期間のみで受給期間を満たさなければならない。この点イギリスの年金は2010年4月の法改正により、加入期間が1年あれば受給が可能となったが、韓国の年金は、加入期間が最低10年必要となる。また、年金加入期間の通算は、協定相手国（二国間）との通算のみで、他の締結国の期間を通算することはできない。ただし、チェコについては、チェコでの年金加入期間が12か月以上あれば、チェコの他の締結国の年金加入期間を通算できる。

〔2010年11月22日号掲載〕

第5章 その他

国籍喪失と脱退一時金

Q 長女が米国人と結婚し、アメリカに住んでいる。20歳から国民年金に加入し保険料は納付していた。結婚後は支払っていない。最近アメリカ国籍を取得し、日本国籍を失った。夫はアメリカで年金には加入していない。長女の支払った保険料は返されるか。

（S県G市　T.Y）

A ■アメリカ年金に加入し期間を通算

(1) **出国翌日に資格喪失**　日本国内に居住する20歳以上60歳未満の者は、日本国籍の有無にかかわらず国民年金に強制加入し国民年金の第1号被保険者となる。しかし、その者が外国居住のため日本を出国した場合は、翌日に国民年金の被保険者資格を失う。ただし、日本国籍を有する者は、外国に居住する間は「任意加入被保険者」になり国民年金保険料を納付することができる。また、その期間は「カラ期間」となり国民年金の受給に必要な25年の加入期間には含まれる。

(2) **外国人と国民年金**　一方、国民年金は25年以上国民年金保険料の納付期間および免除期間のある者は原則として65歳から支給される。このように長期間保険料を納付しなければならない仕組みのため、日本に滞在する外国人の多くは国民年金に25年以上加入できず帰国、保険料は掛け捨てになっていた。そこで、掛け捨て防止の観点から、平成6年改正で保険料納付期間が一定以上あれば、保険料を返す脱退一時金の制度が設けられた。

(3) **脱退一時金を請求できる要件**　脱退一時金を請求できる要件は、老齢年金受給権がなく下記に該当しない場合である。

(イ)日本国籍を有している、(ロ)日本国内に住所を有している、(ハ)障害年金、遺族年金等の年金の受給権者であったことがある、(ニ)最後に国民年金の被保険者期間資格を喪失した日または日本から出国した日から2年を経過している、(ホ)日本と社会保障協定を締結している国の年金に加入している等。

(4) **結論**　前述の要件を、相談者の長女に当てはめてみると、(イ)、(ロ)、(ホ)は該当していない。(ハ)、(ニ)は判断できないので、(ハ)は該当していないと仮定すると、(ニ)「最後に国民年金の被保険者期間資格を喪失した日または日本から出国した日から2年を経過している」という要件で判断する。

そうすると、長女が日本を出国して2年以上が経過していれば、請求期間が過ぎているので脱退一時金は請求できないことになる。一方、日本を出国して2年以内にアメリカ国籍を取得して日本国籍を離脱していれば、脱退一時金は請求できる。しかし、2年以内にアメリカ国籍を取得することはなかなか容易ではないと思われる。

(5) **今後の対応**　今後の対応としては、アメリカ年金に加入し日米を通算して年金受給権を取得することが、納付済の国民年金5年分を生かすことになる。また、長女が里帰りで長期間日本に滞在する場合は、国民年金の加入義務が生じるので、そのときは支払済の5年間が生かされる。

なお、日本と社会保障協定を結んでいる国はアメリカ、ドイツなど12か国である（平成22年12月1日現在）。

〔2011年2月21日号掲載〕

⑤ 社会保障協定、外国年金

日米社会保障協定に係る障害年金給付

Q 昭和43年5月生まれの女性の母親からの相談。平成4年から米国に居住していた娘が、平成10年1月に車の自損事故による脳挫傷を負い現在まで全介助状態。今からでも日本の障害年金を受給できるか（負傷時は国民年金に任意加入なし）。

（G県T市　T.K）

A ■4/8要件、6/13要件の適用

　障害基礎年金は原則として国民年金の加入期間中に初診日のある病気やけがで、法令により定められた障害等級による障害の状態にある間は障害基礎年金が支給される。厚生年金に加入している間に初診日のある病気やけがで障害基礎年金の1級または2級に該当する障害になったときは、障害基礎年金に上乗せして障害厚生年金が支給される。

　したがって、本人が当時日本の年金制度に未加入（任意加入していない）であれば、障害年金は支給されない。

　しかし、本ケースのようにアメリカ年金の加入期間のある場合、平成17年10月に発効された日米社会保障協定によりこれを救済できる。この協定の第6条3項に、一定の保険期間を有している場合は、初診日（加入中）要件に関してアメリカの年金加入期間（クレジット）を日本の年金制度に加入していたものとみなす次のような定めがある。なお、クレジットは暦年中の収入に応じて付与され、1クレジットは日本年金の加入期間3か月に換算される。

　①初診日が属する暦四半期までの8暦四半期中に少なくとも4四半期分のクレジットが付与されていること（4/8要件と称する）。

　②初診日が属する暦四半期までの13暦四半期中に、少なくとも6四半期分のクレジットが付与されていること（6/13要件と称する）。

　したがって、当該者がアメリカの年金制度に加入し、この要件を満たしていれば初診日要件が整う。実務上この確認は日本国内ではできないので、合衆国年金等法令に基づく保険期間を有していることの申立（様式137号―米）を日本の年金事務所を通じてアメリカ社会保障庁に正式に行う必要がある。

　さらに、本ケースでは初診日（けがをした日）が平成10年1月と協定発効前であり、その適用の是非が問題になるが、これも第15条2項により協定発効前のアメリカの保険加入期間についても遡及適用されることとなっている。

　年金の受給権発生は日米社会保障協定発効後（平成17年10月）となり、年金額も右の囲み内で示すように、日本の国民年金、厚生年金の納付実績に応じたものとなる。

A：日本での厚生年金加入月数
B：日本での国民年金加入月数
理論的加入期間：原則として、給付の受給権者が日本の年金制度に加入可能な期間（昭和36年4月1日以降の20歳以上60歳未満の期間）をいい、障害認定日の属する月以降の期間は算入されない。

障害基礎年金 ＝ 障害基礎年金の額 × （A月＋B月）／理論的加入期間

障害厚生年金 ＝ 平均標準報酬額（月額）× 乗率 × 300月 ×（A月）／理論的加入期間

〔2011年5月30日号掲載〕

第 5 章 その他

アメリカの遺族年金

Q 私（35歳）はＴの娘でＫ（10歳）の生母である。Ｔおよびその妻Ｓもすでに2年前、享年ともに65歳以上で他界。Ｔは孫Ｋとは8年前に養子縁組をしている。Ｋは、遺族厚生年金を受給中である。Ｔは、8年間の米国駐在経験があるため、米国年金の申請手続きをしたが、米国大使館から電話があり、「奥さんが亡くなっているため遺族給付は出ない」と言われた。米国年金制度では養子は遺族年金を受給できないのだろうか。

（K県Y市　N.R）

A　■米国の遺族年金は養子にも支給

　Ｋは、相談者である生母と同居しているので、日本の年金制度では遺族基礎年金が支給停止となり、現在、遺族厚生年金のみ受給している。故Ｔ（Ｋの祖父）は、通算約8年の米国駐在経験があったので、近所の年金事務所で戸籍謄本等必要な書類を添付し、米国遺族年金の申請手続きを行った。

　約3か月後に、米国大使館の年金担当者より電話があり、「奥さんが亡くなっているので、遺族年金は支給されない」と言われた。「孫Ｋは、日本の遺族年金は受給しているが、アメリカの年金も出ないのだろうか？」と尋ねたが、米国の年金制度では受給資格がないとの回答だった。

　米国年金の制度、特に遺族年金の受給要件を調べるにはどうしたらよいのか困ってしまった。そこで、外国年金を多く手がける社会保険労務士に相談した。米国社会保障庁（SSA）の遺族年金（Survivors Benefits）のパンフレットによると、受給資格がある子どもについては、以下のような記述があった。

　Your unmarried children who are younger than age 18 (or up to age 19 if they are attending elementary or secondary school full time) also can receive benefits. Your children can get benefits at any age if they were disabled before age 22 and remain disabled. Under certain circumstances, benefits also can be paid to your stepchildren, grandchildren, stepgrandchildren or adopted children.

　よって、未婚の18歳以下の養子（adopted children）は対象であることがわかった。

　そこで、再度審査を請求することになったが、それにはどうすればよいのかと年金事務所に相談したところ、「書類の不備等がなかったので、あとは米国大使館と交渉してほしい」という回答であった。以前受電した米国大使館の直通電話にかけたところ、申請者からの質問には対応不可とのこと、文書での問合せも担当に届いているのか不明で、不安な日々を過ごした。1か月後に再び担当課に電話し、「SSAの資料から遺族年金の受給資格者と思われるので、もう一度審査をお願いしたい」と要請した。さらに2か月が経過し、死亡日から2年、死亡一時金の申請期限が近づき少し焦ってきた頃に、大使館の担当者から「戸籍を見たところ、再調査に入ることになった」と電話が入った。

　外国年金は言葉の問題、また日本の資格である社会保険労務士を年金請求の代理人として認めてもらえない等の理由により、不服申立ての難しさを感じる。審査の行方を見守っていきたい。

〔2014年4月21日号掲載〕

⑤ 社会保障協定、外国年金

アメリカの社会保障番号・カード取得の壁

Q 私（35歳）はＴの娘でＫ（10歳）の生母である。Ｔおよびその妻Ｓもすでに2年前、享年ともに65歳以上で他界。Ｔは孫Ｋとは8年前に養子縁組をしている。Ｋは、遺族厚生年金を受給中である。Ｔは、8年間の米国駐在経験があるため、米国年金の申請手続きをしたが、米国大使館から電話があり、「奥さんが亡くなっているので遺族給付は出ない」と言われた。米国年金制度では養子は遺族年金を受給できないのだろうか。

（Ｋ県Ｙ市　N.R）

A ■米国の遺族年金は養子にも支給

　本件は、前頁の続編に該当する。Ｋは、相談者である生母と同居しているため、日本の年金制度では、遺族基礎年金が支給停止となり、現在、遺族厚生年金のみを受給している。故Ｔは、通算約8年の米国駐在経験があったので、近所の年金事務所で米国遺族年金の申請手続きを行ったが、米国大使館からの回答は、米国の年金制度では受給資格がないとのことだった。不服申立てについて年金事務所に相談したが、「書類の不備等がなかったので、あとは米国大使館と直接交渉してほしい」という回答であった。そこで、米国大使館年金課に「アメリカ社会保障庁（SSA）の資料から遺族年金の受給資格者と思われるので、再審査をお願いしたい」と文書や口頭で複数回要請し、何とか再調査してもらえることになった。

　約半年後、SSAのボルチモア事務所から封書が届いた。「Notice of Award（決定通知書）」とあり、前年の遺族年金請求月に遡って支給することを知らせる内容であった。支給を心待ちにしていたが、3か月経過しても指定した口座に振込みがなく、支給額や対象期間の通知もない。再度、大使館の担当者に連絡しても、「待つように」との指示であった。数週間後、今度は、「Disallowance Notice（不支給決定書）」がボルチモア事務所から届いた。混乱しながら問い合わせたところ、養子であるＫは、故Ｔとともに米国で在住した経験等がないため、米国の社会保障番号および社会保障カードを有していない。よって年金の支払いができないという説明であった。

　日本の遺族年金を受給する際にも、未成年者であるＫは、基礎年金番号を取得した。これと同様のことと理解し、すぐに大使館の社会保障番号担当者に年金受給のために社会保障番号が必要であることを説明し、面談の予約をとった。大使館での面談後、社会保障番号および社会保障カードを取得した。その足で社会保障カード取得を大使館の年金課に伝え、さらに待つこと3か月、ようやくボルチモア事務所から「Notice Change in Benefits（給付の変更通知）」が届き、「We can pay K beginning ○○ 2013.」と月当たりの支給額が記されてあった。

　今回は二転、三転の末に求める結果が得られたが、今後増加することが予想される外国年金の不服申立てについては、少なくとも社会保障協定の締結国に対する統一したシステムを確立すべきと考える。日本の資格である社会保険労務士を不服申立ての代理人として認めてもらえない等の理由により、様々な困難を感じた事案であった。　〔2015年2月16日号掲載〕

第5章 その他

短期滞在外国人の脱退一時金の算出

Q 当社で平成25年3月16日から平成26年5月15日まで14か月雇用していたR女（中国国籍）が、7月に中国に帰国した。再入国の予定はない。Rは、昭和56年3月6日生まれ。在留資格は、「人文知識・国際業務」で、在留期間は3年で来日。当社で厚生年金に加入。この場合の脱退一時金はいくらか。本人に通知したい。

（S県K市　U社総務課H）

A ■脱退一時金額は資格画面より算出

脱退一時金は、年金事務所が交付する被保険者記録照会回答票（資格画面）のデータを使うと正確に支給額を計算できる。

脱退一時金は原則として次の4条件のすべてにあてはまる人が厚生年金保険の被保険者資格を喪失し、日本に住所を有しなくなった日から2年以内に請求したときに支給される。

①日本国籍を有していない人　②厚生年金保険被保険者期間が6か月以上　③日本に住所を有していない人　④年金（障害手当金を含む）を受ける権利を有したことがない人

（注）　ただし、脱退一時金を受け取ると、脱退一時金を請求する以前のすべての期間が年金加入期間ではなくなる。社会保障協定締結相手国の年金加入期間のある人等は通算できなくなるので注意が必要だ。さらに、消費税10％実施が前提だが、平成27年10月には、年金の受給資格期間が25年から10年に短縮されることも考慮したい。

(1) 脱退一時金の支給額

脱退一時金支給額＝平均標準報酬額×支給率

◇平均標準報酬額

｛(平成15年3月までの各月の標準報酬月額を1.3倍した額の合計額) ＋ (平成15年4月以降の各月の標準報酬月額と標準賞与額の合計額)｝÷全被保険者期間の月数（再評価は行わない）。

◇支給率

支給率（右表AおよびB）は厚生年金保険の被保険者期間に応じて次のとおりとなる（一部）。

被保険者期間	A	B
6月以上～11月未満	0.5	0.5
12月〃～17月〃	1.0	1.0
18月〃～23月〃	1.5	1.5
24月〃～29月〃	2.0	2.1
30月〃～35月〃	2.5	2.6
36月以上	3.0	3.1

A：最終月が平成24年9月～平成26年8月の場合
B：最終月が平成26年9月～平成27年8月の場合
最終月：資格喪失した日の属する月の前月をいう

(2) 資格画面と計算例

〔Rの資格画面〕

氏名　R	生年月日	昭和56.03.06
H25.03.16	2　240千円	新規取得　006月
H25.09.01	2　260千円	算/月/他　008月
H26.12.15	2　403千円	賞与
H26.05.16		喪失

・平均標準報酬額＝｛(240,000円×6月) ＋ (260,000円×8月) ＋ 403,000円｝÷14月
　＝280,214円（円未満四捨五入）

・支給額＝280,214円×1.0＝280,214円≒280,200円（100円未満四捨五入）。これに源泉所得税57,216円（20.42％）の控除がある。

〔2014年10月13日号掲載〕

⑥ 船員特例、沖縄特例

船員保険に加入したことがある人の特例

Q 昭和29年11月生まれ、56歳の男性。現在は厚生年金に加入しているが、過去に船員保険の加入期間が354か月ある。自分が該当する「船員保険の特例」について聞きたい。なお、354か月はすべて小型漁船で、昭和61年3月以前が154か月、昭和61年4月から平成3年3月までが60か月、平成3年4月以降が140か月。　　　（S県T市　S.K）

A ■期間換算と支給要件特例を把握

　船員保険は、昭和61年4月から厚生年金保険に統合されているが、過去に船員として船に乗り込んだ期間が一定月数以上あると「支給要件の特例」と「支給開始年齢の特例」に該当する。

(1)　船員保険と厚生年金保険の期間の換算

　船員期間を厚生年金の被保険者期間に換算する場合、昭和61年3月以前は3分の4倍、昭和61年4月～平成3年3月は5分の6倍、平成3年4月以降は1倍するので、この相談者の354か月の船員期間を厚生年金被保険者期間に換算すると417と1/3月になる（船員保険の年金記録で月数に端数が出る場合、分母を180にするので1/3は60/180と表記される）。

▼S48.6　▼S61.4　▼H3.4

船員154月	船員60月	船員140月	国年or厚年

(2)　船員期間がある者の「支給要件の特例」

(イ)　船員の実期間15年（180か月）以上で、老齢厚生年金の受給資格がある（平成6改正法15）

(ロ)　昭和61年3月以前に、小型漁船（D船）に乗り込んだ期間が11年3か月（135か月）以上…対象は昭和27年4月1日以前生まれの者（昭和60改正法12.1.7）

(ハ)　35歳以降の船員期間を厚生年金被保険者期間に換算し、中高齢の特例の15年～19年に該当する…対象は昭和26年4月1日以前生まれの者（昭和60改正法12.1.5）

　このうち、(ロ)、(ハ)はすでに該当者が全員支給開始年齢（特例）に達しているため、これから新たに受給権者になるのは、(イ)だけ。相談者の場合、「船員の実期間が180か月以上で、老齢厚生年金の受給資格（300か月以上）を満たしている」ので、60歳から、民間会社の厚生年金期間も含めて「報酬比例部分と定額部分、対象者がいれば加給年金」が受けられる。

　60歳以降も厚生年金に加入していれば、在職老齢年金の扱いになる。

(3)　「支給要件の特例」に該当する場合

　必ず右の「支給開始年齢の特例」に該当し、その年齢から、報酬比例部分だけでなく、定額部分・加給年金も支給される。なお、特例に該当するかどうか不明な場合、年金事務所で「自分の受けられる年金額」を打ち出してもらえば、それに支給が開始される年月日と年齢が印刷されている。

＜支給開始年齢の特例（生年月日簡略表示）＞
　　～昭21.4.1生まれ　　55歳
　昭21.4.2～昭23.4.1　　56歳
　昭23.4.2～昭25.4.1　　57歳
　昭25.4.2～昭27.4.1　　58歳
　昭27.4.2～昭29.4.1　　59歳
　昭29.4.2～昭33.4.1　　60歳
　昭33.4.2～昭35.4.1　　61歳

〔2011年2月14日号掲載〕

第5章 その他

船員15年特例者の繰上げ支給

Q 同級生だった夫は昭和33年5月生まれの54歳。現在は自営業だが、過去に商船会社の勤務が15年ほどあり、61歳から特別支給の老齢厚生年金が支給される予定。しかし現在夫の収入は低く、私にもあまり収入がないため60歳台前半の生活資金が心配だ。夫の年金を繰り上げることを検討しているが、減額を伴うことから夫は繰上げには慎重な姿勢。なお、夫は国民年金の保険料はこれまですべて納めてきている。夫の年金の受給方法としてどんな選択肢があるか。　　　　　　　　　　　　　　　　（K市O区　T.H）

A ■特例支給開始前なら一部繰上げ

　本来、昭和33年5月生まれの男子は、63歳まで老齢厚生年金は支給されず、63歳から報酬比例部分のみの支給となるが、第3種特例に該当する相談者の夫には、61歳（特例支給開始年齢）から報酬比例部分と定額部分を合わせた特別支給の老齢厚生年金が支給される。60歳以後の生活資金が心配なら、繰上げも考慮すべきであるが、老齢厚生年金を繰り上げる場合、老齢基礎年金も同時に繰り上げる必要があることから、相談者の夫の61歳到達前の老齢基礎年金の繰上げは必ず「一部繰上げ」により行われる。

　一部繰上げは、定額部分原資の取り崩しがなく、また、老齢基礎年金の減額も一部（本件では、本来額の60分の12の部分）についてしか行われないため、有効な手段の一つである。15年の第3種期間による定額部分を40万円、報酬比例部分を70万円、老齢基礎年金を78万円、経過的加算額を3万円と仮定し、60歳まで繰り上げた場合の加給年金額を除く年金額は次のようになる。

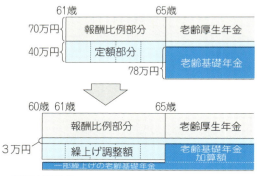

・報酬比例部分
　報酬比例部分の繰上げ減額分
　70万円×6％＝4.2万円
　経過的加算額の繰上げによる減額分
　3万円×12/60×30％＋3万円×48/60＝2.58万円
　70万円－4.2万円－2.58万円＝63.22万円…①
・繰上げ調整額
　40万円×48/60＝32万円…②
・一部繰上げの老齢基礎年金
　78万円×12/60×70％＝10.92万円…③
合計：①＋②＋③＋3万円＝109.14万円

　加給年金額を除く61歳からの本来の支給額が110万円であるところ、60歳からの支給額は109.14万円と遜色のない金額となる。なお、61歳前においては、老齢基礎年金の一部繰上げしか行うことができないが、61歳以降は老齢基礎年金の「全部繰上げ」を行うこともできる。

　定額部分より老齢基礎年金の額の方が大きい受給者の場合、老齢基礎年金の全部繰上げも有効な手段の一つとなる。状況に応じ最適な方法を選んでいただきたい。

〔2013年2月11日号掲載〕

⑥ 船員特例、沖縄特例

国民年金法の沖縄特別措置

Q 私と夫は同年齢（昭和10年3月生まれ）で、ともに沖縄で国民年金制度が開始された昭和45年4月から60歳になるまで国民年金保険料をすべて納めてきた。また、本土並み年金が受給できるとして、制度開始前の期間の国民年金保険料も夫とともに追納した。夫は、本土復帰直後にも同様に追納している。現在、夫は満額の年金を受けているが、私の年金が夫の年金より少ないのはどうしてか。　　　　　　（O県N市　Y.N）

A ■特別措置による追納状況がカギ

　沖縄の国民年金は、本土より9年遅れて日本復帰を2年後に控えた昭和45年4月に発足している。このため被保険者期間が短く年金額が低くなる状況にあり、この是正のために「復帰時特別措置」と「61年特別措置」が講じられた。

(1)　復帰時特別措置（申出期限：S52.3.31）

　沖縄の国民年金法において、老齢年金の受給資格期間を年齢に応じて1年から24年に短縮するとともに、昭和36年4月1日から45年3月31日までの間、引き続いて沖縄に住所を有した者については、年齢に応じ1年から9年の保険料免除期間があったものとみなしていたが、この期間について1か月につき183円を追納した場合には、沖縄の国民年金制度発足前の期間でありながら、保険料納付済期間として老齢基礎年金（旧国民年金法の対象者は老齢年金）の額に反映させることとなった。

(2)　昭和61年特別措置（申出期限：H4.3.31）

　昭和60年改正の新国民年金制度においては、被用者年金制度の被保険者も同時に国民年金の被保険者とされただけでなく、20歳から60歳に達するまでの全期間（昭和16年4月1日以前生まれの者は加入可能年数）、保険料を納付することにより、65歳から満額の老齢基礎年金が支給されることとなった。

　しかしながら、沖縄の被保険者は年金制度が9年遅れて発足したため、昭和25年4月1日以前に生まれた者は、加入可能年数を満たすまで保険料を納付することができず、満額の老齢基礎年金を受給できないこととなった。このため、これらの者について、新たに昭和36年4月1日から45年3月31日までの最大9年間を国民年金の被保険者期間および保険料免除期間とみなし、1か月につき2,400円を追納した場合には、保険料納付済期間とすることとし、沖縄の被保険者についても、満額の老齢基礎年金を受けることができるようになった。

　この夫婦の場合、沖縄の国民年金法により、5年間（60か月）については免除期間とみなされており、夫は、復帰時特別措置により、当該みなし免除期間の保険料を追納し、33年の加入可能年数すべての保険料を納付したこととなり、本土の同世代の被保険者と同様に満額の老齢基礎年金を受けることができたと推測される。一方、妻は当該追納を行っていないことが判明。満額の年金額を受けることができなかった。

　各沖縄特別措置による保険料の追納は、すでに終了しているが、沖縄特別措置の申出は現在も可能であり、時に、受給資格期間を満たさない者が、この期間を免除期間とみなすことにより受給権を得ることにつながることもある。　　　　　　〔2011年6月13日号掲載〕

第5章 その他

沖縄厚生年金特例措置のメリット

Q 沖縄で生まれ育った父A（大正10年6月生まれ）は、48歳から7年間厚生年金に加入し、その後、沖縄の厚生年金特例措置（平成2年および7年）により保険料を納付したが、それによるメリットを知りたい。　　　　　　　　　　（O県N市　K.Y）

A ■沖縄の年金特例は2本建て

　沖縄の厚生年金は昭和45年1月1日から、国民年金は昭和45年4月1日から実施された。そして、昭和47年5月15日に沖縄県が本土に復帰し、沖縄の年金制度を本土の年金制度に組み込むための措置がとられることになった。

　その措置の1つに中高齢の特例がある。その概要は、①昭和4年4月1日以前に生まれ、②昭和45年1月1日現在沖縄の厚生年金保険の被保険者であり、③昭和45年1月1日前の5年間引き続き沖縄に住所があり、④昭和45年1月1日以後の厚生年金の期間が生年月日に応じて、3年から14年あれば、40歳（女性は35歳）以後の被保険者期間が15年あるものとみなし、これをもって国民年金の受給資格期間を満たすとし、老齢年金を支給するというもの。

　生年月日が、昭和3年4月2日から昭和4年4月1日は14年、それ以前は各年を順次遡り大正10年4月2日から大正11年4月1日生まれの者は、7年の厚生年金期間があれば適用される。

　本件の大正10年6月生まれのAさんの場合、昭和45年1月1日当時は48歳なので、55歳になるまでの7年間、厚生年金に加入し、国民年金の受給資格期間を満たしている場合、定額部分240月、報酬比例部分は実際の被保険者期間で計算した額、さらに要件を満たせば加給年金も加算される。

　この時点で、本土より発足の遅かった厚生年金制度においては、定額部分については、本土の中高齢の特例の年金額が保障されたが、報酬比例部分については、実期間で計算されるため年金額が非常に低かったのが実情であった。

　そこで、平成2年の特別措置は、対象者が任意に特例納付を行うことにより、報酬比例部分について、15年分までは年金額を増額することができるとするものであった。Aさんの場合、7年間加入ということだったので、残り8年分の特例納付保険料を、平成7年3月31日までに納付全期間分一括納付し、年金額を増やすことができたということである。

　これだけでは、沖縄と本土の厚生年金の格差は縮まらず、平成7年、新たな特別措置がとられた。対象者は、①昭和20年4月1日以前に生まれ、②昭和45年1月1日から昭和47年5月14日までの間に沖縄の厚生年金期間の被保険者であり、③昭和29年5月1日から昭和44年12月31日までの間の20歳以上の期間で厚生年金保険の適用事業所に相当する事業所に使用されていたと認められる者。納付上限月数は188月だが、Aさんの場合、平成2年の特例で8年（96月）納付しているので、最大、残り92月分の特別保険料を平成7年4月から平成12年3月までの間に、3回以内に分けて任意の月数について納付することができた。保険料を納付した場合、報酬比例部分の年金額には加算されるが、期間としてはカウントされない。そのためか、制度共通被保険者記録照会回答票（年金加入履歴）には、記載されない。

〔2011年10月17日号掲載〕

⑥ 船員特例、沖縄特例

米軍関係者に係る脱退一時金の支給

Q 40歳の沖縄在住のアメリカ国籍の英語教師。4年ほど厚生年金に加入している。今回、沖縄にある米軍基地に軍属として就職することになった。引き続き沖縄に在住するが、米軍の軍属は日本の出入国管理法や公的年金制度の対象外と聞いた。今まで掛けていた厚生年金はどうなるのか。　　　　　　　　　　　　　（O県K市　H.R）

A ■日本において脱退一時金を受給

　本件の場合、厚生年金被保険者の資格を喪失した日（＝米軍の軍属になった日）から2年以内に手続きすれば、脱退一時金を受給できる。必要な添付書類は、軍属であることを証明するもの（軍属になった日がわかるもの）や振込先の銀行口座の証明書等である。請求手続きは最寄りの年金事務所でできる。

　また、脱退一時金を受け取らないで、日米社会保障協定により、これまで加入した日本の厚生年金保険の被保険者期間とアメリカの公的年金加入期間を通算して、将来日米双方の加入期間に応じた年金を受給することも可能である。ただし、脱退一時金を受け取ると、日本の公的年金の加入期間がなかったものとみなされるので、慎重に検討することをお勧めしたい。

　社会保障協定とは、保険料の掛け捨てとならないために、日本の年金加入期間を協定を結んでいる国の年金制度に加入していた期間とみなして取り扱い、その国の年金を受給できるようにする（年金加入期間の通算）もので、現在アメリカをはじめ12か国と締結されている。

　本件では、脱退一時金について解説する。脱退一時金は、日本国籍を有しない者が、国民年金または厚生年金保険の被保険者資格を喪失し、日本を出国した場合、出国後2年以内に脱退一時金を請求することができる制度である。この制度は、短期在留外国人等の保険料の掛け捨て防止を目的としたものである。

　退職等で厚生年金保険の加入資格を喪失しても、引き続き日本国内に居住する場合は国民年金に加入する義務がある（20歳以上60歳未満）。

　しかし、上記のような日米地位協定対象者（SOFA＝Status of Forces Agreement：合衆国軍隊の軍人、軍属（米軍民間人職員）およびその家族）は、日本の出入国管理法や公的年金制度の対象外となり、日本に住所を有する者とは見なされない。引き続き日本国内に在住する場合でもSOFA対象者は、その対象となった日に日本から出国したとみなされ、前述のようにその日から2年以内に脱退一時金を請求することができる。ただし、脱退一時金を受け取るには、厚生年金の保険料納付済み月数が6月以上必要だが、本件ではこの点は充足している。

　厚生年金の脱退一時金額は次式で算出する。

> 平均報酬額×支給率｛（保険料率×1／2）×被保険者月数｝

　この場合、保険料率は最終月が1月〜8月の場合、前々年の10月時点、9月〜12月の場合、前年10月時点のものとなる。

　なお、基地従業員または軍雇用員と呼ばれる米軍基地の日本人職員の場合は、日米地位協定の対象者ではなく、一般と同様で、日本の厚生年金保険および健康保険（駐留軍要員健康保険組合）に加入する。

〔2011年10月24日号掲載〕

第5章 その他

確定申告が必要になる年金

Q 給与所得と年金所得がある場合、確定申告が必要とされるが、どうしてか。
(T県T市　A.M)

A ■二重の控除や、税率変更等に対処

　確定申告の必要性は次による。給料から控除される源泉徴収額は「給与所得者の扶養控除等申告書」の記載内容により税額表にあてはめ、概算で所得税が徴収され、その後年末調整を行うことにより1年間の税額が決定される。

　年金も同じように「公的年金等の受給者の扶養親族等申告書」の内容と年金から控除される社会保険料により所得税が徴収される。この場合の源泉徴収額は、所得が給料のみ、1か所からの年金所得のみ、ということを前提として徴収されている。そのため他に所得がある場合、所得控除の二重控除や合算後に適用される税率が累進課税のために変わるなど本来納付すべき所得税額と異なるケースが生じる。そこで確定申告をして給与所得と年金所得を合算後の額で、所得控除・税額控除を行い、所得税を再計算し税額を確定させる必要がある。

　年の途中で会社を退職した場合や、在職しながら年金を受給する場合のみならず、2か所以上から年金を受給する場合も同様の理由により確定申告が必要となる。

　人的控除等を申告するもので給与所得については「給与所得者の扶養控除等申告書」を事業所に提出する。年金所得は該当者に日本年金機構から毎年1月上旬にハガキ形式の「公的年金等の受給者の扶養親族等申告書」が送付される。控除対象配偶者や扶養親族等はどちらか一方に記載する。該当者がいない場合でもそれぞれを提出すると自分の基礎控除を二重に申告した状態となる。

　確定申告は翌年の3月15日までに住所地の税務署で行うが、誤りが多い事項として以下のようなものがある。申告に際しては十分注意して申告してほしい。
㈠本人と配偶者の年金収入を合算　㈡配偶者の介護保険料を計上　㈢本人が負担した国民年金保険料や国民年金額の計上漏れ　㈣年の途中で死亡した控除対象者の記入漏れ（この場合は1年間扶養していたものとして控除対象となる）　㈤寡夫控除・寡婦控除の該当申告漏れ　㈥70歳以上の老人控除対象配偶者の控除額を48万円でなく38万円と記入

　もしも、確定申告後誤りに気づいて、申告税額が少なかったときは「修正申告」をして正しい税額に訂正する必要がある。誤っている申告税額を自発的に訂正しない場合は、加算税や延滞税を納付することにもなりかねない。反対に税額が多かったときには提出期限から1年以内に「更正の請求」を行い正しい税額に訂正することが可能である。

　なお、受給した年金を収入とすべき時期はその支給の基礎となる法令、契約または規程により定められた支給日とされている（所得税基本通達36-14）。そのため一括受給した年ではなく本来受給するはずであった各年の支給日がそれぞれ収入とすべき時期となる。

　平成23年分の所得税から、公的年金等の収入金額が400万円以下、公的年金等以外の所得金額が20万円以下の場合は、確定申告が不要となった。ただし還付を受けるためには確定申告書を提出する必要がある。

〔2010年11月8日号掲載〕

⑦ 税、特別徴収

未支給の年金に係る税金はどうなる

Q 私は今80歳。同い年の夫を2年前に亡くし、遺族年金を受給中。このたび夫の若い頃の記録が5年分見つかった。私は国民年金のみ20年加入、夫は厚生年金のみ30年加入した。かなり多額の年金が一時金としてもらえるそうだが、税金はどうなるのか。他に所得はない。

（T県T市　E.M）

A ■老齢は課税、障害・遺族は非課税

(1) 老齢給付と税

公的年金には課税と非課税がある。老齢を理由とする老齢基礎年金・付加年金・老齢厚生年金などは、雑所得として所得税の課税対象であるので一定以上の金額からは源泉徴収される。また、これらは住民税も課税対象となる。

(2) 遺族給付、障害給付と税の関係

遺族や障害を理由とする寡婦年金・死亡一時金・障害基礎年金・遺族厚生年金などは、所得税法において非課税とされており、所得税、住民税は課税されない。また、所得税法上の扶養親族の有無を判断する所得金額にも該当しない。

(3) 未支給年金と税

本来死亡した人に支払われるはずであった年金額が残っている場合には要件に該当する遺族に未支給年金としての給付があるが、この未支給年金については注意が必要である。給与所得者の未収給与・死亡退職金、医療保険の給付金、所得税の還付金など本来なら被相続人が受けるはずであったものは相続税の対象となるが、この未支給年金は相続税法上の相続財産とみなす規定がないため相続財産には該当しない。ただし所得税については非課税と規定されていないので所得税の課税対象となり、未支給年金の支給を受けた場合、その年の一時所得となる（所得税基本通達34―2）。住民税も同様である。なお、未支給年金については源泉徴収されない。

(4) 一時所得の税額

一時所得の計算は、総収入金額－収入を得るために支出した金額－特別控除額（最高50万円）＝一時所得の金額となり、その2分の1に相当する金額を他の所得と合算して所得税額を計算することになる。本ケースの場合は夫の過去の記録が見つかったので、年金時効特例法により全期間に遡って支払が行われ、夫が60歳のときから死亡するまでの間は老齢給付として、死亡後から今までは遺族給付として未支給年金が支給される。

老齢給付については妻のその年の一時所得に該当するものとして取り扱われるが、課税対象となるのは、過去5年分のみである（国税通則法72条）。それ以前のものは、課税権の消滅により、申告は不要である。所得控除については、基礎控除38万円（住民税の場合は33万円）、寡婦控除27万円（住民税の場合は26万円）および社会保険料控除などがある。

そこで、一時所得となる部分について社会保険料控除を考慮しないとすると、180万円以下であれば課税対象額はゼロになる。

〈所得額〉（180万円－50万円）×1/2＝65万円　　〈課税対象額〉65万円－（38万円＋27万円）＝0

今回の場合はさらに遅延加算金の支給もあるが、これについては非課税とされている。

〔2010年11月15日号掲載〕

第5章 その他

未支給年金は相続財産か一時所得か

Q 老齢厚生年金を受給していた夫が先日亡くなり相続が開始した。妻である私が、未支給年金の請求手続きをしたところ、子どもたち（夫の死亡により相続人となった）から、「本来お父さんがもらうべきものだから、相続財産になるのでみんなで分けるべきだ」と言われた。未支給年金は、相続財産として相続人で分けるものか。

（S県Y市　K.T）

A ■未支給年金は受給権者の一時所得

結論からいうと、次に示す法律や裁判の判示に見るとおり、未支給年金は相続財産とはならず、受給権者独自の所得となる。

(1) 国民年金法第19条：年金給付の受給権者が死亡した場合において、その死亡した者に支給すべき年金給付でまだその者に支給しなかったものがあるときは、その者の配偶者、子、父母、孫、祖父母又は兄弟姉妹であって、その者の死亡の当時その者と生計を同じくしていた者は、自己の名で、その未支給の年金を請求することができる。

(2) 厚生年金法第37条：保険給付の受給権者が死亡した場合において、その死亡した者に支給すべき保険給付でまだその者に支給しなかったものがあるときは、その者の配偶者、子、父母、孫、祖父母又は兄弟姉妹であって、その者の死亡の当時その者と生計を同じくしていた者は、自己の名で、その未支給の保険給付の支給を請求することができる。

(3) また、裁判例として、上記①の国年法を引用した平成7年11月7日最高裁第三小法廷における次の著名な判決（事件番号平成3（行ツ）212）がある。

＜判決抜粋＞「国民年金法19条1項は、『年金給付の受給権者が死亡した場合において、その死亡した者に支給すべき年金給付でまだその者に支給しなかったものがあるときは、その者の配偶者、子、父母、孫、祖父母又は兄弟姉妹であって、その者の死亡の当時その者と生計を同じくしていた者は、自己の名で、その未支給の年金の支給を請求することができる』と定め、同上5項は、『未支給の年金を受けるべき者の順位は、第1項に規定する順序による』と定めている。右の規定は、相続とは別の立場から一定の遺族に対して未支給の年金給付の支給を認めたものであり、死亡した受給権者が有していた右年金給付に係る請求権が同条の規定を離れて別途相続の対象になるものではないことは明らかである。」

(4) 一方、税法上も所得税基本通達34-2において、「死亡した者に係る給与等、公的年金等及び退職手当等で、その死亡後に支給期の到来するもののうち所得税通達9-17（相続税法の規定により、相続税の課税価格計算の基礎に算入されるものについて所得税は課税しない）により課税しないものとされるもの以外のものに係る所得は、その支払を受ける遺族の一時所得に該当するものとする」との規定により、未支給年金は相続人が相続するものではなく、未支給年金の受給権者本人の一時所得としている。

以上のように未支給年金を相続財産に含めて相続人全員で分けたい気持ちも理解できるが、明確に区別されている。

〔2011年4月11日号掲載〕

⑦ 税、特別徴収

年金の所得税について

Q 私は老齢厚生年金を120万円受給しているが、年金から所得税が控除されている。2歳年上の私の友人は150万円の年金を受給しているが、税金の控除はない。年金と税金の関係はどのようになっているか。 （T県U市　Y.S）

A ■老齢は課税、障害・死亡は非課税

支給事由が老齢・退職となる公的年金等は雑所得として課税される。65歳以上は158万、65歳未満は108万円以上の場合に、所得税の課税対象となる。ただし、障害・死亡が支給事由となる年金は非課税となる。

(1) 老齢・退職は雑所得として源泉徴収

毎年1月1日から12月31日の老齢・退職の年金額が158万（65歳未満は108万）円以上の場合は、所得税の課税対象となるため、年金から所得税が源泉徴収される。65歳以上かどうかは、その年の12月31日の年齢によって判定される。雑所得の税金の計算方法は以下のとおりとなる。

（年金支給額－介護保険料額等－各種控除）×税率（5％）＝源泉徴収税額

【速算表】

年齢	年金額（A）	控除額（B）
65歳未満	130万円未満	70万円
	130万円以上410万円未満	（A）×25％＋37.5万円
	410万円以上770万円未満	（A）×15％＋78.5万円
65歳以上	330万円未満	120万円
	330万円以上410万円未満	（A）×25％＋37.5万円
	410万円以上770万円未満	（A）×15％＋78.5万円

源泉徴収されるときの、所得税の各種控除とは上記の速算表の公的年金等控除（B）、基礎控除、配偶者控除、扶養控除、障害者控除などがある。これらの各種控除を受けるには、「公的年金等の受給者の扶養親族等申告書」の提出が必要となる。扶養親族等申告書は、所得税の対象となる年金受給者に、毎年11月上旬に送られてくるので、必要事項を記入して提出する。

(2) 控除が受けられない場合

扶養親族等申告書を提出しなかった場合は、上記の速算表による公的年金等控除や人的控除が受けれらず、年金から特別徴収した社会保険料を控除した後の支給額に対して10％の所得税が源泉徴収される。(1)で計算した場合と比較して所得税が多くなる。

年金支給額－介護保険料額等－｛(年金支給額－介護保険料額等)×25％)｝×税率（10％）
＝源泉徴収税額

(3) 月割控除額と確定申告の年間控除額

年金の支払いは月単位で支払われるため、源泉徴収の際の控除額は月割額が定められている。確定申告のときの控除額は上記速算表等の年間額を用いる。このため、月割額×12の額は年間控除額と一致しないことがある。

（例）　65歳以上の<u>月割控除額</u>　最低135,000円（135,000円×12＝162万円）
　　　65歳以上の年間控除額　最低<u>158万円</u>（120万円＋38万円）

また、年の途中で年金額の増額改定等があっても、毎年2月14日の現況においてその年の源泉徴収の判断を行う。年金受給者の最終的な年税額の精算は、確定申告で行うことになる。

〔2011年6月20日号掲載〕

第5章 その他

外国人に係る脱退一時金と所得税の還付

Q 私は日本の企業に出向し、厚生年金に加入していたが、このたび、本国（韓国）に戻ることになった。加入期間は1年6か月、標準報酬は出向以来300,000円。日本に戻る予定はない。脱退一時金と所得税の還付について知りたい。　　（韓国人　W.S）

A ■厚生年金の源泉徴収分は還付請求可能

　外国人の脱退一時金の請求は、日本国籍を有しない者が、国民年金または厚生年金保険の被保険者資格を喪失し、日本を出国した場合、出国後2年以内に行うことができる制度。

　本相談者の場合は日韓社会保障協定の適用になるが、韓国では年金制度の施行から日が浅いとの事情から、年金期間の通算措置は設けられていない。したがって、保険料掛け捨て防止の観点から、脱退一時金の請求が要となる。

(1)　脱退一時金に係る提出書類

①脱退一時金請求書（国民年金／厚生年金）：アルファベットの大文字で記入する。金融機関名について「SWIFT CODE」がわかっていれば欄外に記入しておけば手続きが円滑に進む。

②パスポートの写し：最後に日本を出国した年月日、氏名、生年月日、国籍、署名、在留資格が確認できるページ。

③本人の口座の確認：金融機関名、支店名、所在地の確認できる書類、通帳の裏表紙のコピーもしくは銀行の口座証明印の欄に証明を受ける。

④年金手帳：原本提出が必要。念のため、写しを取ることをお勧めする。

　以上の書類を出国後2年以内に提出すると、4～5か月後に「脱退一時金支給決定通知書」、「脱退一時金送金通知書」が送付され、指定の口座に送金されるが、通貨は国により決まっており、韓国の場合は米ドルである。

(2)　所得税の還付とその手続き

　国民年金は所得税が源泉徴収されないが、厚生年金保険は所得税法213条の規定により20％が源泉徴収される。

　ただし、所得税法171条の退職所得の選択課税を受けることが可能であるので、相談者に代わって税務署からの通知を受け取ったり、確定申告を行うために納税管理人を定め、還付手続きを下記により最後の住所地を管轄する税務署へ提出すると、納税管理人の口座に日本円で送金される（本人の口座ではない）。

　本件相談者の場合、脱退一時金は300,000（平均標準報酬月額）×0.9（支給率）＝270,000円、源泉所得税額は270,000×20％＝54,000円であるので、課税所得が他になければ54,000円が還付される。

　①所得税の退職所得の選択課税申告書B　第1表・第2表
　②所得税の退職所得の選択課税申告書（分離課税用）　第3表
　③脱退一時金支給決定通知書　原本　　④所得税の納税管理人の届出書

　なお、納税管理人は、通常は家族や親族であるが、日本に居住してさえいれば、知人や税理士等でもかまわない。納税管理人の届を提出しないまま帰国した場合は、還付申告時に提出することもできる。

〔2011年11月21日号掲載〕

⑦ 税、特別徴収

年金の税金と扶養親族等申告書の取扱い

Q 現在、特別支給の老齢厚生年金を受給しながら会社勤めをしている。今年も「扶養親族等申告書」が送付されてきたが、家族の人数が昨年と変わらない場合は、提出する必要はないのか。
（K県S市　H.Y）

A ■扶養親族等申告書は毎年提出

　毎年10月下旬～11月にかけて、所得税の課税対象者（表参照）に、はがき形式の「扶養親族等申告書」が送付される。老齢年金や退職年金においても、所得税法により「雑所得」として所得税がかかる。年金収入には「公的年金等控除額」という控除制度があり、年金額から「公的年金等控除額」を引いた額が所得となる。また、障害者に該当する場合や扶養親族がいる場合などには、各種の控除が受けられる制度がある。年金の所得税は、原則年金の受給時に天引きされるが、この「扶養親族等申告書」を毎年提出することで、その翌年の各種控除を受けることができる。国の年金につき所得税を源泉徴収される対象者は右表のとおりである。

年齢	受け取る年金額
65歳以上	158万円以上
65歳未満	108万円以上

　「扶養親族等申告書」を提出しないと、各種控除が受けられないだけでなく、源泉徴収税額も高くなってしまうので、扶養親族の有無に関係なく、毎年忘れずに提出する必要がある。
　本件のように、会社に勤務し、給与から所得税が源泉徴収されている人は、二重に各種控除（配偶者または扶養親族に係る控除および受給者本人に係る障害者控除等）を受けることはできないが、「扶養親族等申告書」を提出することにより、公的年金等控除および基礎控除相当の控除は受けることができる。会社で扶養親族等に関する内容を申告する場合は、「扶養親族等申告書」には扶養親族等に関する内容を記入せずに提出する。万一、各種控除について二重に控除を受けてしまった場合、確定申告によって税の精算を行うこととなる。

≪確定申告が必要な人の条件≫
　下記①～④のいずれかに該当する場合は、「扶養親族等申告書」を提出していても、税務署に確定申告をする必要がある。この手続きには、1月下旬頃に送付される公的年金等の源泉徴収票が必要である。
①年の途中で、扶養親族等の人数が増減するなどにより申告した扶養親族等申告書の内容に変更が生じた。
②年金以外の収入（給与等）がある。
③国からの年金と厚生年金基金等からの年金というように、2か所以上の支払者から年金を受給し、その合計が課税対象額を超える。
④生命保険料控除、社会保険料控除、医療費控除などを受ける。

≪年金基金等の場合は「現況届」の提出も≫
　国の年金については、住民基本台帳ネットワークで管理しているため、原則「現況届」は不要である。一方、厚生年金基金等からの年金受給者については、基金等からの年金について受給権有無の確認のために、別途送付される「年金受給者現況届」（はがき形式）を提出する。これは、毎年1回、加入の基金等から誕生月の前月に郵送される。〔2011年11月28日号掲載〕

第5章 その他

年金の税金と確定申告の控除額

Q 私は65歳以上で収入は老齢基礎年金と老齢厚生年金のみ。妻（70歳未満）を扶養している。このたび地震保険に加入したので、確定申告するといくらか税金が戻ると聞き、計算すると還付どころか納付になってしまう。なぜか。　　　　（F県S市　S.K）

A ■確定申告と年金源泉控除額は別区分

公的年金等の所得区分は雑所得であるが、一般的に生計手段となっている年金の目的や支払方法などその性質を考慮し、通常の雑所得とは異なった所得金額の計算方法が採用されている。

年金の支払者である国は年金を支払う際に所得税を源泉徴収することになっており（所得税法203条の2）、その額は、「公的年金等の受給者の扶養親族等申告書」の提出の有無および記載内容に基づき定められている。

また、年金等の受給者については給与所得のような年末調整が行われないため、生命保険料控除、地震保険料控除など源泉徴収の際に考慮できない各種所得控除については確定申告で精算することになる。

以下、控除額について説明する。

(1) 確定申告の控除額

公的年金等に係る雑所得の金額は、その年中の収入金額から受給者の年齢や金額に応じた公的年金等控除額を控除した残額。収入金額330万円以下とした場合の控除額は年間120万円、他に基礎控除が38万円、さらに70歳未満の配偶者を扶養していると配偶者控除38万円が加算され、年間で120万円＋38万円＋38万円＝196万円となる。

(2) 年金の源泉徴収の控除額

公的年金等の所得税の課税方法は支払う年金の算出が月単位で行われるため、源泉徴収する控除額も月単位で定められている。扶養親族等申告書の提出のある人の場合は、源泉徴収税額＝公的年金等の支給金額－控除額×5％、控除額＝（基礎的控除額＋人的控除額）×月数（所得税法203条の3一号）。

つまり、公的年金等控除・基礎的控除相当として65歳以上の場合は、1か月分の年金支払額×25％＋6.5万円（最低額13.5万円）、さらに配偶者控除（70歳未満）の控除額は1か月32,500円なので、1年分を計算すると、（月割控除額13.5万円＋32,500円）×12月＝201万円となる。

以上のように1年分の控除額で比較してみると、確定申告の控除額と年金の源泉の控除額は相違していることになる。相談者の場合は収入金額が定かではないので控除額を最低額で検討すると、確定申告の控除額196万円、年金の源泉の控除額201万円で年間5万円の相違が生じることになる。この状態で税額10％と仮定して地震保険料の所得控除を加算して確定申告の計算を行うと、保険料がおおむね5万円以上ないと年税額が不足し、納付額が発生することになる。

なお、確定申告では医療費についても控除があるので、自己または自己と生計を一にする配偶者等のために支払った医療費が10万円（総所得金額等が200万円未満の人は総所得金額等の5％）以上ある場合には検討してはどうか。確定申告による所得税額の計算は住所地を管轄する税務署等で相談を受け付けているので不明な点は相談されたい。〔2012年2月13日号掲載〕

⑦ 税、特別徴収

繰下げ予定者の心配ごと

Q まもなく65歳になる独身女性。幸い現在は、預貯金と年金以外にも多少収入があるため、少額の老齢年金を70歳まで繰下げをして請求する予定である。懸念するのは、請求前に死亡した場合である。弟（別居）が私に代わって、本来65歳からもらえるはずの年金を請求できると聞いたが、その場合の年金には、相続税が課税されるのか。

（T都S区　S.A）

A ■65歳に遡って一括して請求可能。未支給年金は相続税の課税対象外

　65歳時に老齢年金を繰下げ予定の者には、共通の悩みどころである。70歳で請求すると42％増額した老齢年金を生涯にわたって受給できるが、いったん繰下げ請求すると変更はできない。66〜70歳のどの年齢から受給しても、77〜81歳ごろまでに受給総額は同額になる。年金事務所では、繰下げした場合のシミュレーションをしてもらえるので、事前に十分相談することを勧めたい。

　繰下げ待機中であれば、病気等でまとまった金銭が必要になった場合など（余命長くないと思われた場合も）、65歳に遡って本来の年金額を一括して請求することができる。その場合は、「老齢基礎厚生年金請求書（65歳支給）」（様式第236号）を提出する。65歳時に裁定請求書を提出していた場合で、66歳に達するまでの間に繰下げ請求を取り下げる場合は、「（老齢基礎年金・老齢厚生年金）の繰下げ申出を取り消す申立書」を提出する。

　複数年分の年金を一括受給した際に留意すべき点として、前年5年間遡って、それぞれの年度の所得税、住民税、国民健康保険料、介護保険料が再計算され、追加徴収されることがある。

　一方、受給権者が請求せずに死亡した場合、その者の配偶者（内縁の配偶者を含む）、子、父母、孫、祖父母または兄弟姉妹であって、その者の死亡の当時その者と生計を同じくしていた者は、「自己の名」で、その未支給の年金の請求をすることができる（国民年金法19条、厚生年金保険法37条）。

　相談者の場合、弟とは住民票が別世帯であるので、生計が同一であることの申立書ならびに親族以外の第三者の証明も必要である。

　未支給年金請求権については、当該死亡した受給権者に係る遺族が、当該未支給の年金を自己の固有の権利として請求するものであり、死亡した受給権者に係る相続税の課税対象にはならない。なお、未支給の年金は、当該遺族の一時所得に該当する。

　未支給年金を請求することのできる者の範囲および順位について、民法の規定する相続人の範囲および順位決定の原則とは異なった定め方をしており、これは民法の相続とは別の被保険者の収入に依拠していた遺族の生活保障を目的とした立場から、未支給の年金給付の支給を一定の遺族に対して認めたものと解されている。したがって、未支給年金請求権を本来の相続財産として相続税の課税対象となると解することはできない（所得税基本通達34－2）。

〔2013年2月4日号掲載〕

第5章 その他

年金から特別徴収される保険料・住民税

Q 私は年金相談員。年金から控除される社会保険料や住民税について質問を受けることがある。どのようなものがあるのか教えてほしい。　　　　　（G県A市　Y.N）

A ■特別徴収は介護保険料など4種

　個人が直接納付する「普通徴収」に対して、公的年金から控除されることにより納付する方法を「特別徴収」といい、現在は「介護保険料」「国民健康保険料（税）」「後期高齢者医療保険料」「個人住民税」の4種類が所得税以外に特別控除の対象になっている。以下順に説明する。

(1) 介護保険料

　4月1日時点で65歳以上、公的年金収入が年額18万円以上（複数の合算ではない、以下同じ）ある人の老齢（退職）・障害・遺族の年金が対象となる。口座振替への変更は原則できない。年の途中で65歳になった人は特別徴収へ切り替わるまで普通徴収となる。徴収開始月は生年月により右表のとおりとなる。

	生年月	特別徴収開始月
ⓐ	4月～9月生	翌年4月から
ⓑ	10月～11月生	翌年6月から
ⓒ	12月～1月生	8月から
ⓓ	2月～3月生	10月から

　ただし、市町村により異なるので確認してほしい。年度の途中で他の市町村への転居や、所得段階の区分が変更となったときなどは普通徴収に切り替わる。

(2) 国民健康保険料（税）

　国保は世帯単位であり世帯主が納付する制度であるからそれを踏まえて、「世帯主が65歳以上の国保の被保険者」、「世帯内に65歳以下の国保の被保険者がいない（社会保険の被保険者は対象外）」、「世帯主の公的年金収入が年額18万円以上」、「世帯主の介護保険料が年金から特別徴収されている」、「世帯主の国保料（税）と介護保険料の合計額が年金額の1/2以下」、このすべてを満たす人が特別徴収の対象となる。ただし、希望すれば口座振替への変更もできる。

(3) 後期高齢者医療保険料

　年間の公的年金収入が18万円以上あり、後期高齢者医療保険料と介護保険料の合計額が年金額の1/2以下の人が対象。1/2を超える人は介護保険料のみが徴収される（国保も同様）。口座振替への変更も可能であり「妻の後期高齢者医療保険料を夫の口座振替へ変更」する場合は確定申告時に夫の社会保険料控除の対象となる。

(4) 個人住民税

　老齢（退職）の公的年金収入が年間18万円以上あり介護保険料が特別徴収されている人が対象である（1/2基準はない）。公的年金収入の金額から計算した住民税のみが対象で、他に給与収入がある人は給料分の住民税は給料から特別徴収（もしくは普通徴収）され、均等割は給料からとなる。

　社会保険料や住民税の納付額は1年間の収入を基に翌年6月に決定するため仮徴収制度を設けている。つまり4月、6月、8月から控除する特別徴収額は前年の収入を基に仮計算を行い（原則2月と同額）、年間の社会保険料などが確定した後で再計算し10月、12月、2月で精算している（本徴収）。そのため10月からの控除額が増減する。　　　　　〔2013年11月4日号掲載〕

⑦ 税、特別徴収

20歳前障害年金の相続と支給停止

> **Q** 私（父親）の子どもは現在30歳であるが、生まれつきの知的障害者であり、20歳のときから、20歳前傷病による２級の障害基礎年金をもらっている。私が死亡したときは、一定の財産を子どもが相続する予定であるが、その際、子どもの障害基礎年金は支給停止されるのか。
> （Ｔ県Ｓ市　A.W）

A ■相続財産は支給停止の対象外

　相談者である父親は、将来自分が死亡した際に、子どもに相続されるであろう相続財産が、現在子どもがもらっている障害基礎年金の所得制限の枠に影響を与えないだろうか、と心配している。関連法規の条文を拾いながらみていくことにするが、結論から言えばその心配はない。まず該当条文は次のとおりである。

【国民年金法】
　第36条の３　第30条の４の規定による障害基礎年金は、受給権者の前年の所得が、その者の所得税法（昭和40年法律第33号）に規定する控除対象配偶者及び扶養親族（以下「扶養親族等」という。）の有無及び数に応じて、政令で定める額を超えるときは、その年の８月から翌年の７月まで、政令で定めるところにより、その全部又は２分の１（第33条の２第１項の規定によりその額が加算された障害基礎年金にあっては、その額から同項の規定により加算する額を控除した額の２分の１）に相当する部分の支給を停止する。
　同条第２項　前項に規定する所得の範囲及びその額の計算方法は、政令で定める。
　これに該当する政令は次のとおりである。

【国民年金法施行令】
　（法第30条の４の規定による障害基礎年金の支給を停止する場合の所得の範囲）
　第６条　法第36条の３第１項に規定する所得は、前年の所得のうち、地方税法（昭和25年法律第226号）第４条第２項第１号に掲げる道府県民税（都が同法第１条第２項の規定によって課する同法第４条第２項第１号に掲げる税を含む。以下同じ。）についての同法その他の道府県民税に関する法令の規定による非課税所得以外の所得とする。
　では、非課税所得とはどのようなものなのだろうか。該当条文は次のとおりである。

【所得税法】
　（非課税所得）
　第９条　次に掲げる所得については、所得税を課さない。
　同条第１項16号　相続、遺贈又は個人からの贈与により取得するもの（相続税法（昭和25年法律第73号）の規定により相続、遺贈又は個人からの贈与により取得したものとみなされるものを含む。）
　要するに、所得税は、原則として個人の１暦年のすべての所得に対して課税されるが、特定の所得に対しては、社会政策その他の見地から、所得税を課さないこととされている。これが「非課税所得」といわれているものであり、相続財産はその「非課税所得」となる。したがって、今回の父親の心配する相続財産には、所得税は課せられないので障害基礎年金の支給停止の心配は無用であるが、相続税の課税対象にはなる。

〔2014年４月７日号掲載〕

第5章 その他

公的年金から特別徴収される介護保険料

> **Q** 昭和23年8月生まれの男性。平成26年4月に「年金振込通知書」が届き、平成26年4月の年金支払額から介護保険料が17,200円引かれている。65歳になった平成25年8月から平成26年3月までの介護保険料として1か月分8,600円の支払を納付書により納付したのだが、平成26年4月に引かれている介護保険料はいつの支払のものなのか。また、今回の金額の根拠を教えてほしい。　　　　　　　　　　　　　（T都N区　S.S）

A　■65歳以降の介護保険料は年金から特別徴収（天引き）される

　65歳になるまでの40歳から64歳までの介護保険料は健康保険料と一緒に徴収されるが、65歳になると健康保険とは別々に介護保険料を支払うことになる。

　このため相談者には65歳になった平成25年8月より平成26年3月分までの介護保険料の納付書が届き、その納付書に基づき介護保険料を納付したものと思われる。

　しかし、65歳からは原則として公的年金から特別徴収（年金額が18万円以上の場合）されることになっているが、この特別徴収が開始されるのには、半年から1年程度の準備期間がかかる。このため、平成26年4月の年金支払から介護保険料が引かれるようになった。一般的には、平成26年度の特別徴収の介護保険料は平成26年4月・6月・8月が前年度から引き継いだ仮の保険料額で計算され（仮徴収）、その後、前年度の所得確定による正式な保険料が平成26年6月に決定され、その金額に基づき平成26年10月・12月・翌年2月の分が決定される（本徴収）。平成26年10月・12月・翌年2月の本徴収では、6月に決定した年間保険料から4月・6月・8月の保険料を差し引いた残りの額を平成26年10月・12月・翌年2月の3回に振り分け、100円未満の端数は10月分に加算される。N区の例では、介護保険料が増えた人の負担をなるべく軽くするため、8月から本徴収が開始されることになっている。

　年金の支払は2月分と3月分が4月に支払われるが、本ケースの平成26年4月に年金から差し引かれている介護保険料は、4月分と5月分に相当する。仮に、年金受給者が死亡した場合、死亡日の属する月（1日に死亡した場合は前月）の介護保険料は納付しなくてよいこととなっている。死亡した月の介護保険料が年金から差し引かれている場合は、後日還付される。

　また、6月には日本年金機構から「年金振込通知書」が送付されるが、その介護保険料の額は、仮徴収の金額のままとなっている。その後介護保険料が変更になると、変更された額の「年金振込通知書」が届く。

　65歳以上の介護保険料の額は、平成24年度から平成26年度までの、その市区町村における必要な介護費用をもとに基準額を決定するが（N区では基準額62,880円）、負担が重くなりすぎないよう、本人や世帯の所得などに応じて段階を設定している（N区では12段階）。

　相談者の今回の介護保険料は9段階目に該当し、年間103,760円（基準額の1.65倍）、6回支払で17,200円となっている。　　　　　　　　　　　　　　　　　　〔2014年7月7日号掲載〕

⑧ 手続き、ほか

裁定後に判明した第3号被保険者期間と厚生年金期間の重複

Q 第3号被保険者期間と重複する厚生年金の加入期間が裁定後に判明した場合の取扱い変更について、どう変わったのか教えてほしい。　　　　(O府M市　A.W)

A ■届出漏れ期間は生じず返納分戻る

　国民年金の第3号被保険者期間中に新たな厚生年金記録が見つかった場合には、それまでは第3号被保険者届出漏れ期間が発生し、未納期間扱いになっていた。すでに老齢基礎年金を受給中で新たな厚生年金記録が見つかった場合には、未納期間扱いにされた期間分の年金を返さなければならなかった。

　しかし、今般、「第3号被保険者期間と重複する厚生年金期間が新たに判明した場合は、第3号被保険者届出漏れ期間が発生しない」取扱いになり、年金額の減額はされない。

☆**事例**　昭和17年生れの女性のケース（年数は概略）

＊①H19年から国民年金（老齢基礎年金）受給中。②H21年に厚生年金記録が2年2カ月（2社）見つかる。年金記録の統合と第3号被保険者の特例届出をする。

＊67歳時に厚生年金の2年2カ月分（2社）を記録統合し再裁定をして、厚生年金が時効特例法により60歳に遡って支給されたので、その分が一時金で約50万円入金された。
＊第3号被保険者期間中の厚生年金記録を統合したことにより第3号被保険者届出漏れ期間が発生し、約6年間が未納期間になってしまい、第3号被保険者特例届出をした67歳時に漏れは解消されたが、65歳から67歳までの2年間にもらった国民年金がもらい過ぎたことになり、その分の約24万円を返した。
＊今回の取扱いの変更により、返納した金額（約24万円）が改めて支払われることになった。

〔2010年3月29日号掲載〕

第5章 その他

昭和32年10月前の期間の標準報酬月額

Q 私は昭和12年8月生まれの74歳の男性。先日、記録漏れの厚生年金保険の被保険者期間が見つかり、年金事務所に出向いた。そして、被保険者記録照会回答票というものを見た。その回答票の中では記録が見つかった期間（昭和32年前後）に係る標準報酬月額が当時の給与より高い1万円と記録されていた。それは、昭和44年11月1日前の標準報酬月額について、1万円未満であったものは1万円と記録されているとのこと。そのことは理解できたのだが、この回答票に標準報酬月額が1万円と記録されている昭和32年10月1日前の期間の標準報酬月額は、画面上の記載に関わらず、平均標準報酬月額を算定する基礎にしないとの説明もあった。額が表示されていても計算の基礎にしないという点が納得できないので教えてほしい。　　　　　　　　　　　　　　　　（C県N市　S.K）

A ■昭和32年10月前の額は不算入

結論から言えば、昭和32年10月1日前に被保険者であった者については、原則として、同日前の期間の標準報酬月額は、画面上1万円と記録されていても、平均標準報酬月額の算定基礎に算入しない（昭44法附則4条ほか）。

具体的には、昭和32年10月1日から昭和51年7月31日までの被保険者期間が3年以上ある者については、昭和32年10月1日以降の被保険者期間によって計算する（図①）。これは、この昭和32年10月前の標準報酬月額の記録が現在の報酬の水準と著しく乖離しており、これらの期間の標準報酬月額を平均標準報酬月額の算定の基礎とし原則どおりの計算を行うと、平均標準報酬月額が低くなることがあるため。

これはあくまでも平均標準報酬月額を計算する際にこの昭和32年10月前の標準報酬月額を計算基礎にしないだけで、その被保険者期間の月数は当然に年金額の計算の基礎に算入される。

なお、昭和32年10月1日から昭和51年7月31日まで被保険者期間が3年未満で、かつ、被保険者の資格取得の日から昭和51年7月31日までの全被保険者期間が3年以上の者については、上記によらず、昭和51年7月31日までの期間のうち、直近の3年間によって計算され（図②）、「全被保険者期間が3年未満」である場合は、原則どおり、全被保険者期間で計算される（図③）。また、当該特例措置を受ける者に係る平均標準報酬月額は、昭和32年10月前の標準報酬月額を切り捨てる扱いとしたこともあり、昭和51年8月1日（基準日）前の期間とそれ以後の期間に分けて計算されることになる（図④）。

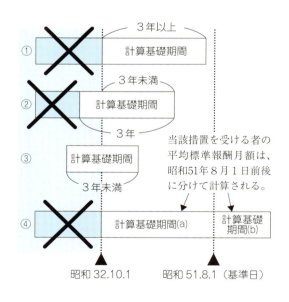

〔2011年9月5日号掲載〕

⑧ 手続き、ほか

年金の遡及受給と生活保護費

Q 夫75歳、妻69歳の夫婦。15年前に社会保険事務所で夫の年金記録を確認したところ、期間が足りず年金の受給資格がなかった。3年前から働けなくなり、現在、夫婦で生活保護を受けている。このたび、再度年金記録を確認したところ、空白とされた期間に年金の記録が見つかり、年金の受給資格を有していたことが判明した。私たちの年金と、今後の生活保護がどうなるのか教えてほしい。受けた保護の総額は、金銭給付で約400万円、現物給付で約450万円である。 （Y県S市　K.Y）

A ■遡及し受給した年金は保護費の返還対象

　相談者は、年金記録の空白だった期間について再度調査したところ、厚生年金の被保険者記録が見つかったとのこと。したがって、60歳時点で年金の受給資格を満たしていたことになる。この場合「年金時効特例法」により、本来の支給時点である60歳に遡って年金が支給される。調査したところ、相談者の場合の遡及年金額は1,700万円前後であった。

　ところで、相談者は生活保護を受けているという。生活保護は、世帯単位で行われ、世帯全員がその利用し得る資産、能力その他あらゆるものを、その最低限度の生活の維持のため活用することが前提であり、また扶養義務者の扶養は、生活保護法による保護に優先する。扶養義務者の扶養が保護に優先するとは、親族等から援助を受けることのできる場合は、その援助を生活保護より先に受けなければならないということである。そして、生活保護法61条には「被保護者は、収入、支出その他生計の状況について変動があったとき、（中略）速やかに保護の実施機関又は福祉事務所長にその旨を届けなければならない」とされており、相談者は、本件について住まいの地域を管轄する福祉事務所長に届出する義務がある。

　また、同法63条には、「急迫した事情などのため、資力があるにもかかわらず保護を受けた場合には、その受けた保護金品に相当する金額の範囲内の額を返還しなければならない」とある。年金時効特例により給付を受けた一時収入は、「資力」とされる。返還額は、まず実収入額（資力として認定された額）から必要経費等を控除し、保護費との比較を算定表により行い決める。「受けた保護金品に相当する金額」とは、金銭給付のみならず現物給付された医療に相当する額も含まれる。したがって、相談者には最高で850万円に対して保護費返還義務が生じる。なお、医療については生活保護を受給していた期間は国民健康保険が適用されないため、受けた医療の10割相当額を返還しなければならない。

　生活保護以外の収入、資産で生活の目途が立ち、被保護者の要件に該当しなければ、生活保護は廃止される。生活保護法4条には、「保護は、生活に困窮する者が、その利用しうる資産、能力その他あらゆるものを、その最低限度の生活の維持のために活用することを要件とし、（後略）」とある。今後受けることになる年金や、遡及された年金収入を活用することにより、相談者が「健康で文化的な最低限度の生活」（憲法25条、生活保護法1条）を維持できれば、生活保護は廃止されることになる。

〔2012年1月30日号掲載〕

第5章 その他

総務担当者の悩み―被扶養者の確認方法

> **Q** 社員から、妻を扶養に入れたいと申出があった。妻の年収（130万円未満）について、年金事務所に提出する異動届には、事業主（会社）の承認印が押されていればよく、証明書類の添付は不要とのこと。会社はどのような手段・方法で資格の確認をしたらよいか。
> （T都R社　総務　N.O）

A ■被扶養配偶者と直接連絡を

まず被扶養者認定について、健康保険が組合管掌保険であれば、組合独自の確認の手段・方法をとっていただきたい。一度扶養認定されても、健康保険法施行規則第50条に基づき、原則として毎年被扶養者資格の再確認が実施されることとなっている。3か月以内に発行された「世帯の住民票（続柄省略せず）」、当該年度の「課税（非課税）証明書（原本）」、「年金振込通知書（写）」等の提出によって行われている。

この点、年金行政の適正化、不正防止の観点から第3号被保険者資格の認定は健保等と同様に扱うべきだろうが、杓子定規に関係書類の提示を求めては、社員やその家族に時間と費用（交通費や印紙代）の負担をかけてしまうことになるので、気が引けるところである。しかし、社員である夫の申告だけで判断するのは早計である。

実際妻が働いていることを夫が知らないケースもあったり、妻の「パート労働」イコール「無職」と捉えていたりする。

そこで、事業主（会社の総務担当者）は、社員に承諾を得た上で社員の妻（被扶養配偶者）本人に電話等で連絡をとり、直接確認することを勧める。以下、注意すべき点、勘違いしやすい点を挙げておく。該当者には十分な説明が必要。

① 雇用保険の失業認定期間（給付制限中は除く）は、扶養に入れない。
② 税法上の扶養控除対象者は前年（1月～12月）の年間収入をみるが、社会保険上の扶養認定は、申請時点より今後1年間の見込み収入で判断される。
③ 第3号被保険者の年収は、130万円（月額108,334円）未満であることが条件であるが、130万円を超えた時点で扶養から外れるのではなく、収入月額が108,334円以上見込まれる時点で外れる。また、パート労働をしている場合は、税法とは異なり通勤手当も含めた総支給額が対象となる。
④ 被扶養者になったことで、厚生年金（夫の被用者年金）に加入したものと誤った認識を持つ者もいる。第3号被保険者とは、国民年金の種別である。また、被扶養者が何人増えても、社員の給与から控除される社会保険料（健康保険・厚生年金）に変更が生じない。給与手取り額が減少する心配には及ばない。
⑤ 第3号被保険者の資格取得は、夫（第2号被保険者）の会社が、管轄の年金事務所に届け出て成立するが、その資格を喪失した（第1号に該当する）場合は、本人が住所地の市区町村役場に届け出る必要がある。なお、平成26年12月より第3号被保険者の資格喪失は原則として会社が届け出ることとなった。

〔2012年2月6日号掲載〕

⑧ 手続き、ほか

退職勧奨と年金等社会保障の給付

Q 59歳の男性会社員について人事担当者からの相談。現在、当社員は、糖尿病と腎臓病により労務不能で傷病手当金を受給中。休職期間中の社会保険料は全額会社が負担。経営悪化により、できれば退職してもらいたいと伝えた。本人も、60歳になれば年金がもらえるので退職してもよいと考えているようだが、傷病手当金が終了したらすぐもらえるのか、支給額についても思案している。また、長年加入していた雇用保険も出るはずと言われ、担当者としてどう対処すべきか教えてほしい。 （K県Y市　S.E）

A ■労働者の家庭生活に十分な配慮を

(1)　60歳台前半老齢年金は報酬比例部分のみ

まず、この男性の60歳台前半に支給される老齢年金の額は報酬比例部分のみでそれほど多くないということ。つまり、10歳上の兄には支給されていた定額部分は、昭和24年4月2日以降生まれの男性には支給されない。この男性の場合、60歳から65歳までの間支給されるのは、報酬比例部分のみで10.5万円。現在受給している傷病手当金（24万円）に比べるとかなり低いため、生活への影響が懸念される。

(2)　雇用保険との関係

次に、雇用保険の基本手当については、本来働きたいのに何らかの理由により離職してしまった人が、失業中の生活を心配しないで新しい仕事を探し、1日も早く再就職するために支給されるもので、長年加入していて退職したからといって自動的に支給されるものではない。

この男性の場合、病状が安定した後に再就職を考えているのであれば、雇用保険の「傷病手当」を検討すべきである。傷病手当は、受給資格者が離職後、公共職業安定所に来所し、求職の申込みをした後に15日以上引き続いて疾病または負傷のために職業に就くことができない場合に、その疾病または負傷のために基本手当の支給を受けることができない日の生活の安定を図るために支給される。

(3)　障害年金の請求も視野に入れる

男性は、糖尿病の合併症で目の具合も悪く、また腎臓病も悪化し人工透析を受ける予定である。人工透析患者は医療費については「特定疾病療養受療証」を受けることにより、医療機関での自己負担の限度額が原則1か月1万円となる。また、身体障害者手帳の交付（認定基準等により等級が決定する）を申請し、各種福祉サービスを受けることも可能である。

さらに、今後の生活の基盤を考える上で、障害年金の請求も視野に入れたい。人工透析を行っている場合は、「透析を受け始めてから3月を経過した日」が障害認定日である。もし障害年金2級に認定されると、老齢年金より金額が多い。

(4)　執拗（しつよう）な退職勧奨は不法行為に

今回の人事担当者は、退職勧奨を行っているようだが、長年一緒に働いてきた仲間の今後の生活について、専門家に相談しながら親身になって考えてほしい。労働者には退職勧奨に応じない自由があり、過度の勧奨により、精神的自由の侵害、名誉感情の棄損、家庭生活の紊乱（びんらん）等が認定されると不法行為とされる判例もある。　〔2012年5月14日号掲載〕

第5章 その他

健保と厚年は一方のみの加入は可能か

Q 私は定年直前の会社員。定年（60歳）以後も今の会社で働き続けたいと考えている。週3日勤務を予定しているが、会社の健康保険組合に加入し、厚生年金保険には加入しないという働き方は可能だろうか。
（Y県H市　A.S）

A ■健保法と厚年法はセットで適用

わが国の社会保険制度は、国民皆保険・皆年金制度を採っているところに大きな特色がある。

したがって、健康保険法、厚生年金保険法が適用されている事業の事業所に勤務する者は原則として強制的に双方の被保険者となる。

そのうち短時間就労者が被保険者になるには、1日のうちに何時間以上勤務しなければならないという画一的要件は設けられていないが、昭和55年6月6日付けの文書（内簡＝ないかん）に「短時間就労者」に係る被保険者資格の取扱い基準が、次のように示されている。

① 常用的使用関係にあるか否かは当該就労の労働日数、労働時間、就労形態、職務内容等を総合的に勘案して認定すべきものである。

② その場合、1日または1週の所定労働時間および1か月の所定労働日数が当該事業所において同種の業務に従事する通常の就労者の所定労働時間および所定労働日数のおおむね4分の3以上である就労者については、原則として健康保険および厚生年金保険の被保険者として取り扱うべきものであること。

③ 上記②に該当する以外の者であっても、①の趣旨に従い、被保険者として取り扱うことが適当な場合があると考えられるので、その認定に当たっては、当該就労者の就労の形態等個々の具体的事例に即して判断するべきものであること。

この内簡によると、相談者の勤務日数（週3日）は「概ね4分の3以上」ではないため、健康保険および厚生年金保険の被保険者として取り扱わなくてもよいことになる。しかし、相談者は、以下のメリットを考え、健康保険組合に加入し、厚生年金保険には加入しないという働き方は可能か、と問うている。

(イ) 健康保険組合は、高額療養費の付加給付が手厚く、国保と違い、配偶者や子を被扶養者にすることができるなどのメリットがある。

(ロ) 厚生年金保険に加入しないことによって、在職老齢年金による支給停止や高年齢雇用継続給付による支給停止がないなどのメリットがある。

健康保険組合と厚生年金保険に両方セットで加入しなければならないという法律はないので、会社の健康保険組合が承認すれば、健康保険組合だけ加入し、厚生年金保険には加入しないという働き方は一見可能のようにも解釈できる。

協会けんぽの場合は、手続き上厚生年金保険と切り離して取り扱うことはできないが、健康保険組合では厚生年金保険と切り離して取り扱うことは不可能ではない。

しかし、健康保険法および厚生年金保険法によって強制適用を受ける被保険者の扱いは同じであるから、会社の健康保険組合だけ加入し、厚生年金保険には加入しないという働き方はできないという結論になる。

〔2012年10月22日号掲載〕

⑧ 手続き、ほか

年金制度の基本理念と無年金者の存在

Q 昭和22年5月生まれの男性。5年間の会社勤めをし、その後独立して会社を興した。その会社を法人化する際、都合で非常勤の役員になった。今回、市から名誉ある審議会の委員に推薦された。しかし、私が無年金者であることが問題になっている。どうしたらよいか。
（K県T市　O.S）

A ■年金制度の基本理念は相互扶助

(1) 相談者（無年金）の実態

　この相談者は最初、20歳から5年間、ある会社に勤務した。そのころから独立して会社をつくるときは、国民年金に加入しなければならないことは分かっていたという。しかし、仕事が忙しいのと少しでも金銭的に余裕があれば会社に投資したいと思い、国民年金保険料の納付のことは考えなかった。その後、会社が社会保険に加入したときに他の会社も経営していた関係で、非常勤の役員になった。この場合、本来は国民年金の1号被保険者のはずであり、国民年金の納付義務があるということをある人から指摘されていた。しかし、自分の老後は自分で考えるべきであり、また余裕もあるので国民年金の世話になることはないと考え、未納のまま放置しておいたという。したがって、この相談者の年金記録は5年間の厚生年金記録のみで、国民年金手帳も基礎年金番号もない状態にある。

(2) 無年金者の存在は社会的問題

　この相談者は、「なぜ無年金者であることが問題になるのか」分からない様子であった。
　そこで、年金制度というものは単に個人の老後の生活を守るという個人的制度のほかに、社会全体の相互扶助という精神があることを説明した。個人単位の老後の生活を守るだけであるなら各個人が貯蓄すればよい。それを超えた社会全体の助け合いの精神があればこそ、国の制度として運営されているのである。
　そして、これを果たさないことは社会的責任を果たさないことになり非難されると説明した。

(3) 年金受給権の重み

　この場合、年金をこれから受給するために最短の方法は、現在経営している会社の役員の勤務形態を非常勤から常勤にして、社会保険に加入することである。65歳から70歳までの5年間と70歳以降の厚生年金高齢任意加入で10年間加入すれば、通算で20年になり受給資格を得ることになる。なお、この場合に問題になるのは、今回成立した年金機能強化法（平成24年8月22日公布）である。この法律によれば10年で年金の受給権が確保され、70歳までの厚生年金加入で年金の受給権が得られることになる。

　しかし本ケースでは、単に年金受給権が得られればよいのではない。模範的市民としての努力が必要とされるのである。したがって、正規の20年の受給権を得るべく努力するという条件で、市役所と話し合った。その結果、市側では今後同様な立場の無年金者に対する説得の材料になる模範例として、無事、審議委員に推薦された。経済的に余裕があっても年金保険料の未納を続け、無年金者になっている者がいる。今回の事例は、そのような人に思いがけない不利益が生じるということを示した。

〔2013年1月21日号掲載〕

第 5 章 その他

成年後見と年金の請求

Q 私の娘（昭和28年生まれ）は大学卒業後、就職した会社に55歳まで33年間勤続した。7年前に突然退職し、以後再就職もせず、ひきこもったまま、人とも会おうともしない。月一度、私が訪問すると無心し、わずかな金銭で生活している。私も高齢で、経済的にも肉体的にも余裕はない。娘には、特別支給の老齢厚生年金の受給資格があるので、裁定請求を勧めたが、全く聞き入れない。ケースワーカーから成年後見人の選任の方法もあると聞いたが、この制度はどういうものか。　　　　　　　　　　　　　（G県O市　M.F）

A ■成年後見制度の利用を勧める

(1) 成年後見は自己決定を尊重しこれを補う

　加齢等により判断能力が著しく低下し、正常な判断ができない人がいる。それにより損害を受けたり、得るべき利益を手続きしなかったりする。このような不利益から判断力を失った者を保護する制度が成年後見制度である。正常な判断能力をなくした者に対して家庭裁判所は成年後見人を付ける（民法843条）。後見人は正常な判断力をなくした者（被後見人）の行った行為を取り消して責任を免れるとともに、本人に有益な行為（年金受給等）を代理して行うこともできる。

　本ケースで成年後見制度を利用するには二つ問題がある。第一は、年金請求を渋ることが正常な判断を失っていると言えるかどうかである。確かに相談者の娘は現在無収入である。したがって、年金を受給することは娘の経済的安定のため不可欠であり、それを嫌うことは正常ではない。しかし、現在は母親から生活費を得ているので急ぐことはないと考えても、異常とは言えない。ただし母親は高齢であり、この状態が長く続くとは思えない。もし母親に万が一のことがあると、生活保護に頼ることになるが、その場合は年金請求していない事実が問題になる。

　長期的かつ総合的に事態を考えることも重要な判断能力である。これらのことを母親が根気よく話し、それでも年金請求を将来も絶対行わない明確な意思を示せば正常な判断力を失っていると言える。他人と接触したくないという自分の感情を、母親の負担や経済的自立という社会人として当然の責務より重くみるというのは正常な判断力とは言えない。ただし、もし単純に他人と接触することを嫌がっているだけであれば、年金請求は、近親者が同席し、社会保険労務士に委任することを勧める。この場合は、正常な判断力はありと言えるので、成年後見制度の利用はできない。現在のところ、そのどちらであるかよく分からないので、母親にさらなる説得を依頼した。

(2) 必要な医師の診断の受診方法を検討する

　第二は手続き的問題で、成年後見選任には医師の診断が必要である。これは、成年後見制度が通常一般成人に認められる法律行為に対する自己決定権を制約する、重大な人権制限の制度だからである。したがって、専門家の判断なしには行えない。娘はひきこもり、必要以外の外出もしないのであるから医師に連れて行くのも困難である。ただし、可能性としては、例えば娘が病気になり、自ら病院に行く際に付き添い、そのついでに精神科の医師の診断を受けさせることはでき得るであろう。

〔2014年10月27日号掲載〕

⑧ 手続き、ほか

年金受給者の資金不足を補う小口融資

Q 私は現在66歳で老齢年金を120万円受給している。自営業を営んでいた夫は、3年前に68歳で亡くなったが、国民年金だけの加入であったので、私は遺族基礎年金は受給していない。現在体調を崩し、当面の生活費負担として80万円ほどが必要となった。これといった貯えもないのでどこからか借入れしたいが、何かよい方法はないのだろうか。

（T都N区　M.S）

A ■年金担保融資の利用を奨める

相談者には、年金担保融資の利用を奨めたい。

年金担保融資制度は、厚生年金保険（厚生年金基金および企業年金連合会から支給されるものは対象外）、船員保険または国民年金（老齢福祉年金、特別障害給付金および国民年金基金を除く）の受給権者で、保健・医療、介護・福祉、住宅改修、冠婚葬祭、生活必需物品の購入などの支出のために一時的に小口の資金が必要な場合に、その公的年金を担保にして低利で貸し付ける制度である。銀行等金融機関（独立行政法人福祉医療機構代理店）で取り扱っている。この制度は、生活保護を受けている人は利用できない。

本制度の利用に必要な書類等は、借入申込書、年金証書、現在の年金支給額を証明する書類、実印および印鑑登録証明書、本人確認書類、資金使途の確認資料、保証人である。申込から融資までの期間は、おおむね4～5週間かかる。

融資の条件として、①融資限度額は平成26年12月より年間の年金支給額の0.8倍以内（以前は1.0倍以内）となった。②融資限度の上限は250万円から200万円（生活必需物品の購入は80万円）となった。③融資額は1回当たりの定額返済額の15倍以内である（融資額の元金総額をおおむね2年6か月以内で返済する必要ありとされている）。

返済については、独立行政法人福祉医療機構が年金支払機関から直接受け取ることによって行われ、受領した年金から定額返済額を回収し、その残額が返済剰余金として、借入をした人の指定した預金口座に振り込まれる。1回当たりの返済額の上限額については、1回の年金支払額の1/3以下とし、年金の2/3以上が手元に残るように改善された（以前は1回当たりの返済額については、1回の年金支払額の1/2以下とされていた）。

また、返済についてはあくまで年金から返済されるので、失業給付の支給を受けたことで年金が支給停止になった場合、失業給付が終了し、年金が支給されてからは、それまでの返済されなかった分が年金から全額差し引かれる。その結果、年金が全く支給されない場合も生じてしまう。このような場合を考え、事前に失業給付を全額使わないようにする必要がある。なお、原則として返済が6か月滞ると一括での返済を求められることもあり得る。

なお、この年金担保融資については、平成22年12月の閣議決定において、将来的に廃止することとされており、円滑な廃止に向けて、事業規模縮小等の措置を段階的に進め、これらの措置の進捗状況も踏まえ、平成28年度に具体的な廃止時期を判断することになっている。

〔2015年2月9日号掲載〕

第5章 その他

二重加入者の年金調整

Q 61歳の男性。年金記録を確認したところ、厚生年金が1か月ほど重複していることが分かった。当時を思い起こすと、会社を退職するときに有給休暇を消化するために退職日を延ばして、その退職日前に次の会社に就職したからであるようだ。厚生年金の保険料をどちらの会社にも払っていたことが原因と思われる。このような場合、年金はどのように計算されるのであろうか。「二以上事業所勤務」制度との相違を含めて教えてほしい。

（F県S市　N.E）

A ■カット合算処理で計算調整

「二以上事業所勤務」とは、被保険者が同時に2か所以上の適用事業所に使用されることにより、管轄する年金事務所または保険者が複数となる場合を言う。役員等で2社から報酬を受けるなど、同月に厚生年金の重複適用対象となることがある。このような場合は、資格取得届と同時に、メインの事業所を選択事業所、サブの事業所を非選択事業所として「二以上事業所勤務届」を、選択事業所を管轄する年金事務所に提出しなければならない。健康保険被保険者証は選択した事業所で発行されるので、2枚になることはない。その後の各種手続きも選択事業所で行うことになる。

保険料はそれぞれの事業所の報酬額を合算して標準報酬月額を決定し、これにより算出された保険料額を事業所ごとの報酬月額で按分し納付する。計算式は、【保険料額＝標準報酬月額×保険料率×按分率】となる。以下具体例をあげる。

選択事業所の報酬月額200千円、非選択事業所の報酬月額400千円とする場合、報酬月額合計600千円・標準報酬月額590千円となり、選択事業所の保険料額は590千円×17.474/100×200千円/600千円＝34,365.53円となり、非選択事業所の保険料額は590千円×17.474/100×400千円/600千円＝68,731.06円となる。

本件のケースの場合は、たまたま重複加入状態になったもので前述とは多少異なる。本人に具体的に記録を確認すると次のとおりであった。

```
A社　昭和51年5月26日　資格喪失　標準報酬142千円
B社　昭和51年4月1日　 資格取得　標準報酬170千円
```

単純に考えると4月1日から5月26日まで記録が重複しているわけだが、年金額の計算は月単位となるためA社は51年4月まで、B社は51年4月からと、51年4月の1か月分が重複していることになる。この期間については健康保険被保険者証も2枚であったろうし、保険料もそれぞれの事業所で標準報酬に見合った保険料を徴収されていたはずである。被保険者期間が重複している場合は「仮の二以上勤務処理（カット合算）」が行われ、被保険者記録上、昭51.05.26喪失の横および次の取得の事業所番号の横に小さな点が付される。汚れかカスレかと見過ごされがちだが、れっきとした記号である。

年金額の計算における標準報酬月額は通常であれば142千円＋170千円となるはずであるが、昭和51年4月当時の標準報酬月額の上限が200千円であったため200千円となっている。上限のチェックも忘れずに行いたい。

〔2015年3月9日号掲載〕

付　録

① 年金額、保険料額（率）の変遷 ……… 232

② 平成23～26年の法改正概略 ……… 234

③ 事項索引 ……………………………… 241

付録①

年金額等の変遷（平成21～27年）

単位：円

	平成21年4月～平成23年3月	平成23年4月～平成24年3月	平成24年4月～平成25年9月	平成25年10月～平成26年3月	平成26年4月～平成27年3月	平成27年4月～
老齢						
老齢基礎年金	792,100	788,900	786,500	778,500	772,800	780,100
振替加算	227,900～15,300	227,000～15,200	226,300～15,200	224,000～15,000	222,400～14,900	224,500～15,000
加給年金	227,900	227,000	226,300	224,000	222,400	224,500
3人目の子	75,900	75,600	75,400	74,600	74,100	74,800
S18.4.2 特別加算	168,100	167,500	166,900	165,200	164,000	165,600
S18.4.2 加給年金＋特別加算	396,000	394,500	393,200	389,200	386,400	390,100
遺族						
寡婦加算	594,200	591,700	589,900	583,900	579,700	585,100
経過的寡婦加算	594,200～19,900	591,700～19,700	589,900～19,700	583,900～19,500	579,700～19,400	585,100～19,500
障害						
障害基礎年金　2級	792,100	788,900	786,500	778,500	772,800	780,100
障害基礎年金　1級	990,100	986,100	983,100	973,100	966,000	975,100

国民年金保険料額の変遷（平成21〜27年）

単位：円

年度	国民年金保険料	半額免除	4分の1納付	4分の3納付
平成21年度	14,660	7,330	3,670	11,000
平成22年度	15,100	7,550	3,780	11,330
平成23年度	15,020	7,510	3,760	11,270
平成24年度	14,980	7,490	3,750	11,240
平成25年度	15,040	7,520	3,760	11,280
平成26年度	15,250	7,630	3,810	11,440
平成27年度	15,590	7,800	3,900	11,690

厚生年金保険料率の変遷（平成21〜29年）

単位：％

年月	一般	坑内員・船員
平成21年9月〜平成22年8月	15.704	16.448
平成22年9月〜平成23年8月	16.058	16.696
平成23年9月〜平成24年8月	16.412	16.944
平成24年9月〜平成25年8月	16.766	17.192
平成25年9月〜平成26年8月	17.120	17.440
平成26年9月〜平成27年8月	17.474	17.688
平成27年9月〜平成28年8月	17.828	17.936
平成28年9月〜平成29年8月	18.182	18.184
平成29年9月〜	18.300	18.300

付録②

国民年金及び企業年金等による高齢期における所得の確保を支援するための国民年金法等の一部を改正する法律(平成23年法律第93号)
平成23年8月10日公布(年金確保支援法)

改正内容	施行日
1．国民年金法の一部改正	
① 国民年金保険料の納付可能期間を延長(2年→10年)し、本人の希望により保険料を納付することで、その後の年金受給につなげることができるようにする(**後納制度**・3年間の時限措置)。	平成24年10月1日
② 第3号被保険者期間に重複する第2号被保険者期間などが新たに判明し年金記録が訂正された場合等に、それに引き続く第3号被保険者期間を未届け期間とする取扱いを改め、届出をすることで保険料納付期間のままとして取り扱うことになる。	平成23年8月10日
③ 国民年金の任意加入者(加入期間を増やすために60歳～65歳の間に任意加入した者)について国民年金基金への加入を可能とし、受給額の充実を図る。	平成25年4月1日
2．確定拠出年金法の一部改正	
① 加入資格年齢を引き上げ(60歳→65歳)、企業の雇用状況に応じた柔軟な制度運営を可能とする。	平成26年1月1日
② 従業員拠出(マッチング拠出)を可能とし所得控除の対象とすること。事業主による従業員に対する継続的投資教育の実施義務を明文化することにより、老後所得の確保に向けた従業員の自主努力を支援する。	平成24年1月1日
③ 企業年金の未請求者対策を推進するため、住基ネットから加入者の住所情報の取得を可能とすることにより、住所不明者の解消を図る(他の企業年金制度等についても、同様の措置を講ずる)等、制度運営上の改善を図る。	平成24年8月10日
3．確定給付企業年金法の一部改正 60歳～65歳で退職した者についても退職時の年金支給を可能とする(現行は50歳～60歳で退職した者についての退職時の年金支給のみ認められている)。	平成24年8月10日
4．厚生年金保険法の一部改正 母体企業の経営悪化に伴い財政状況が悪化した企業年金に関して、厚生年金基金が解散する際に返還する代行部分に要する費用の額および支払い方法の特例を設ける。	平成24年8月10日

公的年金制度の財政基盤及び最低保障機能の強化等のための国民年金法等の一部を改正する法律（平成24年法律第62号）平成24年8月22日公布（年金機能強化法）

改正内容	施行日
1．税制抜本改革の施行時（消費税8％に引き上げ）に合わせて実施	
①　基礎年金国庫負担1／2が恒久化される特定年度（平成16年改正法で「別に法律で定める年度」と規定）を平成26年度と定める。	平成26年4月1日
②　遺族基礎年金の支給対象が父子家庭にも拡大される。	平成26年4月1日
2．税制抜本改革の施行時（消費税10％に引き上げ）に合わせて実施	平成27年現在未定
①　受給資格期間の短縮を行う。 受給資格期間を25年から10年に短縮	（平成27年10月に消費税を10％に引き上げる予定が見送られたため）
3．給付関係	
①　繰下げ支給の取扱いの見直し 70歳到達後に繰下げ申出を行った場合でも、70歳時点に遡って申出があったものとみなす。	平成26年4月1日
②　国民年金任意加入者の未納期間を合算対象期間に算入 国民年金の任意加入被保険者（昭和60年改正前の任意加入被保険者や基礎年金制度導入後の海外在住者など）が、保険料を納付しなかった場合には、その期間は合算対象期間として取り扱われる。	平成26年4月1日
③　障害年金の額改定請求に係る待機期間の一部緩和 明らかに障害の程度が増進したことが確認できる場合は、1年の待機期間は要しない。	平成26年4月1日
④　特別支給の老齢厚生年金の支給開始に係る障害特例の取扱いの改善 3級以上の障害等級に該当する障害年金受給者に対しては、障害状態にあると判断される時に遡って障害特例による特別支給の老齢厚生年金の支給を行う。	平成26年4月1日
⑤　未支給年金の請求範囲の拡大 未支給年金の請求範囲を、生計を同じくする3親等以内の親族（甥、姪、子の妻等）に拡大する。	平成26年4月1日

付録②

4．保険料関係	
①　産休期間中の保険料免除 　産前・産後休業期間中の厚生年金保険料を事業主・被保険者とも免除し、将来の年金給付に反映。	平成26年4月1日
②　免除期間に係る保険料の取扱いの改善 　国民年金保険料の①免除に該当した日前に納付された前納保険料のうち免除に該当した月分以後の保険料の還付、②法定免除期間における保険料納付および前納、③法定免除遡及および該当期間の保険料納付を可能とする。	平成26年4月1日
③　保険料免除に係る遡及期間の見直し 　保険料納付可能期間（過去2年分）について、遡及免除を可能とする。	平成26年4月1日
④　付加保険料の納付期限の延長 　国民年金保険料と同様に、過去2年分まで納付可能とする。	平成26年4月1日
5．その他	
①　所在不明高齢者に係る届出義務化 　年金受給者が所在不明となった場合に、その旨の届出をその受給者の世帯員に対して求め、年金支給の一時差止めを行う。	平成26年4月1日
6．平成28年10月施行分	
①　短時間労働者に関する厚生年金被保険者資格の取扱い 　週の所定労働時間および月の所定労働日数に関する「4分の3要件」を満たす者に加え、4分の3要件を満たさない者のうち、「週所定労働時間が20時間以上」、「賃金が月額88,000円以上」「勤務期間が1年以上」、「従業員501人以上の規模である企業に使用されている」の基準をすべて満たす労働者（学生を除く）について、適用対象とする。なお、施行後、3年以内に検討を加え、その結果に基づき必要な措置を講じる。	平成28年10月1日
②　厚生年金標準報酬月額の下限改定 　標準報酬下限（98,000円）の引下げを行うこととし、健康保険制度と同様に、標準報酬月額等級に新たに以下の等級を加え、従来の等級を繰り下げる。 　・第 1 級（88,000円：報酬月額83,000円以上93,000円未満の場合に該当）	平成28年10月1日

被用者年金制度の一元化等を図るための厚生年金保険法等の一部を改正する法律（平成24年法律第63号）
平成24年8月22日公布（被用者年金一元化法）

改正内容	施行日
1．公務員の恩給期間に係る追加費用削減（国共済・地共済） 恩給期間に係る給付について27％引き下げる。ただし、給付額に対する引下げ額の割合が10％を上回らないこと、減額後の給付額が230万円を下回らないこととする。 ＊旧3共済（NTT、JR、JT）分については、平成27年10月施行	平成25年8月1日
2．被用者年金一元化（主な改正事項） ① 厚生年金に公務員および私学教職員も加入することとし、2階部分の年金は厚生年金に統一する。 ② 共済年金と厚生年金の制度的な差異については、基本的に厚生年金に揃えて解消する。 ③ 共済年金の1・2階部分の保険料を引き上げ、厚生年金の保険料率（上限18.3％）に統一する。 ④ 厚生年金事業の実施に当たっては、効率的な事務処理を行う観点から、共済組合や私学事業団を活用する。また、制度全体の給付と負担の状況を国の会計に取りまとめて計上する。 ⑤ 共済年金にある公的年金としての3階部分（職域部分）は廃止する。公的年金としての3階部分（職域部分）廃止後の新たな年金については、別に法律で定める。	平成27年10月1日

付録②

国民年金法等の一部を改正する法律等の
一部を改正する法律（平成24年法律第99号）
平成24年11月26日公布

改正内容	施行日
１．基礎年金国庫負担２分の１関係 　①　平成24年度および25年度について、国庫は消費税増税により得られる収入を償還財源とする年金特例公債（つなぎ国債）により、基礎年金国庫負担割合２分の１と36.5％の差額を負担する。 　②　平成24年度・25年度の国民年金保険料の免除期間について基礎年金国庫負担割合２分の１を前提に年金額を計算する。	平成24年11月26日
２．特例水準の解消関係 　①　世代間公平の観点から、老齢基礎年金等の年金額の特例水準（2.5％）について、平成25年度から平成27年度までの３年間で解消する。 　②　これまで年金と連動して同じスライド措置が採られてきたひとり親家庭や障害者等の手当の特例水準（1.7％）についても、平成25年度から平成27年度までの３年間で解消する。	平成25年10月１日

年金生活者支援給付金の支給に関する法律（平成24年法律第102号）
平成24年11月26日公布（年金生活者支援給付金法）

税制抜本改革の施行時期に合わせて、施行期日は平成27年10月１日となっていた。しかし**消費税10％の引上げが見送られたので、現在のところ、施行時期は未定である。**

１．所得の額が一定の基準（※）を下回る老齢基礎年金の受給者に、**老齢年金生活者支援給付金**（国民年金の保険料納付済期間および保険料免除期間を基礎）を支給する。対象者約500万人

※住民税が家族全員非課税で、前年年金収入＋その他所得が老齢基礎年金満額以下であること（政令事項）

　①　基準額（月額５千円）に納付済み期間（月数）／480を乗じて得た額の給付
　②　免除期間に対応して老齢基礎年金の1／6相当を基本とする給付

２．所得の逆転を生じさせないよう上記所得基準を上回る一定の範囲の者に①に準じる**補足的老齢年金生活者支援金**（国民年金保険料納付済期間を基礎）を支給する。対象者約100万人

３．一定の障害基礎年金または遺族基礎年金の受給者に**障害年金（遺族年金）生活者支援給付金**を支給する（支給額月額５千円。１級障害基礎年金受給者は月額6.25千円）対象者約190万人

４．年金生活者支援給付金の支払い事務は日本年金機構に委任。２か月ごとに支給する。

公的年金制度の健全性及び信頼性の確保のための厚生年金保険法等の一部を改正する法律（平成25年法律第63号）
平成25年6月26日公布

改正内容	施行日
1．厚生年金基金制度の見直し（厚生年金保険法等の一部改正） ① 施行日以後は厚生年金基金の新設は認めない。 ② 施行日から5年間の時限措置として特例解散制度を見直し、分割納付における事業所間の**連帯債務を外す**など、基金の解散時に国に納付する最低責任準備金の納付期限・納付方法の特例を設ける。 ③ 施行日から5年後以降は、**代行資産保全**の観点から設定した基準を満たさない基金については、厚生労働大臣が第三者委員会の意見を聴いて、解散命令を発動できる。 ④ 上乗せ給付の受給権保全を支援するため、厚生年金基金から**他の企業年金等への積立金の移行について特例**を設ける。	平成26年4月1日
2．第3号被保険者の記録不整合問題への対応（国民年金法の一部改正） 保険料納付実績に応じて給付するという社会保険の原則に沿って対応するため、以下の措置を講ずる。 ① 年金受給者の生活の安定にも一定の配慮を行った上で、**不整合記録に基づく年金額を正しい年金額に訂正**。 ② 不整合期間を「カラ期間」扱いとし無年金となることを防止。 ③ 過去10年間の不整合期間の特例追納を可能とし、**年金額を回復する機会を提供**（3年間の時限措置）	平成30年4月1日 平成25年7月1日 平成27年4月1日
3．その他（国民年金法等の一部を改正する法律等の一部改正） 障害・遺族年金の支給要件の特例措置および国民年金保険料の若年者納付猶予制度の期限を10年間延長する。	平成25年6月26日

付録②

政府管掌年金事業等の運営の改善のための国民年金法等の一部を改正する法律（平成26年法律第64号）
平成26年6月11日公布

改正内容	施行日
1．年金保険料の納付率向上の方策等（国民年金法・厚生年金法等）	
①　納付猶予制度の対象者を、30歳未満の者から50歳未満の者に拡大する。	平成28年7月1日
②　大学等の学生納付特例事務法人について、学生から納付猶予の申請の委託を受けた時点から、当該納付猶予を認める。	平成26年10月1日
③　現行の後納制度に代わって、過去5年間の保険料を納付することができる制度を創設する。	平成27年10月1日
④　保険料の全額免除について、指定民間事業者が被保険者からの申請を受託できる制度を設ける。	平成27年7月1日
⑤　滞納した保険料等に係る延滞金の利率を軽減する。	平成27年1月1日
2．特定事由に係る保険料の納付等の特例 　特定事由（国民年金法その他の政令で定める法令の規定に基づいて行われるべき事務の処理が行われなかったこと、またはその処理が著しく不当であることをいう）により、保険料の納付の機会を逸失した場合等について、特例保険料の納付等を可能とする措置を講じる。	公布の日から起算して2年を超えない範囲内において政令で定める日
3．年金個人情報の訂正手続きの創設（国民年金法、厚生年金保険法、厚生年金保険の保険給付及び保険料の納付の特例等に関する法律関係） 　年金個人情報（国民年金および厚生年金保険の原簿記録）について、被保険者等による訂正請求を可能とし、民間有識者の審議に基づき厚生労働大臣が訂正する手続きを整備する。	訂正請求の受付け・調査の開始は平成27年3月1日、訂正決定等の実施は平成27年4月1日。
4．年金個人情報の目的外利用・提供の範囲の明確化（日本年金機構法の一部改正） 　年金個人情報の目的外提供ができる場合として、市町村が行う高齢者虐待の事実確認に関する事務等を追加する。	平成26年10月1日

事項索引

*50音順（数字、英字を含む）で配列

あ
アメリカ年金………200、201、202、203
アメリカの遺族年金………202、203
アメリカの社会保障番号………203
按分割合を定めた書類………158

い
遺族が父母の場合………99
遺族基礎年金………133、134
遺族基礎年金の子の加算………103
遺族基礎年金の支給停止………96
遺族基礎年金の男女差の解消………97
遺族給付の受給権者………126
遺族共済年金………145
遺族厚生年金………48、49、134
遺族厚生年金の支給要件………95
遺族厚生年金の受給権と支給停止………111
遺族年金………76
遺族年金（父子家庭）………96
遺族年金受給者の行方不明………110
遺族年金の裁定請求………76
遺族年金の失権………92
遺族年金の受給権発生の要件………103
遺族年金の対象拡大………133
遺族の範囲………128
遺族の要件………96
一時所得………211、212、217
一部繰上げ………36、41、138、206
一部繰上げ（共済年金・厚生年金）………38

う
うつ病診断書………84

お
沖縄厚生年金特例措置………208
沖縄特別措置………207
沖縄の厚生年金………208
沖縄の国民年金………207

か
外国人の脱退一時金………214
外国籍………58
外国籍の内縁者………195
介護保険料………218、220
改定請求期限………165
加給年金………49
加給年金額………51、54、144
額改定請求………61、63
額改定手続………62
学生納付特例………196
学生の保険料納付特例制度………168
確定給付型年金………179
確定給付企業年金………180
確定拠出年金………181、183
確定拠出年金のマッチング制度………183
確定申告………210、215、216
学徒動員………147
家裁における離婚分割審判………165
合算遺族給付………112
合算遺族給付と老齢給付との調整………112
合算対象期間………58、170、171、172、173
カット合算………230
寡婦加算………100
寡婦年金………116
カラ期間………170、171、172、173

き
企業年金連合会………184
基金の最低責任準備金………179
基準障害………60
基本手当………21、34
旧恩給期間………142

付録③

旧厚年法による遺族年金の寡婦加算………100
旧令共済期間………17
共済年金の在職老齢年金………24
共済年金の職域加算部分………140
記録回復………132
記録確認………132
近親婚………93

く

国の債権………135
繰上げ支給………48
繰上げ受給………28、36、76
繰上げ請求………80、163
繰上げ制度のデメリット………163
軍歴証明等………147

け

経過的加算………50、131
経過的加算額………56
経過的加算の計算式………31
経過的加算の算出………50
経過的寡婦加算………100、107、131
経過的寡婦加算額………77
健全性・信頼性確保法………168
源泉徴収………213、216

こ

合意分割………157、162、164、165
合意分割制度………160
合意分割における按分割合………164
後期高齢者医療保険料………218
厚生年金基金………177、178、179、184
厚生年金基金の中途脱退者………184
厚生年金特例法………152
厚生年金の一部繰上げ請求………39
高年齢求職者給付金………34
高年齢雇用安定法………27
高年齢雇用継続基本給付金………19、28、32、35

後納制度………58、193
後納保険料制度………191
合理的資料………68
高齢任意加入………118
高齢任意加入中の死亡………118
子がいる妻………92
国籍………200
小口融資………229
国民健康保険料（税）………218
国民年金基金………176
国民年金の任意加入の対象者………175
国民年金保険料免除理由該当届………190
個人住民税………218
戸籍上の妻………104
戸籍上の配偶者（法定婚）………104
子のある夫………97、98
子の加算………103
子のない30歳未満の妻………92
雇用保険との給付調整………19
雇用保険の基本手当………225
雇用保険の失業給付………28

さ

債権の管理等に関する法律………135
再裁定………171
再裁定請求………66
在職中の繰下げ受給………37
在職中の老齢厚生年金の繰下げ………44
在職停止………140
在職老齢年金………16、18、19、23、28、139
在職老齢年金（70歳以上）………30
在職老齢年金支給停止基準額………25
在職老齢年金受給者の死亡………119
在職老齢年金制度の減額………16
在日外国人………58
雑所得………211、213、216
3号特例期間………71
3号特例納付………71
3号被保険者期間………192、221

3号被保険者特例届出………169
3号被保険者届出漏れ期間………221
3号被保険者の不整合期間………198
3号被保険者の不整合記録………167、168
3号被保険者の未届期間………166、169
3号分割………157、162、165
3号分割制度………160
3号未届け期間中の初診………71
3親等内婚姻………93
3親等内の親族………129
3分の2納付要件………67

し

CFS………72、86
資格画面………204
私学共済年金………23、140
支給開始年齢の特例………205
支給繰下げ………46
支給繰下げ請求時期………45
支給繰下げと振替加算額………49
支給調整………35、83
支給停止調整開始額………25
支給停止調整額………25
時効特例給付………148、192
時効特例法………221
事後重症請求（障害基礎）………70
死後認知………125
事実婚………195
事実婚関係………93
事実婚関係にある者………105
事実婚認定………125
失踪宣告………26、120、121、123
失踪宣告を受けた場合の遺族年金………123
社会保障協定………199、200、203
若年者納付猶予制度………196
重婚的内縁関係………94、105、164
6/13要件………201
受給権発生………70
受診状況等証明書………64、81、89

障害基礎年金の支給要件………88
障害給付額改定請求書………61
障害厚生年金3級受給者の死亡………108
障害厚生年金と老齢厚生年金の関係………153
障害厚生年金の請求手続………81
障害厚生年金の認定日請求………109
障害者特例………36、41、75、85
障害手当金………87
障害年金と老齢年金の特例支給………75
障害年金の額改定………63
障害年金の額改定請求………85
障害年金の支給要件………78
障害年金の障害等級改定………63
障害年金の申請と老齢厚生年金との併給
　　　　………78
障害年金の請求………65
障害年金不支給決定後の選択肢………66
傷病手当金………153
傷病手当金の併給調整………153
傷病と障害の相当因果関係………80
情報通知書………156
情報提供請求書………156
消滅時効の起算日………123
昭和61年特別措置………207
職域加算………146
職域加算額………141
職域加算部分………140
初診証明書………69
初診日………60、64、65
初診日（65歳以降）………67
初診日不明………64
所得税の還付………214
親権………136
診査………62
震災特別法………122
審査請求………62
申請免除………197
診断書………82
診断書様式………86

付録③

進駐軍施設等での就業期間………147

せ
生活保護………223
請求漏れ年金………79
生計維持関係………106、111、145
生計維持の認定基準………101
生計維持要件………54、99
精神障害の認定基準………82
精神の診断書………84
成年後見………228
船員期間がある者の支給要件の特例………205
船員15年特例者………206
船員特例………205、206
船員保険………205
先妻の子………111
戦時中の保険加入期間………147
選択替え………73
選択受給………78
全部繰上げ………36、41

そ
相続財産………212、219
相続税………217
総報酬制………194
総報酬制の導入前後比較………194
遡及受給………223
遡及請求………67

た
代行返上………179
代行割れ………179
第三者行為災害損害賠償………102
第三者行為事故………102
退職勧奨………225
退職共済年金………138、139、141
退職後1か月以内の再就職………22
退職時改定………20、22、29、55
滞納保険料………193

脱退一時金………200、204、209
脱退手当金………172
短期滞在外国人の脱退一時金………204
短期要件………95、119
短時間就労者………226
短時間労働者………174
短時間労働者の被保険者資格………174

ち
遅延加算金法………148、149
遅延特別加算金………192
中高齢寡婦加算………103
中高齢寡婦加算額………77
中高齢寡婦加算の年齢条件………92
中国残留邦人等………154
中小企業退職金共済（中退共）………182
長期加入者特例………36
長期加入者特例制度………27
長期要件………95、119

つ
追加費用………142
追加費用期間………143
追加費用削減………142
通算老齢年金………171

て
定額部分………52
定年後の再雇用………28、55

と
特定疾病療養受療証………225
特定保険料………198
特別支給の老齢厚生年金………32、33
特別障害給付金………83、89
特別徴収………218、220
特別保険料………189、194
特例該当者（障害者・長期加入者等）の繰上げ請求………43

特例水準………151
特例追納………198
特例免除申請………185
特例免除の手続き………185

な
内縁………125、195
内縁関係………93、104、105
70歳以後の繰下げ………46

に
二以上事業所勤務………230
2号被保険者期間………56
20歳前障害………69
20歳前障害年金の相続………219
20歳前障害の支給停止………88
日米社会保障協定………201、209
日米地位協定対象者………209
日韓社会保障協定………214
任意加入………58、173、175
任意加入者の保険料未納期間………173
認知………124
認知の効力………124
認定日請求………62、67

ね
年金額算出………31
年金額の額改定………61
年金確保支援法………169、192
年金加入期間の通算………199
年金機能強化法………57、97、150
年金記録の確認………127、171
年金記録の訂正………171
年金時効特例法………149
年金時効特例法の対象者………113
年金受給権者再就職届………141
年金受給権のない者………109
年金受給資格期間の短縮………57
年金受給者現況届………215

年金受給選択申出書………73、77
年金請求書（国民年金・厚生年金保険老齢給付）………33
年金制度の基本理念………227
年金担保融資………229
年金遅延加算金法………148、149
ねんきん定期便………189
年金払い退職給付………146
年金分割………156、157、158、159、160、161、162、163
年金分割の請求期限………158

の
納付可能期間の延長………191、193

は
配偶者加給………52、53
配偶者に係る遺族年金の受給資格………104
4／8要件………201

ひ
非正規雇用者………197
被扶養者認定………224
被扶養者の確認方法………224
被保険者資格喪失………32
標準賞与額………189
標準報酬月額………222
標準報酬の改定（分割請求）………158
病歴・就労状況等申立書………64、81
病歴等申立書………86

ふ
複数障害………60
父子家庭………97、133、134
父子家庭（遺族年金）………96
父子家庭における遺族基礎年金の受給………98
不整合記録………167
物価スライド………148

付録③

物価スライド特例措置………151
復帰時特別措置………207
扶養親族等申告書………210、213、215
振替加算………48、49、51、52、53、144、160、161
分割請求………157
分割請求の手続き………158

へ
併給の調整………117
平均標準報酬月額………222
平均標準報酬月額の算定基礎………222
米軍関係者の脱退一時金………209
併合………60
併合認定………60、70

ほ
報酬比例部分計算式………31
報酬比例部分の一部繰上げ………39、40
法定免除………190
法定免除期間………150
保険料特例免除………185
保険料納付済み期間に算入される期間………95
保険料納付要件………69、90、95、109
保険料の特例追納………167
保険料未納………196
保険料免除申請………197
保障機能強化………85

ま
マクロ経済スライド………186、188
マッチング拠出………183
継子………126
慢性疲労症候群………86
慢性疲労症候群の初診日………72

み
未支給年金………79、113、126、127、128、129、135、212、217
未支給年金と税………211
未支給年金の請求………113
未支給部分………135
未成年後見人………136
みなし合算遺族給付額………112
みなし期間………159
未納期間………173
未納保険料………193

む
無年金者………107、227

め
名目手取賃金変動率………25
免除申請………196
免除制度………197

ゆ
行方不明………110
行方不明者………120、122

よ
養子縁組………126、130
養子縁組と遺族基礎年金………136
養父母………130
予備校通学中………90
4分の3要件………174

り
離縁による受給権消滅………130
離婚後の事実婚………106
離婚後の内縁関係………106
離婚時みなし被保険者期間………159、160、161
離婚分割………156、157、158、159、160、161、162、163
離婚分割審判………165
離婚分割の効果………161

ろ

労災保険の障害補償年金（公的年金との支給調整）………73
労働者年金保険法………147
老齢基礎年金の繰上げ支給後の障害給付………74
老齢基礎年金の繰下げ………116
老齢厚生年金の繰下げ加算額………37
老齢厚生年金の収入制限………18
老齢年金を受給せずに死亡した者の遺族年金………113
65歳以上の遺族厚生年金………115
65歳からの遺族厚生年金………107
65歳時裁定請求手続………114
65歳時の請求ハガキ………33

■編著者プロフィール
年金マスター研究会
各地で年金相談に応じている社会保険労務士を中心とした専門家グループ。年金相談に訪れた方の期待に応え、満足を与えることができる年金専門家＝「年金マスター」になることをテーマに研鑽を積むグループとして発足。本書では総計57名の社会保険労務士が執筆にあたっている。

会　　長：加藤利昭（KATO社会保険労務士事務所）
　　　　　（かとうとしあき）

スキルアップ年金相談

平成27年8月27日　第1刷発行

編　著　者　　年金マスター研究会

発　行　者　　東島俊一

発　行　所　　株式会社 法研
　　　　　　　東京都中央区銀座1-10-1（〒104-8104）
　　　　　　　販売03（3562）7671／編集03（3562）7674
　　　　　　　http://www.sociohealth.co.jp

印刷・製本　　研友社印刷株式会社　　　　　　　　0102

小社は㈱法研を核に「SOCIO HEALTH GROUP」を構成し、相互のネットワークにより、"社会保障及び健康に関する情報の社会的価値創造"を事業領域としています。その一環としての小社の出版事業にご注目ください。

©Nenkin Master Kenkyukai 2015, printed in Japan
ISBN 978-4-86513-208-3 C3036　定価はカバーに表示してあります。
乱丁本・落丁本は小社出版事業課あてにお送りください。
送料小社負担にてお取り替えいたします。

JCOPY 〈（社）出版者著作権管理機構 委託出版物〉
本書の無断複製は著作権法上での例外を除き禁じられています。複製される場合は、そのつど事前に、（社）出版者著作権管理機構（電話 03-3513-6969、FAX 03-3513-6979、e-mail : info@jcopy.or.jp）の許諾を得てください。